# KERSTIN SCHOLZ

mit Jonas Lindberg

# Warum nur einen **lieben**, wenn ich **alle** haben kann?

## Bekenntnisse einer Nymphomanin

**Bibliografische Information der Deutschen Nationalbibliothek:**
Die Deutsche Nationalbibliothek verzeichnet diese Publikation in der Deutschen Nationalbibliografie; detaillierte bibliografische Daten sind im Internet über http://d-nb.de abrufbar.

**Für Fragen und Anregungen:**
info@rivaverlag.de

1. Auflage 2015

© 2015 by riva Verlag, ein Imprint der Münchner Verlagsgruppe GmbH,
Nymphenburger Straße 86
D-80636 München
Tel.: 089 651285-0
Fax: 089 652096

Textbearbeitung: Dr. Carina Heer
Umschlaggestaltung: Maria Wittek
Umschlagabbildungen: © privat
Satz: EDV-Fotosatz Huber/Verlagsservice G. Pfeifer, Germering
Druck: GGP Media GmbH, Pößneck
Printed in Germany

ISBN Print: 978-3-86883-529-8
ISBN E-Book (PDF): 978-3-86413-707-5
ISBN E-Book (EPUB, Mobi): 978-3-86413-708-2

Weitere Informationen zum Verlag finden Sie unter

# www.rivaverlag.de

Beachten Sie auch unsere weiteren Verlage unter
www.muenchner-verlagsgruppe.de

# INHALT

# VORWORT

## Kerstin

### Wieso? Weshalb? Warum?

Ich sitze hier und überlege. Schon eine ganz Zeit lang. Wie fange ich am besten an? Wo? Was erwarten Sie? Was möchten Sie von mir hören?

Bestimmt schon zwei Stunden liege ich auf meiner gemütlichen Couch und grüble vor mich hin. Der Anfang sei immer das Schwierigste – das haben mir einige Autoren und Experten im Vorweg schon gesagt. »Wenn du den Anfang hast, Kerstin, dann läuft's ganz von allein!«

Den Eindruck habe ich jetzt auch. An Geschichten mangelt es mir weiß Gott nicht. Oh nein! Aber wie soll ich sie Ihnen am besten erzählen? Ich habe so viel erlebt, so viel mitgemacht und so viele Anekdoten zu erzählen, dass ich gerade noch mal meine Notizen durchblättere, um mich zu ordnen.

Seit vielen Wochen habe ich Geschichten und Stichworte aufgeschrieben, damit ich ja nichts vergesse. Manchmal liege ich sogar schon todmüde im Bett, will eigentlich schlafen, aber dann fällt mir noch etwas ein, eine Geschichte, ein Mann, und dann stehe ich extra noch einmal auf und notiere es mir.

Meine Gedanken schreibe ich immer in ein großes Buch. Und jeder neue Abschnitt beginnt mit einem neuen Männernamen.

Ich blättere durch meine Aufzeichnungen: Andy. Tim. Tom. Marcel. Markus.

Ja, es waren schon einige Männer in den vergangenen Jahren. Tolle Männer, aufregende Männer, starke Männer, potente Männer, weniger potente und auch ein paar ganz schwache.

Sie merken schon, worum es geht, und eigentlich sind wir auch schon mitten im Thema.

Ich glaube, das Beste ist, wenn ich mich Ihnen erst mal vorstelle:

Ich heiße Kerstin Scholz, bin 47 Jahre alt, gelernte Kosmetikerin – und ich habe Hypersexualität!

Wie? Noch nie gehört? Ja, ich bin eine Nymphomanin! Eine Frau, die sehr viel Sex hat. Die meisten würden wohl sagen, viel, viel mehr als »normal«.

Doch ich frage an dieser Stelle gleich mal: Was ist eigentlich »normal«? Einmal am Tag? Einmal pro Woche? Einmal im Monat? Was unterscheidet mich denn wirklich von anderen Frauen? »Normalen« Frauen? Die Art, wie ich Sex habe? Dass ich mir nehme, was ich möchte? Die Zahl meiner Partner?

Das möchte ich gemeinsam mit euch in diesem Buch herausfinden. Ja, richtig gelesen! Ich duze euch ab hier und ich hoffe, das ist okay für euch!?

Ich meine, ich werde euch sehr Intimes aus meinem Leben erzählen, Sex wird unser großes Thema sein. Ich werde von Dingen schreiben, von denen ihr vielleicht vorher so noch nie etwas gehört habt. Das braucht Nähe, Ruhe und Intimität. Darum das »Du«.

Ich stelle mir jetzt also vor, ich säße meiner besten Freundin gegenüber und würde *ihr* aus meinem Leben erzählen. Beste Freundin. Das ist schon mal ein gutes Stichwort. Eine beste Freundin hatte ich nämlich nie – und die habe ich auch bis heute nicht. Ich war immer ein Einzelgänger, sehr in mich gekehrt und verschwiegen. Ihr werdet euch jetzt sicher fragen,

wem ich denn bis heute von meinem Erlebnissen erzählt habe?
Mit wem ich mich austausche?
Und die Antwort lautet: Mit niemandem!
Natürlich bin ich keine Verrückte, die keine Freunde hat. In meinem Leben gab es immer wieder Menschen, die mich ein Stück begleitet haben. Frauen wie Männer. Ich habe eine sehr liebe Kollegin, mit der ich mich recht offen unterhalte. Über mein Leben, Männer und Sex. Aber eine Person, der ich uneingeschränkt vertraut hätte, der ich alles über mich hätte erzählen können, die gab es nie. Ich hatte immer das Gefühl, man würde mein Vertrauen missbrauchen.

Das ist mit Sicherheit einer der Hauptgründe, warum ich dieses Buch schreibe: Ich möchte mich endlich mitteilen, über meine bisherigen Erlebnisse erzählen. Möchte, dass mir jemand in Ruhe zuhört und mich nicht sofort verurteilt – für meine Art zu leben. Denn wenn es um das Thema Nymphomanie geht, hat eben jeder so seine festen Vorstellungen – Männer wie Frauen. Das Internet nennt, wenn man den Begriff googelt, Stichworte wie: ungezügelte sexuelle Begierde, unkontrollierbarer Sexualtrieb, ständig auf der Suche nach Befriedigung, keinen Höhepunkt (vaginal), keine Bindung zum Partner, Zwang, immer neue Männer zu finden, Hoffnung nach sexueller Erfüllung bleibt unerfüllt, Teufelskreis, Hamsterrad, Sex bestimmt das Leben, wird zur Bedrohung für Freizeit und Job, nimmt dich ganz in Besitz ...
Vieles davon stimmt, wenn es um mich geht – aber lange nicht alles. Und auch vieles nur in Ansätzen oder Abstufungen.
Und auch deshalb möchte ich euch meine Geschichte erzählen. Euch zeigen, dass ich keine Irre bin, die auf der Suche nach ständigem Sex durch die Gossen zieht, jeden Mann hinterm Busch vögelt, jedem Briefträger sofort an die Hose geht oder als Prostituierte oder Pornodarstellerin arbeitet. Nein! Nein! Nein! So bin ich nicht!!

7

Ich bin eine (fast) normale Frau. In vielem vielleicht viel normaler, als ihr euch das im Moment vorstellen könnt. Ich arbeite, ich esse, ich lebe.

Und: Ich bin auch ein ausgesprochener Bauchmensch.

Bauchmenschen sind Menschen, die immer auf ihre Gefühle – und selten auf ihren Verstand – hören. So zu leben, wie ich es tue, ist eine grundsätzliche Entscheidung. Sich treiben zu lassen, das Leben so zu nehmen, wie es kommt, und immer das Beste daraus zu machen – das war und ist immer meine Einstellung gewesen.

Wenn ich einen Job hatte, der mir zwar ein gutes Einkommen bescherte, aber mich nicht glücklich machte, dann habe ich ihn aufgegeben. Geld hin, Kontostand her.

Und wenn ich einen Mann hatte, der zwar nach allen Regeln der Vernunft gut für mich gewesen wäre (toller Beruf, stattliche Erscheinung, wohlhabend, einfühlsam ...), der mich aber nicht befriedigen konnte, dann habe ich das mit ihm schleunigst beendet.

Mit meinen 47 Lebensjahren habe ich wie die meisten in meinem Alter einiges erfahren und durchlebt. Vielleicht so viel, dass es für ein paar Leben reichen würde. Nicht alles war immer einfach, aber ich habe immer versucht, das Beste daraus zu machen und mein Leben insgesamt so zu gestalten, wie ich es wollte: frei und unbeschwert. Und vor allem: ohne Verpflichtungen.

Dieses Buch zu schreiben und zu veröffentlichen war seit vielen Jahren ein ganz großer Traum von mir. Ich stehe zu dem, was ich bin, wie ich lebe, und freue mich, dass ich jetzt die Gelegenheit habe, meine Gedanken und Geschichten zu veröffentlichen.

Ich danke allen, die mich in meinem Leben ein Stück begleitet haben – auch wenn es nur für ein paar lustvolle Stunden war. Jeder Einzelne hatte etwas Besonderes, das mich nun zufrieden und glücklich zurückblicken lässt – und mir die Gelegenheit gibt, euch davon zu erzählen.

Macht es euch jetzt beim Lesen also gemütlich und begleitet mich auf meine Reise in meine ganz persönliche Vergangenheit.

Vielleicht entdeckt ihr ein paar Parallelen zu eurem Leben, wenn ihr euch dann und wann in mir wiedererkennt.

Vielleicht werdet ihr auch ab und zu schockiert sein über mich und meine Einstellung. Das ist okay. Kein Problem!

Aber vielleicht inspiriere ich euch ja auch, das ein oder andere einmal selbst auszuprobieren. Mit dem eigenen Partner, einem neuen oder ganz für euch allein. Das fände *ich* toll.

Ich freue mich auf die gemeinsame Zeit mit euch!

Alles Liebe!

Eure Kerstin

# 1. KAPITEL

## Jörg

### Einfach verwählt? – oder: Ein echtes Blind Date

»Hallo? Ist da nicht Silvia?«

»Nein. Ich glaube, Sie haben sich verwählt!«

»Oh, das tut mir sehr leid – bitte entschuldigen Sie die Störung!«

Ich legte wieder auf und war mir unsicher. Ich hatte doch richtig getippt? Ungläubig sah ich auf die weißen Tasten meines nagelneuen rosa Telefons.

Mein Gott, war ich damals stolz auf das Plastikungetüm mit Endloskabel. Das kann man sich heute gar nicht mehr vorstellen in Zeiten von Handy, Internet und iCloud. Aber dieser kleine, 15 mal 15 Zentimeter große Apparat war 1993 meine einzige Verbindung in die Zivilisation und hatte erst vor ein paar Tagen das graue Einheitsmonstrum mit Wählscheibe der Telekom, die damals noch Post hieß, abgelöst.

Ich wohnte in einer Kleinstadt in einer wunderbaren Wohnung. Aber: Nette Nachbarn? Null. Freunde? Null.

Also telefonierte ich damals schon gern – zum Beispiel mit meiner Freundin Silvia.

Umso mehr wunderte ich mich, dass ich heute eben nicht sie am anderen Ende der Leitung, sondern eine fremde Person vorfand.

Ich wählte noch einmal.

»Hallo?!«

Wieder diese Männerstimme. »Entschuldigung. Ich bin es schon wieder. Das gibt es doch gar nicht.«

»Anscheinend doch.«

Wir glichen die Nummern ab – Silvia hatte hinten die -27, dieser Mann die -72.

»Das ist mit jetzt aber echt peinlich. Sorry! Ich versuche es gleich noch einmal. Wenn es jetzt wieder bei Ihnen klingelt, gehen Sie doch bitte einfach nicht ran, okay?«

»Okay.«

Wieder legte ich auf. Komisch.

Noch einmal tippte ich im Zeitlupentempo die Ziffern: 0 ... 2, 7. Es klingelte. Einmal. Zweimal. Dreimal. Viermal. Ich dachte: »Na endlich. Keiner hebt ab. Silvia. Nicht wieder dieser Typ.« Fünfmal. Sechsmal. Gerade wollte ich wieder auflegen –

»Hallo?!«

Wieder der Mann.

»Och Mann! Das gibt's doch nicht. Also entweder hat mein Telefon eine Macke, oder da bei der Post stimmt irgendwas mit der Leitung nicht! Und ich hatte doch gesagt, Sie sollen nicht wieder rangehen, wenn ich jetzt noch einmal falsch wähle!

»Ich wollte noch einmal Ihre Stimme hören. Sie klingen so nett. Und sexy. So was hat man nicht jeden Tag in der Leitung ...«

»Ach, tue ich das? Wo ich Sie doch die ganze Zeit nerve. Und Sie sind sich sicher, dass Sie nicht vielleicht doch der neue Freund von Silvia sind, der mich hier die ganze Zeit veräppelt?!«

Plötzlich hatte ich so einen Verdacht. Silvia hatte immer etwas übrig für kleine Späße, und neulich erst hatte sie jemanden Neues in der Disco kennengelernt.

»Nein. Ich kenne keine Silvia. Beziehungsweise: Doch! Die Nachbarin meiner Eltern heißt so. Aber die ist ungefähr

75 Jahre alt und wohnt rund 300 Kilometer entfernt. Ich glaube nicht, dass Sie die meinen?! Wir können uns übrigens duzen: Ich heiße Jörg!«

»Und ich Kerstin! Und Jörg: Was machst du nun bei Silvia in der Wohnung?«, fragte ich lachend. Die ganze Situation war ja echt total schräg.

Jörg erzählte mir, dass er genau wie ich Mitte 20 war und in Freiburg lebte, genau so wie meine Freundin. Die er aber tatsächlich nicht zu kennen schien. Jörg studierte, ich erzählte ihm von meinem Job und meinen beruflichen Vorstellungen. Wir plauderten fröhlich und unbeschwert miteinander. So, als würden wir uns schon ewig kennen.

Als ich das nächste Mal auf die Uhr sah, telefonierten wir bereits eineinhalb Stunden miteinander. Jörg gähnte leise in den Hörer. »Sorry. Ich musste heute Morgen schon ganz früh raus und sollte dringend ins Bett. Morgen steht eine wichtige Klausur an!«

»Klar«, sagte ich, »Mensch, ich will ja nicht auch noch Schuld daran sein, wenn du deine Klausur verhaust. Husch, ins Bettchen mit dir!«

»Kerstin?«

»Ja?«

»Das war schön mit dir!«

»Fand ich auch! Ich wünsche dir alles Gute! Und toi, toi, toi für die Klausur!«

»Danke. Telefonieren wir morgen wieder?«, fragte er ein wenig schüchtern.

»Wenn du das Bedürfnis hast, meine Stimme zu hören, sehr gern ...«, sagte ich.

Ich hatte ein leichtes Kribbeln im Bauch, seine männliche Stimme gefiel mir.

»Darf ich dich dann vielleicht anrufen und dir erzählen, wie die Klausur gelaufen ist? Nicht, dass du morgen dann doch immer nur bei deiner Freundin landest – wenn du meine Nummer wählst«, fragte er lachend.

Ich überlegte, ob ich es dem Zufall überlassen sollte, ihn wieder zu hören. Aber seine Stimme gefiel mir, und mein Interesse war sowieso längst geweckt ...

Ich gab ihm also meine Nummer und wir verabredeten uns für den nächsten Abend zum Telefonieren.

»Schlaf gut!«, flüsterte er mir ins Ohr, und komischerweise durchflutete in diesem Moment eine wohlige Wärme meinen gesamten Körper ...

»Du auch!«, sagte ich mit sanfter Stimme.

Als ich schon fast auflegen wollte, rief Jörg noch einmal in den Hörer: »Halt! Eins noch!«

»Ja?«

»Hast du eigentlich einen Freund?« Ich musste lachen und sagte einfach: »Finde es heraus!«

Am ganzen nächsten Tag musste ich an unser nettes Telefonat denken. Immer wieder fielen mir Dinge und Sätze ein, die Jörg gesagt hatte. Den ganzen Tag waren meine Gedanken nur bei *ihm*.

Gegen 19 Uhr war ich zu Hause, machte mir eine Kleinigkeit zu essen, zog eine gemütliche Kuschelhose an und legte mich aufs Sofa.

Ob er wirklich anrufen würde? Ich sah auf die Uhr. 19:50. Noch zehn Minuten. Ich gebe zu, ich war ein bisschen aufgeregt.

Um 19:55 klingelte mein rosa Telefon.

»Hallo?«

»Ja, hallo Kerstin! Ich bin es.« Jörg. »Rufe ich zu früh an?«

»Nein, alles fein. Ich habe deinen Anruf schon erwartet.«

Sofort setzten wir unser Gespräch vom Vorabend fort. Seine Klausur war super gelaufen, er war bester Dinge.

Wir telefonierten bis nach Mitternacht – die Zeit verging wie im Flug. Wir redeten über Belangloses genauso wie über sehr Persönliches. Und auch, dass ich Single war, hatte er natürlich bereits in der ersten Viertelstunde herausgefunden. Er hatte einfach gefragt: »Und: Gibt es jemandem, mit dem du zusammen bist?«

Doch von meinem Leben, meiner Leidenschaft wusste er zu diesem Zeitpunkt natürlich nichts.

Ja, ich fand Jörg super sympathisch, von Anfang an. Doch wer hätte gedacht, welche unvergesslichen Dinge ich mit ihm noch erleben sollte, Dinge, die einer der größten Kicks meines Lebens bleiben würden ...

Dass ich schon damals mit sehr vielen Männern schlief, verschwieg ich ihm, obwohl wir inzwischen sehr intime und offene Gespräche führten, denn das allabendliche Telefonritual um 20 Uhr hatten wir beibehalten.

Es vergingen ein paar Wochen, und Jörg stellte die Frage, mit der ich schon viel früher gerechnet hatte: »Kerstin! Ich möchte dich kennenlernen. Die Frau sehen, mit der ich seit Wochen telefoniere. Du bist so offen, so voller Lebenslust, du strahlst so viel positive Energie aus und weißt genau, was du willst ...«

Auch ich war einem Treffen gegenüber nicht abgeneigt, denn telefonisch hatte sich zwischen uns wirklich so etwas wie eine Freundschaft entwickelt. Mit einer erotischen Note. Denn längst hatten wir am Telefon auch »ganz beiläufig« besprochen, was wir in Sachen Sex mochten – und was nicht.

Und genau da lag das Problem: Was, wenn Jörg äußerlich so gar nicht meinen Vorstellungen entsprach? Wir hatten komischerweise nie über unser Aussehen gesprochen. Klar, heute würde man mal eben ein Bild per MMS oder WhatsApp schicken. Aber damals? Hätten wir zur Post gehen und uns gegenseitig Fotoabzüge schicken sollen? Äußerliches war nie ein Thema gewesen.

Das war damals für mich eine ganz neue Situation. Normalerweise sah ich einen Typen in der Disco, der meinem Beuteschema entsprach, und dann versuchte ich, ihn rumzukriegen. Es ging einzig und allein um die Optik, seinen Körper, seine Männlichkeit. Was er im Kopf hatte, wie er redete, war damals total nebensächlich für mich.

Jörg hatte ich auf anderer Ebene kennengelernt. Wir funkten auf einer Wellenlänge, hatten ähnliche Interessen, Hobbys und Vorlieben und ja, ich gebe zu, ich hatte mich schon ein bisschen in Jörg verliebt. Und das wollte ich mir und ihm nicht kaputtmachen. In meiner Vorstellung war Jörg das Idealbild *meines* Traummannes: groß, schwarze Haare, gut gebaut, glatt rasiert, muskulös, männlich.

Aber was, wenn er in Wirklich klein, dicklich, blond und behaart war? Etwas, worauf ich überhaupt nicht stand?

Ich ärgerte mich über mich selbst. Und fragte mich: »Bist du denn wirklich *so* oberflächlich?! Geht es dir wirklich nur um den Körper? Das Aussehen? Kann ein Mann denn nicht auch einmal andere Qualitäten haben? Zuhören können? Nett sein?«

Ich hatte das Thema »Treffen« also im Gespräch mit Jörg erst einmal geschickt abgebogen, um mir selbst klar zu werden, was ich wirklich wollte. »Klar, irgendwann gerne! Im Moment habe ich nur *so* viel zu tun ...«, log ich.

Es vergingen wieder ein paar Tage und an einem Sonntagnachmittag schaute ich eine DVD, die ich mir ausgeliehen hatte: *Eyes Wide Shut*, den Erotikthriller mit Tom Cruise und Nicole Kidman. Ein großartiger Film! Fremde haben miteinander Sex, sehen sich dabei nicht – unglaublich total prickelnd. Und plötzlich wusste ich, was ich zu tun hatte. Ich verspürte ungeheure Lust auf fremde Haut ...

»Wollen wir uns nächstes Wochenende treffen und miteinander schlafen?« Ich stellte Jörg die Frage ganz direkt. Er stockte, schluckte hörbar durchs Telefon, atmete einmal tief ein und einmal tief aus und sagte: »Supergern!«

Er fragte mich nach meinem Aussehen. Ich sagte ihm: »Lass dich überraschen! Wenn es nicht passt, denn gehen wir eben einfach wie Freunde auseinander, ohne dass etwas passiert ist. Sei dir nur sicher: Ich bin nicht unattraktiv, sondern sehe, glaube ich, schon ganz passabel aus.«

»Willst du denn kein Bild von mir sehen? Stell dir vor, ich bin ein fieser Sexverbrecher und will dich vergewaltigen?!«, fragte er ungläubig.

»Jörg, das bist du nicht. Das weiß ich. Meinem Bauchgefühl kann ich da immer vertrauen ...«

Gefühle. Ja. Die hatte ich. Und ich wollte meine positiven Empfindungen ihm gegenüber sinnvoll nutzen. Ich war heiß auf ihn und dachte, er wäre genau der Richtige, um einmal etwas ganz Neues auszuprobieren. So wie im dem Film, den ich gesehen hatte. Ich wollte ihm die Kontrolle geben über alles, was passieren sollte, und mich in ein Spiel begeben, das natürlich eine gewisse Gefahr mit sich brachte, mir dafür aber einen ganz besonderen Kick bereiten würde. Allein der Gedanke an mein Vorhaben machte mich ganz wild ...

»Aber ich möchte dich anders kennenlernen, als du es wahrscheinlich gewohnt bist«, sagte ich also zu Jörg.

»Ach ja, und wie?«

»Ich möchte ein Spiel mit dir spielen. Ich fordere dich heraus zu einem Blinde Date. Ich möchte dich spüren, fühlen – ohne dich zu sehen ....«

Ich weihte Jörg in meinen Plan ein. Er staunte nicht schlecht, zögerte aber keine Sekunde: »Okay, wenn du das so willst, dann machen wir das eben so! Du bist total verrückt und verdammt anziehend zugleich. Wahnsinn ...«

16

Die nächsten Tage vergingen wie im Flug. Jörg und ich hatten beschlossen, uns auf halber Strecke zu treffen, denn unsere Wohnorte lagen über 300 Kilometer auseinander.

Ich hatte uns ein Hotel gebucht, da sollte es passieren. Für mich war dieses Date in doppelter Hinsicht etwas ganz Besonderes: Einerseits freute ich mich wie verrückt auf die noch nie zuvor erlebte Spielart des Sex, andererseits war dieses Date ja für mich wirklich eine Gradwanderung, denn ich wollte testen, ob ich sexuelle Erfüllung wirklich nur mit einem Mann würde erleben können, der in mein Beuteschema passte, oder ob dies auch mit jemandem möglich wäre, von dem ich nur wusste, dass ich mit ihm geistig auf einer Welle schwamm.

Ich fuhr pünktlich los, denn ich wollte ja rechtzeitig da sein. Mit Landkarte und einer kleiner Tasche bewaffnet stieg ich in meinen kleinen Golf und brauste los. Pünktlich um 16 Uhr war ich bei dem großen und anonymen Hotel angekommen und checkte ein.

»Und ihr Begleiter?«, fragte der Rezeptionist.

»Kommt später und wird das Zimmer dann auch bar bezahlen.«

»Brauchen Sie zwei Schlüssel?«

»Ja bitte. Einen nehme ich jetzt mit, den anderen können Sie meinem Freund geben.«

»In Ordnung. Schönen Aufenthalt!«

Ich fuhr mit dem Fahrstuhl nach oben und betrat das Zimmer. Sauber, ordentlich, wie sie eben so sind, diese Zimmer in großen und anonymen »Ketten«-Hotels.

Ich öffnete meine kleine Reisetasche, streifte Pullover und Jeans ab und zog ein enges, schwarzes Kleid heraus. Ich ging ins Bad und duschte. Danach cremte ich mich ein, schminkte und parfümierte mich, schlüpfte in das Kleid. Als ich dazu noch schwarze, hochhackige Pumps anzog, fühlte ich mich irre sexy. Ein vorfreudiges Prickeln durchflutete meinen Körper.

Ich zog die Vorhänge zu. Es war fast dunkel im Raum, nur ein bisschen Tageslicht drang noch durch die Gardinenschlitze. Ich nahm den Schreibtischstuhl und positionierte ihn mitten im Raum.

Das Zimmertelefon klingelte.

»Hallo?«

»Ich bin es.«

»Bist du unten?«, fragte ich.

»Ja. Bist du bereit?«

»Absolut. Komm nach oben, ich freue mich auf dich.«

Ich war beruhigt. Er war da. Er war es wirklich. Es konnte beginnen. Ich blieb ruhig und gelassen. Ich wusste genau, dass ich das Richtige tat ...

Ich öffnete meine Reisetasche und holte meine Schlafmaske aus schwarzer Seide hervor. Ich streifte sie über und setzte mich auf den Stuhl. Den Rücken der Tür zugewandt, mein langes dunkles Haar ließ ich über die Lehne fallen. Die Arme hielt ich über die Lehne nach hinten, die Hände geschlossen zusammen.

Zwei, drei Minuten vergingen, dann schloss Jörg vorsichtig die Tür auf. Ich hörte, wie er seine schwere Jacke zu Boden fallen ließ und langsam – seine Augen mussten sich ja wohl auch erst an das Zwielicht gewöhnen – näher kam.

»Hallo«, flüsterte er mit unsicherer Stimme und streichelte mir über die Schulter. Ich hatte in der Sekunde das Gefühl, dass der Blitz bei mir einschlug. Schon jetzt war ich einer Explosion nah. Er stand direkt neben mir, ich blieb ganz ruhig sitzen.

»Hallo«, antwortete ich und spürte förmlich seine Augen auf mich gerichtet. Er roch sehr gut – das war das Einzige, was ich vom ihm sofort wahrnahm.

»Du siehst toll aus. Wahnsinnig sexy. Noch toller als in meiner Vorstellung ...«, sagte Jörg, beugte sich zu mir und gab mir einen Kuss auf die Wange.

»Danke«, sagte ich.

Er nahm meine Hand an seinen Mund und küsste sie. Er hörte nicht auf, und ich spürte seinen Atem auf meinen Fingern. Er drehte sie um und nahm meinen Daumen in den Mund. Seine Lippen waren warm und seine Zunge erregend. Er liebkoste auch die anderen Finger, knabberte an ihnen ganz vorsichtig, streichelte meine Haut immer wieder mit seiner Zunge. Das Gefühl, nichts zu sehen und doch so viel zu fühlen – es erregte mich sehr.

Er zog mich vom Stuhl hoch und an seine Brust. Ich konnte seinen Herzschlag spüren. Seine warme Zunge und die glatte Oberfläche seiner Zähne auf meiner Haut. Nur fühlen, nichts sehen. Meine Fantasie spielte verrückt, ich war außer mir, und mein Puls raste wie irre.

Sein Kopf berührte meine Brust und ich merkte, wie meine Brustwarzen sofort steif wurden. Ich schlang meine Arme um seine Schultern, er fasste mich an der Taille und trug mich zum Bett, auf das er mich langsam fallen ließ. Er küsste mich, ich wollte meine lodernde Lust nicht zeigen und grub meine Finger in sein volles Haar.

Mit seiner Zunge berührte er vorsichtig die Spalte zwischen meine Lippen. Ich öffnete meinen Mund und er drang mit seiner Zunge ein.

Dann zog ich ihn ganz nah an mich heran. Ich stöhnte vor Leidenschaft.

Eigentlich wollte ich die ganze Situation unter Kontrolle behalten, aber ich genoss die Glut seines Körpers und vergaß alles um mich herum ...

Ich fühlte seine extreme Härte, was mich zusätzlich erregte. Ich war so voller Erwartung und streifte sein Hemd ab und ließ es zu Boden gleiten. Einen Gürtel trug er nicht, so konnte ich mir das blöde Fummeln ersparen, konnte mir schneller meine Lust erfüllen.

Sein hartes Glied zu fühlen überwältigte mich. Auch seine Küsse wurden leidenschaftlicher – und gieriger. Sein Schwanz in meiner Hand pochte. Mein Kleid war schnell abgestreift, und ich lag in Dessous vor ihm. Doch auch die sollte ich nicht mehr lang anbehalten ...

Er streifte mein Höschen ab, streichelte mich zwischen meinen Schenkeln. Das machte mich schier verrückt. Ein fremder Mann, von dem ich nicht wusste, wie er aussah, den ich nur fühlen konnte, berührte mich an meinen intimsten Stellen. Hätte er nur ein paar Sekunden so weitergemacht – ich wäre wohl bald gekommen.

Ich fühlte mich heiß und leidenschaftlich, aber auch ganz schwach und hilflos in seinen Armen.

Sein sanftes Saugen an meinen Brustwarzen sorgte für eine weitere Luststeigerung. Ich roch ihn. Sein Haar. Fühlte seine Bartstoppeln. Seine Zunge auf meiner heißen Haut. Ich wand mich unter seinen Küssen, hatte das Gefühl, fast ohnmächtig zu werden vor Begehren.

Er ließ seine Finger in meine Vagina gleiten. Ich stöhnte laut auf. Er spürte mein Verlangen, ihn in mir zu spüren, nahm ein Kondom und streifte es sich über. Dann drang er in mich ein, und ich gab einen ungebremsten Lustschrei von mir ...

Wir beide brauchten nicht mehr lang, unsere Körper waren schon zu erhitzt und drängten auf den schnellen Höhepunkt. Obwohl wir das erste Mal miteinander schliefen, waren unsere Körper sofort eins. Das passte. Wie Schlüssel und Schlüsselloch. Ich folgte seinen erst sanften und dann schnelleren Stößen, und ganz schnell kamen wir. Gemeinsam. Von einer Sekunde auf die andere entluden sich unsere Körper, wie zwei elektrisierte Blitzableiter. Er stöhnte und bäumte sich auf, ich stöhnte, und unsere Körper zuckten eine kleine Ewigkeit.

Nachdem wir gekommen waren und ein paar Minuten erschöpft aneinandergekuschelt beieinandergelegen waren, ließ ich meine Hand über seinen Körper wandern und spürte, dass er schon wieder hart wurde. Ich war begeistert. Aber diesmal wollte ich ihn erst mal richtig verwöhnen ...

Mit meinem Mund widmete ich mich seinem Schwanz. Erst ganz langsam, dann immer heftiger. Meine kreisende Zunge auf seiner Eichel machte ihn schier verrückt.

Jörg musste immer wieder innehalten und zog seinen pochenden Penis immer wieder aus meinem Mund:»Stop! Stop! Sonst komme ich gleich schon wieder.«

So vergingen ein paar Minuten. Eine Stunde. Gefühlt mehrere Stunden. Wir sahen nicht auf die Uhr. Immer wieder waren wir in höchster Erregung, er kurz vor dem Kommen – dann ließen wir die wilde Gier wieder ein wenig abklingen und legte von Neuem los. Ich merkte an seinem immer stärker werdenden Stöhnen und an seinem immer stärker pochenden Glied, dass auch er schon wieder einen fast ekstatischen Zustand erreicht hatte. Ich wollte, dass er mich wieder fickte.

Er zog ein neues Gummi über.

Gekonnt nahm er mich erneut, und wir wechselten jetzt einige Male die Position. Nur von den Gefühlen und meiner Lust geleitet, ließ ich mich immer weiter fallen. Es war ein irres Gefühl, so »blind« gevögelt zu werden.

Ich hatte mir vorher immer wieder ausgemalt, wie es wohl sein würde, aber ich kann sagen: Es war viel toller, viel extremer und viel ekstatischer, als ich es mir je vorgestellt hatte. Man sagt ja oft, dass bei Menschen, die aufgrund einer Behinderung einen Sinn verloren haben (also blind sind oder taub), die anderen Sinne viel ausgeprägter sind – und ich kann sagen: Das Gleiche galt für mich mit Jörg. Ich hatte das Gefühl, dass meine Poren, meine Härchen, meine Haut, meine Zunge – ja mein ganzer Körper, die Aufgabe der Augen mit übernommen hatten. Jeder Nerv meines Körpers vibrierte. Immer mehr ließ ich mich fallen. Ich stöhnte vor Lust, ausgeliefert zu sein. Nur spüren ohne jeglichen Blickkontakt.

Ich hatte Sex mit einem quasi Unbekannten und war ihm im Prinzip tatsächlich völlig ausgeliefert. Immer wieder neu erregte mich dieser Gedanke, und ich wurde geiler und geiler. Während wir vögelten, überlegte ich mir, wie es wohl wäre, wenn er mich jetzt dazu noch fesseln würde. Dann wäre ich noch hilfloser, ihm noch mehr ausgeliefert, bestimmt noch geiler ...

Aber ich beließ es dabei. Ich wollte Jörg nicht überfordern mit der Situation.

Wieder kamen wir, wie zwei explodierende Vulkane. Oft stöhnen Männer: »Ja, ich komme gleich ...«, wenn es so weit ist. Aber bei Jörg war das anders. Ich fühlte es. An seinen Bewegungen, an seinem Atem, an seinem pulsierenden Schwanz. Ihn so voller Lust zu erleben, zu spüren, wie er dem Höhepunkt entgegenglitt, machte auch mich an. Erneut kamen wir gleichzeitig, ein Geschenk, das viele Paare noch nie erlebt haben, bekamen wir gleich zweimal hintereinander.

Hinterher lagen wir noch ewig beieinander. »Jetzt kannst du deine Maske doch auch abnehmen?«, fragte Jörg. Doch ich wollte das nicht.

»Jörg, das mit uns war so zufällig, so einmalig und so toll – das möchte ich mir selbst nicht zerstören.«

»Das klingt ja, als würden wir uns nie wiedersehen?«, fragte er mit trauriger Stimme.

»Ja, das ist auch so«, antwortete ich. »Vielleicht bist du mein absoluter Traummann, vielleicht aber eben auch überhaupt nicht. Das alles mit uns war so wunderbar – das möchte ich niemals vergessen, und das lässt sich auch nicht toppen. Ich hoffe, du kannst das verstehen?!«

Es fiel Jörg offensichtlich schwer. Ich spürte förmlich, wie enttäuscht er war.

Er stand wortlos auf, zog sich an und fragte: »Und nun? Das war es jetzt?«

Ich antwortete nicht. Stattdessen stand auch ich auf, tastete mich zur Tür und geleitete ihn nach draußen. »Danke, Jörg«, flüsterte ich und küsste ihn noch einmal. »Danke für diesen ganz wunderbaren Tag.«

Jörg ging. Ich setzte mich wieder auf die Bettkante, nahm nach ein paar Minuten die Schafmaske ab und ging ins Bad, um zu duschen.

Als ich die Zimmervorhänge wieder aufzog und mich wieder ankleidete, fand ich ein paar Haare von ihm auf dem Kopfkissen. Sie waren blond. Nicht schwarz, wie gedacht – und erhofft.

Ich musste grinsen, denn dennoch war er genau der Richtige gewesen, mit dem ich diesen Spaß haben und mich auf dieses Spiel hatte einlassen können ...

Ungefähr eine halbe Stunde nach ihm verließ auch ich das Hotel wieder und ging zu meinem Auto. Bis heute bin ich mir sicher, dass Jörg dort noch irgendwo war: in der Hotellobby, in seinem Auto, in der Straße vor dem Hotel, um mich zu beobachten. Aber da ich nicht wusste, wie er aussah, hatte ich ihn natürlich nicht erkannt, sondern es nur irgendwie die ganze Zeit über gefühlt.

Ein paar Tage nach unserem Date rief Jörg noch einmal bei mir an. Wir plauderten nett wie immer, doch irgendetwas hatte sich verändert. Noch immer wirkte Jörg einerseits total begeistert, andererseits aber auch total enttäuscht von mir.

Wieder vergingen ein paar Tage, und diesmal rief ich ihn an. Er war ziemlich kurz angebunden, wirkte immer noch gekränkt und erzählte etwas von »einer Verabredung« mit einer Kommilitonin und dass er jetzt »los müsse«.

Das alles war okay für mich. Denn ich wollte es als Spiel belassen und mich nicht verlieben. So wäre es vermutlich auch ge-

kommen. Er war genau der Typ Mann, in den ich mich hätte verlieben können ...
Und genau davor hatte und habe ich bis heute Angst. Angst vor Liebe. Angst vor zu viel Nähe. Ich werde euch später noch versuchen zu erklären, warum das so ist, aber schon damals schlugen diese zwei Herzen in meiner Brust. Das eine, das sagte: »Los, Kerstin! Toller Mann! Toller Sex! Festhalten!«, und das andere, das sagt: »Nein! Lass ihn los! Verlieb dich bloß nicht in ihn. Er ist es nicht wert. Er wird dich nur enttäuschen. Bleib allein! Auf zum Nächsten!«

So verlief mein Blind Date der anderen Art also. Mit Spannung, ein bisschen Schwärmerei und extrem viel Leidenschaft. Diese unvergesslichen Momente, an die ich mich immer wieder mit einem Prickeln im Bauch erinnern würde ...
Danach hörte ich nie wieder etwas von Jörg.
Und trotzdem blieb ich mit einem wahnsinnig guten und warmen Gefühl zurück. Denn der Sex mit Jörg war zwar toll und aufregend gewesen. Die für mich schönste Erkenntnis war aber, dass ich sagen konnte: »Nein! Ich bin *nicht* oberflächlich und nur aufs Aussehen fixiert.«
Das gab mir so viel mehr, als der eigentliche Sex mir gegeben hatte. Jetzt, wo ich euch so davon erzähle, fragt ihr euch sicherlich, was ich getan hätte, wenn Jörg körperlich so gar nicht mein Fall gewesen wäre, dass ich es auch mit der Maske gemerkt hätte. Also klein, dick und vielleicht nach Schweiß riechend. Ganz klar: Dann hätte ich es ihm gesagt, dass es nicht passt. Sicherlich wäre es mir in dem Moment auch schwergefallen nach all dem, was da im Vorfeld schon gelaufen war, aber es war schon immer so, dass ich nur mit Männern Sex hatte, auf die ich wirklich unbändige Lust hatte.
Und so war das Erlebnis mit Jörg etwas ganz Besonderes geworden und deshalb auch leider nicht wiederholbar.

Dennoch ließ mich der Gedanken daran nicht los. Die Erinnerung machte mich immer wieder ganz heiß, daher habe ich es trotzdem auf einen Versuch ankommen lassen und viele Jahre später eine Wiederholung des Ganzen angezettelt:

Mit einem Münchner, den ich übers Internet kennengelernt hatte, verabredete ich mich zum Blind Sex bei ihm. Im Fahrstuhl zu seiner Wohnung legte ich meine Schlafmaske an. Oben empfing er mich und führte mich durch lange Flure, aber ich hatte Vertrauen. Wir gingen und gingen. Dann erreichten wir sein »Penthouse«, wie er meinte. Ohne Umweg führte er mich in die offene Küche (ich roch es und ich spürte die Fliesen ...).

Langsam fühlte ich auch seine Konturen ab: Er hatte eine tolle Figur!

Seine flinken und geübten Hände zogen mich aus. Ich verwöhnte sein Glied, nahm ein Kondom aus meiner Jackentasche und rollte es ihm über. Er wollte mich auf dem Küchentresen nehmen. Ich trug einen Rock, nichts drunter, denn so konnte ich perfekt die Beine spreizen, ohne mich komplett zu entkleiden. Ich führte sein Glied bei mir ein. Er legte sofort los, stöhnte, stieß im schnellen Rhythmus zu. Es war unerotisch ohne Ende. Es tat weh. Die ganze Sache brachte mir nichts. Nach einigen Stößen brach ich das Ganze ab.

Denn: Für mich war absolut kein Reiz dabei! Er nahm es mir nicht übel – fand die Idee trotzdem sehr spannend und meinte, das müsse er unbedingt wiederholen.

Ohne dass ich ihn sah, brachte er mich mit meiner Maske zurück zum Fahrstuhl.

Keine Viertelstunde später saß ich wieder in meinem Auto und fuhr zurück nach Hause.

Ich ärgerte mich über mich selbst. Der ganze Weg, das ganze Theater für *das*!

Aber ich lernte auch etwas daraus: Einmalige Dinge, die so wunderbar waren wie das mit Jörg, die kann man einfach nicht wiederholen. Und die sollte man auch nicht wiederholen! Man sollte sie so, für sich, stehen lassen und sich lieber einen neuen, anderen Kick suchen.

Ja. So denke ich.

# 2. KAPITEL

## René

Meine erste Liebe. Mein erster Sex.

Ihr werdet euch sicher fragen, wie das alles anfing bei mir. Die Sache mit dem Sex und mit meiner Sucht. Doch ich muss euch enttäuschen: Wahrscheinlich ganz anders, als ihr es euch vorstellt. Ich denke nicht, dass ich dem typischen Klischee einer Nymphomanin entspreche. Vielleicht kennt ihr den Film *Nymph()maniac*. Er erzählt, wie ein noch sehr junges Mädchen gemeinsam mit ihrer Freundin durch das Thema Selbstbefriedigung und wildes und ungezügeltes Schlafen mit fremden Männern zur Süchtigen wird. Ein ziemlich eindrucksvoller und beklemmender Film. Die beiden Freundinnen haben anfangs eigentlich nur aus Langeweile Sex. Sie wollen es ausprobieren, dazugehören und mitreden. Dadurch geraten sie in eine Spirale aus Wettbewerb (Wer von uns beiden kann mehr Männer abschleppen?) und Suche nach immer neuen aufregenden Erlebnissen (Wetten, dass ich *den* auch noch rumkriege?) hinein. Und irgendwann hat sich diese zügellose Art, Sex zu haben, bei ihnen festgesetzt – sie können nicht mehr anders. Bei mir fing es ganz anders an. Harmlos. Meine Kindheit war eigentlich ganz normal, so, wie sie wahrscheinlich viele Kinder erleben. Geprägt durch »Funktionieren« und »Parieren«.

27

Ich hatte ein eigentlich gutes Elternhaus, in dem es allerdings viele Regeln und Vorschriften gab. Meine Eltern erzogen mich anständig, aber weil sie schon relativ alt waren, waren ihre Vorstellungen von Erziehung irgendwie in den 40er-Jahren stehen geblieben.

Ich weiß nicht, ob ich ein Wunschkind war. Es gehörte damals sicher einfach dazu, ein Kind zu haben, wenn man verheiratet war. Erst dann war man eine »richtige Familie«. Ich denke, so war das auch bei meinen Eltern.

Ich war ein Einzelkind, und eigentlich mangelte es mir auf den ersten Blick an nichts. Ich bekam schöne Sachen zum Anziehen, neue Spielsachen und Bücher, meine Mutter kochte, passte auf, dass ich meine Schulaufgaben machte und dass ich ordentlich aussah. So weit, so schlecht.

Denn hinter der nach außen präsentierten perfekten Fassade war nichts – nur Leere. Ich habe mich als Kind nie geliebt gefühlt. Eher das Gegenteil. Denn mehr als einmal hatte meine Mutter mir in frühen Jahren schon gesagt: »Kerstin! Heirate nie und schaff dir bloß keine Kinder an!«

So etwas prägt einen fürs Leben, wenn man noch ein Teenager ist.

Elterliche Liebe habe ich also nie kennengelernt. Und so konnte ich auch nie wissen, wie es sich anfühlt, wirklich geliebt zu werden.

Auch eine Mutter zu haben, mit der man über alles sprechen kann – es gibt ja sehr viele Frauen, die von so etwas berichten –, kannte ich leider nicht. Ich machte alles mit mir selbst aus.

Aber ich will nicht alles negativ darstellen – einen Vorteil hatte das Ganze: Ich lernte schnell, auf eigenen Beinen zu stehen, selbstständig zu sein und das Leben an sich allein zu meistern. Das sind harte Worte. Ich weiß das. Aber ich muss es ganz klar sagen: Liebe, Zuneigung, liebevolle Umarmungen – all das gab es bei uns zu Hause nicht. Jeder lebte so vor sich hin.

In meinem Elternhaus herrschte einfach eine alles umfassende Kälte. Weder meine Mutter noch meine Vater kümmerten sich um mich. Kuscheln? Zärtlichkeit? Das habe ich als Kind nie erlebt und kennengelernt. Ich glaube, bei meinen Eltern war das selbst ganz ähnlich, als sie noch klein waren. Sie haben das Muster ihrer Kindheit einfach auf mich übertragen.

»Ah!«, werden jetzt sicher einige von euch sagen. »Darum ist sie heute eine Nymphomanin. Weil sie *nie* richtige Liebe kennengelernt hat ...«

Das ist bestimmt einer der Gründe. Wenn auch nicht der einzige, wie ich euch in diesem Kapitel erzählen werde. Da spielen noch einige andere Dinge mit hinein.

Ich wuchs also quasi ungeliebt und ganz auf mich gestellt auf. Ich bekam auch sonst wenig Unterstützung von meinen Eltern, sie förderten keines meiner Talente – alles, was ich tat, geschah aus eigenem Antrieb. Hobbys musste ich mir suchen und sie dann auch alleine umsetzen. Ich war ein sehr stilles Kind und berichtete zu Hause nur sehr selten, was sich in meinem Alltag so tat. Denn dann hieß es immer nur: »Ach, Kerstin! Das kannst du doch eh nicht! Fang es also gar nicht erst an. Das Geld und die Zeit können wir uns sparen ...«

So vergingen die Jahre der Kindheit, und ich wurde ein Teenager. Mit meinen Pubertätsproblemen schlug ich mich alleine herum, ich wurde natürlich *nicht* aufgeklärt und musste auch die Themen wie Menstruation und erste Gefühle für Jungs ganz alleine bewältigen.

Sex war – man kann es sich vorstellen – natürlich niemals ein Thema in meinem Elternhaus. Ich habe meine Eltern weder über Sex reden hören noch sie beim Liebemachen »erwischt« noch überhaupt irgendeinen Bezug zu dem Thema herstellen können. Wenn im Fernsehen eine Sexszene lief, schalteten meine Eltern sofort um. Wenn ich so zurückblicke, muss ich sagen, dass meine Mutter damals sehr unglücklich zu sein schien – trotz der auf den ersten Blick perfekten Fassade. Ich denke mal, dass sie sich genau wie ich ungeliebt gefühlt hat. Aber dass sie sich dann mir zugewandt hätte, versucht hätte, eine liebevolle Mami zu sein – nein. Das tat sie leider nicht. Ich denke auch, dass mein Vater damals viele Jahre nebenbei etwas »am Laufen« hatte – anders kann ich mir diese ganze Situation nicht erklären. Er war schließlich ein Mann mit ganz normalen Bedürfnissen.

Möglicherweise denkt ihr jetzt auch: »Vielleicht ist da ja noch etwas anderes. Vielleicht ist Kerstin ja als Kind auch missbraucht worden?« Nein! Und nochmals nein! Niemals hätte sich mein Vater mir auch nur mehr als einen halben Meter genähert, geschweige denn mich angefasst. Ich bekam ja nicht mal ein Küsschen. Auch Gewalt gab es in unserem Hause nicht. Insofern: Alles (fast) normal bei uns.

Dafür gab es in unserem Haus immer neue Verbote: »Kerstin, mach dies nicht, Kerstin, mach das nicht! Das darfst du nicht und das auch nicht!« Ich war immer entweder zu jung oder zu alt für die Dinge, die ich mit meinen Bekannten unternehmen wollte.

Ich durfte nicht abends ausgehen und ich hatte feste Zeiten, wann ich zu Hause sein musste. War ich auch nur fünf Minuten zu spät, setzte es sofort eine drakonische Strafe. So schlich ich mich meist heimlich davon.

Ich durfte auch niemanden mit nach Hause nehmen, nicht einmal meine engen Freundinnen, sondern bin immer zu ihnen gegangen. Auch in den Urlaub fuhren wir nie – die Sommer verbrachte ich gemeinsam mit einer Freundin am Meer.

Mit 13 rauchte ich trotzdem meine erste Zigarette, ging auf Partys und hatte Spaß – so gut es eben ging. Ich sang im Chor und hing mehr im Haus meiner damals besten Schulfreundin ab als bei mir zu Hause. Deren Eltern waren super nett, liebevoll, und ich bekam von ihnen mehr Zuwendung in ein paar Wochen, als ich von meinen Eltern in meinem ganzen Leben erfahren habe.

So lebten wir in meiner Familie also alle nebeneinander vor uns hin – und die Jahre vergingen.

Als ich 15 Jahre alt war, waren Jungs das erste Mal ein Thema. Aber noch ganz harmlos. An Sex war da noch überhaupt nicht zu denken. Man traf sich nach der Schule, ging zusammen auf Partys oder ins Café. Das erste Mal küsste mich ein Junge mit 16. Es war okay – aber ich dachte, das müsse ich jetzt nicht so schnell wiederholen.

René kam in mein Leben, als ich gerade 19 geworden war. Wir lernten uns auf einem Fest kennen, auf dem ich mit einigen Freunden war. Wir plauderten nett, verabredeten uns für den nächsten Tag – und mochten uns sofort. René war genauso alt wie ich, groß, schlank und hatte ganz lange Haare. Zwei bis drei Mal pro Woche sahen wir uns fortan, kamen uns näher und verliebten uns ineinander.

Es war toll: Das erste Mal hatte ich das Gefühl, geliebt zu werden, jemanden zu haben, der sich wirklich für mich und meine Gefühlswelt interessierte.

Wir küssten uns und kamen uns immer näher – meine Eltern wussten von all dem natürlich *nichts*. Denn ich durfte ja niemanden mit nach Hause bringen. Wir trafen uns also fast immer bei ihm.

Als René und ich ein paar Wochen zusammen waren, wollten wir das erste Mal miteinander schlafen. Ich war noch Jungfrau – er noch Jungmann. Bei einer Freundin, die uns ihr Zimmer überließ, als ihre Eltern nicht da waren, sollte es passieren. An Verhütung verschwendeten wir damals keinen Gedanken, taten es einfach »so«, ohne Gummi.

Davor war ich nervös, ich hatte beim ersten Mal aber überhaupt keine Schmerzen. Es war ein schönes Erlebnis und ich wollte die ganze Sache bald wiederholen.

Und das taten wir dann auch, was mich ihm näher und näher brachte, denn unsere Lust und Zuneigung füreinander steigerten sich und schweißten uns immer enger zusammen. Bald schliefen wir bis zu fünf Mal hintereinander miteinander und verbrachten das halbe Wochenende im Bett. Denn nicht nur ich hatte inzwischen extremen Gefallen am Sex gefunden, sondern auch *er*!

Ich war damals fest davon überzeugt: Wenn der Sex gut und häufig ist, dann ist das die Grundlage einer tollen Beziehung. Und so versuchte ich schon damals, René auch und gerade durch den intensiven und aufregenden Sex an mich zu binden. Dass er mich ja nicht verlässt oder sich eine andere sucht ...

Mit René erlebte ich auch meinen ersten Orgasmus. Nachdem wir schon einige Male miteinander geschlafen hatten, kam ich völlig überraschend das erste Mal. Es war ein Sonntag. Das weiß ich noch bis heute. Und es war toll!

Zu der Zeit meines Lebens war ich also das erste Mal richtig glücklich. Ich genoss die Beziehung mit René und unser aufregendes Sexleben. Das kann ich so sagen. Auch wenn wir natürlich, so wie alle Paare, dann und wann stritten und unsere kleinen Krisen hatten. Aber nichts Ernstes – wir gehörten einfach zusammen. Das war uns beiden klar. Auch wenn ich immer den Eindruck hatte, dass ich René ein bisschen mehr lieben würde als er mich.

René lebte bei seiner Mutter, die eine sehr warmherzige und liebe Frau war und mich sogleich als seine Freundin akzeptierte. Ich durfte auch »ganz offiziell« bei ihm übernachten – während meine Eltern ihn noch nicht einmal kannten. Und wenn ich wieder einmal bei ihm war, log ich zu Hause, dass ich bei einer Freundin übernachten würde, die mein Alibi auch jederzeit unterstützt hätte, wenn sie meiner Mutter zufällig begegnet wäre.

So vergingen rund zwei unbeschwerte Jahre, und wir genossen die Zeit miteinander.

Dann kam eine Phase, in der es René nicht so gut ging. Immer öfter klagte er über Rücken- und Kopfschmerzen, und Tabletten halfen nicht wirklich. Ich sagte, er solle doch mal zum Arzt gehen – aber er sagte immer nur: »Wird schon wieder!«

Doch das wurde es nicht. Eines Abends, als wir im Bett lagen und gerade miteinander geschlafen hatten, streichelte ich ihn noch ein bisschen und fühlte, dass seine Eier geschwollen waren. Ich sprach ihn darauf an, aber René tat es ab: »Ganz normal!«

Ich gab mich damit zufrieden, und erst, als ich ein paar Tage später in der Küche seiner Mutter in einer Frauenzeitschrift blätterte und einen Artikel über Hodenkrebs las, geriet ich in Panik. Da stand es schwarz auf weiß: geschwollene Hoden, Rückenschmerzen, Unwohlsein.

Ich rief René sofort an und brüllte hysterisch in den Hörer. Er versprach mir, sofort am nächsten Tag zum Arzt zu gehen.

Eineinhalb Jahre später war René tot. Gestorben an Hodenkrebs und Metastasen im ganzen Körper.

Es war ein schlimmer Tod. Ein schleichender Tod, und ich kann und will diese ganze Zeit nur noch einmal in Ansätzen Revue passieren lassen, weil sie das bislang Schlimmste ist, das mir in meinem Leben je widerfahren ist. Während ich diese Zeilen tippe, weine ich. Ich empfinde den Schmerz immer noch so, als sei es gestern gewesen.

René kam in eine Spezialklinik damals, doch der Krebs war schon zu weit fortgeschritten. Er wurde operiert, er bekam mehrere Chemos. Seine schönen Haare fielen ihm aus, es sah nicht gut aus. Ich strickte ihm eine braune Wollmütze, die er fortan immer trug, um seine Glatze zu verbergen.

Er schien noch einmal knapp die Kurve zu bekommen, sah ein bisschen besser aus, wurde sogar wieder nach Hause entlassen. Wir trafen uns, hatten noch einmal eine wunderschöne Zeit miteinander. Dann verschlechterte sich sein Zustand allerdings wieder rapide, und er kam in eine weiter entfernte Spezialklinik. So konnte ich ihn nicht mehr täglich besuchen, doch in Gedanken war ich immer bei ihm.

Ein bis zweimal pro Woche versuchte ich – trotz Stress in meiner Ausbildung – zu ihm zu kommen und ihn zu sehen.

Auch wenn er nicht wollte, dass ich ihn überhaupt noch besuchen kam, weil er mir den Schmerz ersparen wollte, machte ich es trotzdem. Ich wollte für ihn einfach da und stark sein. Ich weinte immer nur innerlich, sodass er es nicht mitbekam – dachte ich jedenfalls. Aber ich sah wohl trotzdem ziemlich traurig aus. Denn oft tröstete er mich mit den Worten: „Sei nicht traurig! Ich werde nicht sterben! Dein Hase wird wieder gesund!«

Dann hörte ich ein paar Tage nichts von ihm, und auch seine Mutter, über die wir sonst immer Kontakt hielten, rief nicht an. An diesen Tagen schaffte ich es nicht, ihn im Krankenhaus zu besuchen.

Als ich an einem dieser Abende müde und gestresst vom Arbeiten nach Hause kam, war ein Brief von Renés Mama in der Post, den ich heimlich im elterlichen Bad las:

*Liebe Kerstin!*

*Diese Zeilen an dich zu schreiben fällt mir unendlich schwer. Doch es muss sein, und ich habe nicht die Kraft, dich anzurufen. René, dein Freund und mein Sohn, ist gestern gestorben. Im Alter von nicht einmal 22 Jahren hat sein Herz aufgehört zu schlagen – seine Lunge bekam keine Luft mehr, weil ein Tumor ihm den Atem nahm. Und auch sonst hatte er einfach keine Kraft mehr.*

*Jetzt müssen wir beide loslassen und ganz ganz stark sein. Du. Ich.*

*Ich danke dir für die Zeit, die du mit René verbracht hast – gerade in den letzten Monaten, wo du auch mir eine große Stütze warst.*

*Mein Sohn hat dich sehr geliebt, aber ich denke, das weißt du.*

*Alles Gute für dich und deine Zukunft.*

Ich brach zusammen, weinte und kreischte hysterisch. Ich konnte und wollte es nicht wahrhaben. Ich schrie, ich japste, ich übergab mich. Irgendwann bekam das auch meine feinfühlige Mutter mit und kam ins Bad gelaufen: »Kerstin, was ist denn los?«

»Mama! Mein Freund ist gestorben!«, brüllte ich.

»Freund? Welcher Freund?«

Ich denke, mehr kann und muss man zu dem Thema nicht sagen. Wie kann man als Mutter so ignorant sein? Nicht mal in dieser Situation nahm sie mich in den Arm und tröstete mich, sondern machte mir eher Vorhaltungen, warum ich denn nie etwas von »diesem« René erzählt hätte.

Zu seiner Beerdigung ging ich nicht. Ich hatte nicht die Kraft dazu. Für mich lebte er doch noch! Und an seinem Grab zu stehen hätte damals für mich geheißen: Ja. Ich akzeptiere seinen Tod. Und das tat ich ja nicht.

Stattdessen bemühe ich mich um ein WG-Zimmer und zog wenige Wochen nach Renés Tod bei meinen Eltern aus, die das nicht besonders zu stören schien.

Weit weg, in Baden-Württemberg, wollte ich einen Neustart versuchen. Ich wollte all das mit René vergessen. Ich wollte Abstand von meinen Eltern gewinnen.

Wenige Wochen nach meinem Umzug hatte ich einen recht schweren Mopedunfall. Ich musste am Bein operiert werden, bekam eine Platte eingesetzt. Einige Monate später wurde die Platte operativ wieder entfernt. Ich weiß nicht, woran es lag, auf jeden Fall schien bei dieser OP etwas nicht gut gelaufen zu sein mit der Narkose, denn ich hatte währenddessen das starke Gefühl, zu sterben.

Ich hatte vorher selbst oft von Menschen gelesen, die diese »Nahtod«-Erfahrungen gemacht haben, und ich weiß jetzt genau, was diese Leute meinen.

Auch ich sah ein helles Licht, und aus dem Licht schritt René heraus, der meine Hand nahm. »Komm mit mir, Kerstin!«, sagte er, und ich merkte, wie er an mir zog, während an meinem anderen Arm jemand anderes mich festhielt und wollte, dass ich blieb. So gerne wäre ich mit René gegangen, doch ich konnte nicht. Die andere Kraft war stärker, und ich erwachte wie gerädert aus der schlimmen Narkose.

Erst da war mir und meiner Seele wirklich klar, dass René wirklich tot war und ich den Schmerz und den Verlust nicht weiter unterdrücken konnte.

Ich ließ ihn zu und weinte hemmungslos. Die Schwestern und Ärzte konnten mich kaum beruhigen damals, sie dachten, es läge nur an der erfolgten OP.

Auf dem Friedhof, an Renés Grab, war ich nur ein einziges Mal. Zehn Jahre nach seinem Tod.

Auch da brach ich wieder zusammen und weinte bitterlich. Sicher zu wissen, da unter der kalten und nassen Erde liegt der Mensch, den man so geliebt hat, traf mich wieder mit voller Härte. Und in dem Moment war mir das erste Mal wirklich klar, was ich vorher immer ignoriert hatte: Mit René war auch ein ganz großer Teil von mir gestorben.

Dadurch, dass er so früh ging, erlosch auch die kleine Flamme Liebe in mir, die sich erst durch ihn entwickelt hatte. Ein Gefühl, das ich ja erst durch ihn überhaupt kennengelernt hatte, wurde im Keim erstickt. Gefühle wie Nähe und Zärtlichkeit, Vertrauen und die Fähigkeit, sich fallen lassen, kannte ich vorher nicht und lagen nun dort mit ihm begraben. Sicherlich vergisst wohl keiner seine erste Liebe. Aber bei uns war die Sache ja noch mal eine ganz andere ...

Es ist mir bis heute nicht wirklich gelungen, wieder so zu empfinden, mich einem Menschen so zu öffnen und so viel Nähe zuzulassen wie damals bei René. Und wenn ihr jetzt *meint* zu wissen, warum ich heute so bin, wie ich eben bin: Ja, vermutlich habt ihr recht. Denn dazu muss man wohl kein Psychologe sein, um zu verstehen, dass der frühe und jähe Tod meines ersten und einzigen richtigen Freundes auch in mir etwas für immer zerstört hat. Sicherlich ist meine Sexsucht von heute ein Cocktail aus verschiedenen Einflüssen und Geschehnissen. Aber eines ist sicher: Mit René starb auch meine echte, tief empfundene und wahre Liebe.

# 3. KAPITEL

## Michael, Patrick, Klaus, Jakob, Sven ...

### Gelebte Lust – meine wilden Jahre

Nur langsam erholte ich mich von dem Schmerz um René, der noch immer mein Herz schwer machte und mir auf der Seele lag.

Nach dem Realschulabschluss hatte ich eine Ausbildung im Einzelhandel gemacht, und nachdem ich in die Wohngemeinschaft in Baden-Württemberg eingezogen war, nahm ich zunächst verschiedene kleine Jobs an. Ich wollte einfach nur mein Auskommen haben, und genau dafür waren diese Jobs perfekt geeignet. Und sie hatten einen weiteren Vorteil: Ich traf viele neue Menschen. Junge Kollegen, mit denen ich recht schnell in Kontakt kam.

Wir trafen uns auch privat, gingen weg. Wenn ich es mir so überlege, war ich damals eigentlich fast jeden Abend auf der Piste. Ein Cocktail hier, ein Kinobesuch dort, und am Wochenende war Disco angesagt. Pausen? Die gab es für mich so gut wie nie ...

Ich war zu der Zeit Anfang 20 und lebte ein unkompliziertes Leben, wie wohl viele meiner Altersgenossen. Spaß haben, keine Verantwortung übernehmen müssen – ich denke, so eine Phase macht jeder in seinem Leben mal durch.

Dass ich vielleicht aber doch ein bisschen anders war als andere Frauen in meinem Alter, wurde mir erst nach und nach klar ... Wir gingen also am Wochenende immer in die Discos und Clubs der nächsten größeren Stadt. Und natürlich lernte man dort schnell Jungs, na ja, eigentlich waren es ja schon Männer, kennen.

Meine »Weggeh-Freundin« Patrizia, eine sehr lustige Person, wurden besonders häufig angesprochen. Denn wir waren – und das muss man einfach mal klar so sagen – sehr attraktiv damals. Ich würde sagen, das bin ich auch heute noch. Aber damals sah man irgendwie immer gut aus. In jeder Situation. Keine Falten, keine Augenringe – egal, ob man nur drei Stunden geschlafen hatte oder die Nacht davor durchgefeiert hatte. Sexy gekleidet, perfekt zurechtgemacht, aber immer edel – nie billig – zogen Patrizia und ich also damals los.

Wir waren immer die Ersten im Club und die Ersten, die auf den Boxen tanzten. Wir hatten Spaß daran, uns lasziv zur Musik zu bewegen. Die gierigen Blicke der Männer stachelten uns zusätzlich an. Und wir tanzten natürlich bewusst immer so, dass uns alle sehen konnten. Und das kam gut an. Waren wir mal woanders unterwegs gewesen, kamen die Männer beim nächsten Mal sofort auf uns zu und fragten: »Wo wart ihr denn? Wir haben euch schon vermisst!«

Oft gaben sie uns Drinks aus, man kam schnell in Kontakt, knutschte, und dann später ging es ab in die Kiste.

Wenn ich es mir so rückblickend überlege, war ich schon damals an jedem Wochenende mit ein bis zwei anderen Männern im Bett. Ganz unter uns gesagt. Ich versuchte nur immer so vorzugehen, dass die Typen sich untereinander nicht kannten – ich wollte ja schließlich nicht als Flittchen dastehen. Und ich genoss die Auswahl.

Patrizia machte das genauso. So waren wir eben. Längst begannen natürlich andere Frauen, über uns zu tuscheln. Das interessierte uns aber nicht– wir schoben es auf deren Neid. Wer kann, der kann eben … Wir fühlten uns einfach unsagbar leicht, begehrt und toll. Wir hatten eine Menge Spaß.

Rückblickend muss ich auch sagen, dass sie vielleicht einer der ganz wenigen Menschen war, die für mich und meine Bedürfnisse absolutes Verständnis hatten und mit ihnen klarkamen. Bis heute habe ich eigentlich kaum mehr mit jemandem so offen und ehrlich darüber gesprochen wie damals mit ihr.

In dieser Zeit erwachte auch mein Jagdtrieb. Ich hatte damals noch ganz konventionellen Sex, Missionarsstellung, Doggystyle, ich oben – fertig. Das machte mir Spaß und erfüllte mich. Viel geiler als den Sex an sich fand ich aber das Gefühl, den Typen rumgekriegt zu haben. Ich wollte erobern, nicht erobert werden. Wenn mich ein Kerl plump anmachte, war ich sofort abgetörnt. Das ist bis heute so. Ich will jagen, erlegen – dann geht es mir gut. Klar, ein Mann darf schauen, Signale senden und Interesse bekunden. Aber nie direkt, sondern immer dezent. *Ich* will das Gefühl haben, dass *ich* ihn erobere. Wenn mich heutzutage jemand auf einer meiner einschlägigen Internetseiten, die ich besuche, anschreibt: »Hey! Du siehst geil aus! Würde dich gerne ficken!«, ist bei mir der Ofen *sofort* aus. Ich will agieren und mir die Männer suchen. Ich suche meine Beute – und erlege sie. Damals wie heute. Basta.

Patrizia war es auch, die dafür sorgte, dass ich mich beruflich weiterentwickelte: Sie stellte mir eines Abends einen Typen vor, der für eine große Kosmetikfirma arbeitete und Repräsentanten für den Außendienst suchte. »Kerstin, wär das nicht was für dich? Du bist doch so gerne unterwegs?«

Schon zwei Wochen später saß ich in meinem nagelneuen Firmenwagen und düste durch Süddeutschland, um Drogeriemärkte zu besuchen. Der Job war der erste, der mir Spaß machte. Ich plauderte nett mit den Filialleitern, verkaufte gut, die Zahlen stimmten, und jeden Abend verbrachte ich in einem anderen Hotel, das die Firma zahlte. Ich war zeitlich und räumlich unabhängig – für mich ein absoluter Traum. Und jede Nacht hatte ich Sex mit einem anderen. Das Internet gab es damals noch nicht, und so lernte man sich einfach im echten Leben kennen. An der Hotelbar, in der Lobby, beim Essen im Restaurant. Ich wohnte meist in Hotels, in denen viele Vertreter und Außendienstler abstiegen, und so kam man schnell in Kontakt. Und an den Wochenenden gingen Patrizia und ich sowieso weiterhin weg und angelten uns Typen. Dass ich damals aber auch schon unter der Woche jede Nacht einen anderen hatte, wagte ich ihr nicht zu sagen.

Längst war ich gefangen in einem Strudel aus Erobern, Kick erleben, neuen Kick suchen, wieder erobern und so weiter. Ich hatte inzwischen meine Kontakte in fast jeder Region, die ich bereiste, und wenn die Typen gut waren, sah ich sie regelmäßig wieder, wenn ich vor Ort war. Aber es kamen auch immer neue Männer dazu – ich wollte ja erobern.

Es wurde mehr und mehr, und ich genoss es. Dass ich, ohne es zu merken, in eine Sucht geglitten war, war mir damals noch überhaupt nicht klar. Ständig Sex zu haben war einfach zur angenehmen Routine geworden. So, wie andere Leute jeden Tag ins Fitnessstudio rennen oder durch den Wald joggen.

Immer wieder gab es in der Zeit Typen, die mir richtig gut gefielen. Die mir sympathisch und vielleicht auch ein bisschen mehr waren. Doch aufkeimende Liebe stieß ich *sofort* weg. *Ich* wollte *nie wieder* verletzt werden, wollte nie wieder den Schmerz des Verlusts spüren.

Und Sex wurde für mich auch zum Mittel des Druckabbaus und der Selbstbestätigung. Den ganzen Tag hatte ich Stress, stand im Stau, verhandelte mit den Drogeriemarkt-Chefs, das Geschäft wurde nicht leichter. Meine Zahlen stimmten trotzdem – Anerkennung bekam ich aber keine. Solange alles passte, hörte ich von meiner Firma gar nichts.

Die Anerkennung, die ich tagsüber also nicht bekam, holte ich mir dann abends im Bett. Und wenn die Männer mich lobten, meinen Körper, mein Aussehen, meine Art beim Sex – dann ging es mir fantastisch. Ich füllte meine Leere mit Sex. Und manchmal übertrieb ich es auch ganz schön. Vor lauter Geilheit verabredete ich mich irgendwann doch glatt mal mit zwei flüchtig bekannten Männern an einem Tag – und dazu noch fast zeitgleich:

Ich wollte beide treffen, fand beide toll, und weil ich gerade in der Arbeit so viel zu tun hatte, blieb mir keine andere Wahl, als mich an meinem freien Sonntag mit *beiden* zu verabreden.

Bei super Wetter lag ich am See mit der Sonne auf dem Bauch, da ging mein Telefon: »Wo bist du, wir wollten uns doch heute treffen.« Ich sagte: »Ich liege am Weiher und warte schon auf dich, komm doch vorbei.«

Nach meiner Beschreibung fand er das Fleckchen, an dem ich lag. Schon aus der Ferne sah ich ihn mit großen Schritten vom angrenzenden Parkplatz auf mich zukommen. Als er vor mir stand, fielen ihm fast die Augen aus dem Kopf, denn dass ich mich nackt sonnte – damit hatte er offensichtlich nicht gerechnet. Er zog sich ebenfalls ganz aus und ging sofort ins Wasser, um sich abzukühlen. Ich sah ihm vom Ufer aus zu und muss gestehen, dass mir gefiel, was ich dort sah: Sexy Body. Toller Schwanz. Er bemerkte meine hungrigen Blicke und war ganz offensichtlich auch nicht abgeneigt, meinen nackten Körper ein bisschen besser kennenzulernen. Als er aus dem Wasser kam, poppten wir schon nach ein paar Minuten völlig ungehemmt, jeder am See konnte uns zusehen. Aber in diesem Moment war uns das alles egal. Wir vergaßen völlig die Zeit, als mir bewusst wurde, wie spät es mittlerweile sein musste.

Ich sah zur Uhr – in genau dem Moment klingelte mein Handy. Ach ja! Ich hatte ja noch eine Verabredung. Hilfe! Fast vergessen! Ich drehte mich von meinem Sexpartner weg, flüsterte ihm nur zu »eine Freundin ...« und erklärte dem anderen Typen am Telefon, wo ich zu finden sei. Derweil zog sich der erste wieder an und machte sich auf den Weg zurück zu seinem Auto. »Ich muss auch mal wieder ...«

Puh! Gerade noch einmal gut gegangen. Kaum war der erste gegangen, winkte mir der andere auch schon zu. Auf der Hälfte des Wegs vom Parkplatz mussten sie sich begegnet sein. Ich fand die Vorstellung herrlich. Jetzt hatte ich also Nummer zwei am Start. Mit ihm fickte ich zwar nicht, aber er fingerte mich und brachte mich so zum Orgasmus. Im Gegenzug besorgte ich es ihm ebenso mit der Hand, meine gekonnten Bewegungen machten ihn so scharf, dass ich nach wenigen Minuten seine volle Ladung in mein Gesicht bekam. Ja, ich denke, ich kann selbstbewusst sagen: Ich beherrsche die Handwerkskunst.

Eine Story von damals, die aber ganz exemplarisch ist für die Zeit. Ich war wild. Ich war völlig ungehemmt. Auch meine Freundin Patrizia hatte mir inzwischen gestanden, dass sie es auch viel öfter tat als nur am Wochenende. Das intensivierte unseren Wettbewerb noch mehr. Rückblickend muss ich sagen, dass der Umgang mit Patrizia mir wohl nicht guttat. Denn gemeinsam mit ihr rutsche ich immer tiefer in die Sexsucht. Hätte ich damals eine Freundin gehabt, die mich ein bisschen gebremst hätte – vielleicht hätte ich mich in diesen sehr prägenden Jahren ganz anders entwickelt. Aber das sind natürlich alles nur Mutmaßungen – zu der Zeit fühlte ich mich im Großen und Ganzen ja nicht nur ganz »normal«, sondern supertoll. Ich selbst war damals noch der Überzeugung, wenn ich es denn nur wolle, könnte ich jederzeit aufhören mit dem ständigen Sex und eine ganz normale Beziehung führen.

Ja, das dachte ich wirklich.
Aber wollte ich das überhaupt?
Wollte ich auf das verzichten, wovon andere träumten?

# 4. KAPITEL

## Marc, Leon – und ein heißer Zwischenstopp!

### Wie und wo ich meine Männer so kennenlerne …

Mit den Jahren wurde ich – natürlich – auch ein bisschen älter, irgendwann war die wilde Zeit im Außendienst und den Discos vorüber. Zwar liebte ich meinen Job, das Leben im Hotel, den Luxus, die Freiheit, den pulsierenden Stress – und doch merkte ich, dass ich physisch und psychisch an meine Grenzen gelangte. Dieser Lebenswandel tat mir nicht gut, also zog ich irgendwann die Reißleine. Ich beschloss, ein bisschen sesshafter zu werden und einen »festen« Job zu übernehmen.

Ich suchte mir ein neues Betätigungsfeld, blieb aber in der Kosmetikbranche. Ein Metier, das mich ja schon immer gereizt hatte. Make-up, Düfte und das Schminken waren schon immer meine Leidenschaften, und so ist es nur logisch, dass ich in diesem Tätigkeitsumfeld blieb.

Aber ich wollte mich weiterbilden: Ich machte eine Umschulung zur Kosmetikerin und lernte nebenbei auch noch fernöstliche Massagetechniken. Mein Job, den ich übrigens bis heute ausübe, macht mir Spaß, und ich habe endlich beruflich das gefunden, was ich immer wollte. Die Arbeit gefällt mir deshalb so sehr, weil ich es nicht nur liebe, selbst vor dem Spiegel zu stehen und mich zu stylen, sondern weil ich auch andere Menschen liebend gern verschönere und das Beste aus ihnen heraushole.

Nun werdet ihr bestimmt denken: Netter Job – aber männertechnisch natürlich nix. Und da habt ihr leider recht! Beruflich habe ich fast nur mit anderen Frauen zu tun. Die Chance, einen Sexpartner durch meinen Beruf zu finden, geht gegen null. Die paar Männer, die in der Kosmetikbranche tätig sind, sind meist selbst auf der Suche nach Kerlen ...

Also muss ich die Männer anders kennenlernen. Übers Internetdating erzähle ich euch später, manchmal kommt einem aber auch der Zufall im wahren Leben zu Hilfe. Und da kann ich euch einige nette Geschichten erzählen. Nach dem Motto: Unverhofft kommt oft. Und auch gerne mehrmals ...

Meine Wohnung befindet sich in Laufnähe eines Autohofs. Sagt euch das etwas? Na ja, vielleicht nicht allen von euch. Ich erklär das mal kurz: Ein Autohof ist meistens so eine Kombination aus 24 Stunden geöffneter Tankstelle, einem Gasthaus und einer Spielhalle oder einem Sexshop. Und das alles ganz nah bei einer Autobahn. Anhalten tun da in der Regel Brummifahrer, weil das Essen in diesen Autohöfen meist billiger und besser ist, die Portionen größer sind, die Restaurants immer rund um die Uhr geöffnet haben, das Benzin günstiger ist und weil man dort auch duschen und wirklich richtig rasten und entspannen kann. Manchmal gibt's da sogar eine Sauna.

Aber auch Außendienstler und Reiseprofis kehren hier öfter ein. Testet das auch mal, wenn ihr das nächste Mal mit dem Auto verreist. Autohöfe sind immer die bessere Alternative zu so einem normalen überteuerten Rasthaus an der Autobahn. Ich war da auch früher, während meiner Außendiensttätigkeit, oft.

Ich gehe auch heute noch häufig zu »meinem« Autohof: Erstens, weil es in der Nähe meiner Wohnung kein anderes Geschäft in Laufnähe gibt und ich dort seit Jahren gerne spontan Zigaretten, ein paar Lebensmittel oder einen Liter Milch kaufe. Und zweitens, weil ich inzwischen dort einige Leute auch flüchtig kenne, die da in der Tankstelle oder der Spielhalle arbeiten. Ich plaudere immer wieder mal nett bei einer Zigarette mit ihnen.

Eines Abends kam ich relativ spät nach Hause. Ich hatte einen beruflichen Abendtermin. Zu Hause in der Wohnung musste ich dann feststellen: Zigaretten aus. Getränke aus. Alles aus. Also auf zum Autohof! Da hatten gerade ein paar Bekannte aus der Tankstelle Feierabend, und so rauchten wir gemeinsam eine Zigarette vor der Tür.

Während wir da also so standen, qualmten und privat plauderten, sah ich aus dem Augenwinkel, wie ein dunkler BMW an die Tankstelle fuhr und ein sehr smarter Mann dem Auto entstieg und ohne zu tanken hineinging. Der Typ war groß, extrem gut trainiert und hatte schwarze, kurze Haare, blaue Augen – also genau mein Beuteschema.

Nach ein paar Minuten kam er wieder raus, in der Hand ein gekauftes Ladekabel, und stellte sich wie selbstverständlich zu mir und den Tankstellenleuten mit an den großen Aschenbecher und zündete sich ebenfalls eine an. Ich grinste ihn an, er mich. Wir redeten gerade über irgendetwas Belangloses, ich glaube, es ging um Pauschalreisen. Er mischte sich ungefragt in unser Gespräch und sagte etwas. Ich schaute den geilen Typen frech an und sagte:»So, so. Hast du zu dem Thema also auch was zu sagen?«

»Klar«, antwortete er und redete ungeniert weiter. Geil! Ich mag diese selbstbewussten und direkten Typen.

Wir alle plauderten noch bestimmt zehn weitere Minuten, und immer wieder schaute der Typ mich grinsend an. Ich erwiderte seinen Blick, denn ich merkte sofort, dass da etwas zwischen uns war. Eine Spannung. Eine aufregte Neugier. Als er eine Zigarette aufgeraucht hatte, ging er schließlich einen Schritt auf mich zu, nahm mich in den Arm und küsste mich. Einfach so. Aus dem Nichts heraus. Hammer. Unglaublich. Mir zog es fast den Boden unter den Füßen weg.

Gefühlte zwei Minuten knutschten wir, als wären wir schon immer zusammen gewesen. Es fühlte sich vertraut an. Er streichelte mich dabei ganz vorsichtig am Arm, suchte meine körperliche Nähe. Ich flüsterte ihm ins Ohr: »Machst du so etwas öfter?«

Er: »Nein, aber du gefällst mir einfach! Bist genau mein Typ Frau, und ich finde dich klasse!«

Eines von den Tankstellenmädels hatte aufgeraucht, wollte nach Hause. Als sie sich von mir verabschiedete, raunte sie mir zu: »Mir war gar nicht klar, dass du den Typen kennst, Kerstin?«

»Doch, doch!«, sagte ich. Weil es mir natürlich peinlich war, hier so wild mit einem völlig Fremden zu knutschen.

Als sie weg war, wandte ich mich wieder »meinem« Typen zu: »Wenn du magst, kannst du mich gerne nach Hause bringen. Das ist nicht weit von hier – sonst müsste ich nämlich zu Fuß gehen ...«

Er machte es gerne, und kurze Zeit später saß ich in seinem Auto, und wir fuhren zu mir. Hörten Musik und unterhielten uns wie alte Freunde – der Typ war echt lustig.

»Da sind wir!«, sagte ich schließlich – doch wir plauderten immer weiter. Bestimmt eine Stunde saßen wir noch im Auto, aber er machte keine Anstalten, sich mir wieder zu nähern, geschweige denn, mich anzufassen.

Ich dachte: »Okay, also keiner von der schnellen Sorte. Vielleicht will er auch gar keinen Sex ...«

»Kommst du noch mit rauf?«, fragte ich ihn trotzdem irgendwann. Er wollte. Als wir aus dem Auto ausstiegen, war ich ganz gelassen, gab mich cool. An der Haustür angekommen, drückte er mich an die Scheibe und küsste mich voller Leidenschaft, mit seinen Händen fuhr er durch mein Haar. In der Wohnung angekommen, plauderten wir zunächst weiter. Über unsere Arbeit, das Leben an sich. Er machte keine Anstalten, mich anzufassen, fragte stattdessen, ob es okay wäre, wenn er sich eine anzündete. War es. Er rauchte genüsslich. Ich zweifelte. Was war das? Ein Mann, den ich mit nach oben nahm, der mich dreist geküsst hatte, machte einen Rückzieher? Das ging nicht. Ich wollte ihn. Jetzt! Als er fertig geraucht hatte, zog er mich dann doch an sich. Küsste mich.

Seine Küsse schmeckten wunderbar, erregten mich sehr.

Ich schaute ihn an: kräftige Nackenmuskulatur, ein ausgeprägtes Kinn, ein sinnlicher Mund und diese knallblauen Augen. Ein Traum ...

Auch er war inzwischen unglaublich erregt. Bis in mein Schlafzimmer schafften wir es nicht mehr, sondern sanken direkt auf meinem weichen Wohnzimmerteppich nieder.

Als die Sonne schon wieder aufging, stand er schließlich auf und zog sich wieder an.

»Hat es dir gefallen? Sehen wir uns mal wieder?«

»Klar!«, sagte ich. »Ganz sicher!«

Er nahm mich noch einmal ganz fest in seine Arme. Küsste mich. Streichelte mich. Und verabschiedete sich von mir mit dem Satz: »Schlaf schön, mein Schatz!«

Dann war er weg.

Ich ging wieder ins Bett, lag aber noch lange wach und ließ die letzten Stunden noch einmal Revue passieren. Ich hatte Sex mit einem Unbekannten gehabt. Geilen Sex. Doch ich wusste weder, wie der Typ hieß, noch hatte ich seine Nummer.

Doch er wollte mich wiedersehen. Also musste er sich melden. Er wusste ja jetzt, wo ich wohnte.

Tage und Wochen vergingen, von meinem Mister Unbekannt hörte ich nichts. Schade. Ich war ein bisschen traurig. Nach rund vier Wochen klingelte es an meiner Tür. Ich rechnete nicht mehr mit ihm, dachte, es sei die Post. Doch durch die Sprechanlage hörte ich eine mir sehr wohlvertraute Stimme: »Hallo! Hier ist jemand, der dich unbedingt wiedersehen muss!«

Das Erlebnis mit Marc ist ein typisches Beispiel dafür, wie ich Männer auch ganz ohne Internet kennenlerne. Und es ist natürlich ein Irrglaube zu denken, dass all diese Männer Single sind. Das ist auch bei Marc nicht so.

Marc ist glücklich verheiratet, wie er selbst sagt, und Vater einer Tochter. Doch ein schlechtes Gewissen, weil er seine Frau betrügt, hat er trotzdem nicht. Marc sagt, dass er und seine Frau schon lange keinen Sex mehr hätten. Sie würde sich nur um das Kind und sich selbst kümmern und wäre dazu zickig. Da wäre die körperliche Nähe zwischen ihnen natürlich längst auf der Strecke geblieben.

Gerade nach einigen Jahren Ehe erkennen Männer oft, dass das doch noch nicht alles gewesen sein kann – das höre ich immer wieder von meinen Jungs. Die Frauen sehen sich am Ende ihrer Ziele: Haben einen Mann, ein Kind, ein schönes Haus. Sie sind zufrieden. Sex scheint für sie kein großes Thema mehr zu sein. Da fühlen sich die Männer vernachlässigt. Es geht nur noch um das Kind. Den Haushalt. Das Geld. Die Nachbarn und und ... Ihre eigenen Bedürfnisse müssen zurückstehen. Ich glaube inzwischen, dass das ein ganz kritischer Punkt für jede Beziehung ist. Und besonders für die Männer. Der Alltag hat sich eingeschlichen, und sie haben das Gefühl, etwas zu »verpassen«. Ihre Fantasien nicht wirklich ausgelebt zu haben. So alt sind sie doch noch nicht. Und doch noch so potent. Da war doch noch so viel, das sie einmal ausprobieren wollten: Sex mit zwei Frauen. Sex mit einem Mann und einer Frau. Sex der härteren Gangart. SM. Sex an ungewöhnlichen Orten. Sex ohne Verpflichtung. Sex, ohne vorher 300 Liebeserklärungen machen zu müssen. Einmaligen Sex. Ausgefallenen Sex. Ich könnte die Liste endlos fortsetzen.

Und dann kommen Frauen wie ich ins Spiel. Frauen, die unkompliziert sind. Sexy. Die auch den Männern mal Komplimente machen. Klar, wir Frauen wollen immer hören, wie toll, schlank und attraktiv wir sind. Aber auch Männer brauchen das.

Ich sage den Männern immer, wie sexy ich sie finde. Wie sehr ihr Body mich anmacht. Wie schön ihr Schwanz ist. Wie hart er wird. Wie gut er schmeckt. Wie toll sie mich ficken. Das ist wichtig, und das macht die Männer an. Gibt ihnen ein gutes Gefühl und mir dann schlussendlich ja auch.

Es ist aber auch Quatsch, zu denken, Männer wollten nur kleine Mäuschen, die bewundernd zu ihnen aufblicken. Das ist totaler Käse. Männer wollen starke Frauen – aber eben keine Zicken. Frauen sollen unkompliziert sein, sagen, was sie wollen, und den Männern signalisieren, dass sie ihnen ein ebenbürtiger Partner sind. Im Job. Im Leben. Und eben im Bett.

Auch Männer wollen erobert werden. Es ist alles ein großes Spiel – für beide Seiten.

Daher an alle Mädels, die das hier lesen: Wenn ihr verheiratet seid: Seid nett zu eurem Mann. Denkt auch mal an ihn. Fragt ihn nach *seinen* Bedürfnissen. Zieht euch sexy an. Macht was aus euch. Überrascht ihn. Klar, das liest man auch immer in den einschlägigen Frauenzeitschriften. Das ist nichts Neues. Es ist aber leider total wahr! Meine Kerle haben das immer wieder erzählt, dass ihre Frauen sich zu Hause total gehen lassen und null Interesse mehr daran zu haben scheinen, sich sexy und erotisch zu geben. Und dann wundern sie sich, wenn ihre Männer zu anderen Frauen gehen …

Und auch den Single-Frauen rate ich, nicht im Frust auf dem Sofa zu liegen und fernzuglotzen. Macht euch hübsch, gönnt euch einen Friseurbesuch, schminkt euch und dann los! Ab in eine Bar. In ein Café. Allein oder mit einer Freundin. Und dann sendet Signale. Flirtet, was das Zeug hält. Habt Spaß! Es muss nicht immer der Mann des Lebens sein, den ihr aufreißt. Vielleicht ist es einfach einer, mit dem ihr Spaß im Bett haben könnt? Einer, der euch eine kurze Zeit lang richtig glücklich macht?

Und wenn es nur für einen Nachmittag oder ein paar Minuten ist. Dabei ist es völlig egal, wo oder wie ihr die Männer aufreißt. Erlaubt ist meiner Meinung nach, was funktioniert und gefällt. Ich habe meine Männer schon überall kennengelernt und manchmal sogar in den abstrusesten Situationen.

Beispiel: Supermarkt. Kurz vor Feierabend, elend lange Schlangen an allen Kassen. Ich war genervt, dem Typen in der Reihe neben mir ging es anscheinend genauso. Er stöhnte genervt auf, ich musste lachen.

Er: »Das ist hier alles nicht mehr zum Lachen!«

Ich: »Stimmt. Sollen wir weinen?«

Er: »Besser schreien!«

Ich: »Nicht mein Stil!«

Er: »Im richtigen Moment kann Schreien doch ganz befreiend sein.« Er grinste mich frech an. Ich verstand, was er meinte.

Ich: »Oh ja.«

Wir sahen uns in die Augen. Für Fremde eine Millisekunde zu lang.

Bon-Rolle zu Ende. Kein Kleingeld mehr – es war fast so, als hätten sich die Kassiererinnen gegen uns verschworen. Oder arbeitete das Schicksal zu unseren Gunsten? Wir machten das Beste aus der Wartezeit.

Als wir schließlich endlich an der Reihe waren, hatten Leon – so hieß er – und ich inzwischen unser halbes Leben besprochen. Was wir arbeiteten, was wir heute Abend noch Kochen wollten, wo wir sonst so einkauften und hingingen.

Als wir bezahlt hatten, trat Leon einen Schritt auf mich zu.

»Hast du vielleicht Lust, noch mit zu mir zu kommen? Dann können wir gemeinsam kochen?!«

Kurze Zeit später poppten wir uns vergnügt den Einkaufsfrust aus dem Leib.

Als wir fertig waren, fragte er:»Jetzt kochen?«

Ich:»Jetzt nach Hause!«

Böse war er darüber nicht. Kein Mann ist böse, wenn man ihm die»Romantik-Nummer« davor oder danach erspart. Machen wir uns nichts vor: Wenn Männer auch noch so»Gas« geben, Blumen kaufen, einen schick zum Essen einladen und vollsäuseln – all ihr Treiben dient doch nur einem Zweck: Sie wollen dich in die Kiste kriegen.

Und Leon konnte sich den Aufwand sparen – weil gepoppt hatten wir ja schon. Ich richtete mich also wieder her und ging nach Hause.

Solche Erlebnisse habe ich immer wieder. Ungeplant und völlig zufällig. Ich kann immer gar nicht verstehen, dass mir andere Frauen erzählen, wie schwer es denn sei, einen Mann kennenzulernen. Ich finde, nichts ist leichter als das.

Wenn ich an einer Bar stehe und einen Kerl sehe, der mir gefällt, schalte ich sofort auf»Sex-Modus« um. Fasse mir ins Haar, befeuchte meine Lippen mit meiner Zunge, lächle. Spanne meinen Körper an, strecke meine Brüste raus. Das ist nun weiß Gott keine Geheimwissenschaft! Und schon werden die Männer auf einen aufmerksam. Sprechen einen an. Laden einen ein. Sind bereit zu einem Abenteuer.

Und manchmal reicht sogar ein kurzer Blick, der die richtige Botschaft sendet. So hatte ich mal ein ganz verrücktes Erlebnis auf der Autobahn:

Nach einem langen Arbeitstag saß ich in meinem Auto und fuhr ziemlich müde nach Hause. Mit über 100 Sachen düste ich über die Autobahn, ganz in meine Gedanken versunken.

Trotzdem merkte ich irgendwann, wie mich immer wieder ein Auto überholte, mit einem Mann hinterm Steuer, der immer wieder zu mir rüberlächelte. Ich war natürlich auch freundlich und lächelte zurück. Immer wieder das gleiche Spiel. Er überholte mich, lächelte und ließ sich wieder zurückfallen, um mich auf ein Neues zu überholen.

Ich dachte: »So kann das ja nicht weitergehen.« Reduzierte meine Geschwindigkeit. Die nächste Abfahrt nahm ich – er fuhr mir hinterher. Ein paar Hundert Meter, dann hielt ich auf einer kleinen Waldlichtung. Ich stieg aus – Angst hatte ich keine, sondern fühlte mich verrückt erregt.

Ich: »Wieso fährst du mir die ganze Zeit nach?«

Er: »Ich dachte, das gefällt dir?«

Ich: »Wie kommst du darauf?«

Er: »Na, du hast die ganze Zeit so Signale gesendet.«

Ich: »Habe ich das?«

Er: »Ja. Hast du Lust?«

Ich: »Komm her!«

Auf der Motorhaube poppten wir. Wild. Ungestüm. Danach fuhr jeder in seine Richtung weiter.

Ihr seht schon, ich bin kein Fan von »Ewigkeit«. Ich glaube, nichts ist für immer. Partner kommen, Partner gehen. Das ist der Lauf der Dinge, so sind wir Menschen.

# 5. KAPITEL

## Tim

### So oft und lang ich will – oder: Was ist eigentlich normal?

Tim lernte ich, wie so viele Männer in meinem Leben, im Internet kennen. Auf einer der einschlägigen Kontaktseiten, von denen ich euch später noch einmal genauer erzählen werde. Ich weiß gar nicht mehr, ob mir sein Profil aufgefallen war oder ihm meines. Auf jeden Fall begannen wir schon nach kurzer Zeit, uns sehr nett und intensiv im Chat auszutauschen. Auf den Fotos entsprach Tim voll und ganz meinem Beuteschema, und auch ich schien ihm optisch wohl sehr gut zu gefallen, zumindest schrieb er mir das immer wieder. So plauderten wir über Gott und die Welt – nicht über Sex. Ich denke, das werdet ihr mir jetzt kaum glauben, nachdem ihr nun schon eine ganze Menge über mich wisst, aber auch wenn Sex einen Großteil meines Lebens bestimmt, so bin ich doch auch ein ganz normaler Mensch mit Interessen, Gefühlen – und ganz normalem Gesprächsbedarf.

Irgendwann hatten Tim und ich keine Lust mehr auf das Dauer-Getippe, und wir entschieden uns, miteinander zu telefonieren. Einige Abende ließen wir die Leitung glühen – ich mochte auch seine Stimme. Und auch sonst schienen wir auf einer Wellenlänge zu funken. Wir mochten die gleiche Musik, standen auf das gleiche Essen und sahen uns im Fernsehen die gleichen Sendungen an. »Können wir auch mal skypen?«, fragte Tim mich dann eines Abends. »Klar!«, sagte ich, und schon wenige Minuten später saßen wir beide vor unseren Laptops und plauderten von »Angesicht zu Angesicht« miteinander. Und auch das, was ich da so via Cam sah, gefiel mir gut. Uns beiden war natürlich sofort klar, dass wir uns treffen mussten. Ein Termin war relativ schnell gefunden, und so saß ich keine drei Tage später im Zug Richtung Frankfurt, wo er wohnte. Ich hatte Lust zu sehen, wie er so lebt, und auch er wollte gerne, dass ich zu ihm kam.

Wie versprochen, holte er an mich pünktlich vom Zug ab. Als er so das erste Mal live vor mir stand, war ich total begeistert. Die Kamera hatte wahrlich nicht zu viel versprochen. Bei so Internetgeschichten kann es ja gerne einmal die eine oder andere böse Überraschung geben. Bei Tim war es aber das genaue Gegenteil: Er sah noch um einiges besser aus, als ich ihn mir vorgestellt hatte. Tim war ungefähr 1 Meter 90 groß, hatte dunkle kurze Haare, wog so ungefähr 85 Kilo und hatte dabei einen extrem muskulösen und durchtrainierten Körper. Dazu war er gut angezogen, roch herrlich und wirkte auch insgesamt sehr gepflegt. Ganz offen ging er auf mich zu und umarmte mich. »Schön, dass du hier bist, Kerstin. Ich habe mich sehr auf dich gefreut.«

Das war doch mal eine nette Begrüßung.

Arm in Arm gingen wir zu seinem Auto – einem flotten Cabrio – und brausten los. Tim bewohnte alleine ein sehr schickes und geschmackvoll eingerichtetes Einzelhaus am Rand der Stadt. »Ganz schön groß für jemanden, der allein wohnt ...«, sagte ich, als ich mich in seinen wirklich geschmackvollen Räumen so umsah, und vermutete natürlich eine Frau oder Familie an seiner Seite, die wohlmöglich gerade nur verreist war – auch wenn er mir am Telefon erzählt hatte, dass er alleinstehend war. Zum Thema Single-Männer und Treue werde ich euch an anderer Stelle noch ein bisschen mehr erzählen, nur schon mal so viel vorab: Ich habe über die Jahre extrem gute Antennen dafür entwickelt, ob die Männer mir da irgendwelche Fantasie- oder Lügengeschichten auftischen.

Bei Tim schien die Geschichte aber wirklich zu stimmen: kein Kinderzimmer im Haus, keine weiblichen Attribute – also keine Lippenstifte oder Schminkutensilien im Bad, keine Klamotten und auch keine verdächtigen Frauenzeitschriften auf dem Couchtisch. Also *wenn* er alle Spuren vor meinem Besuch beseitigt hatte, dann hatte er es wirklich gründlich gemacht.

Während er mich so durchs Haus führte und ich so darüber nachdachte, musste ich lachen.

Er sah mein Grinsen. »Warum lachst du?«

»Ich musste gerade daran denken, wie viel Aufwand es dich wohl gekostet hat, hier sämtliche Spuren einer – deiner? – Frau zu verwischen …«

»Kerstin: Ich habe dir gesagt, dass ich niemanden habe …«

»Aber du allein, in einem so großen Haus – warum?«

»Die Wohnungen, die mir in der Stadt gut gefielen, waren extrem teuer – und klein. Und da habe ich mir gesagt: Action habe ich genug in meinem Beruf. Privat hätte ich gerne etwas Ruhe und vor allem Platz zum Leben – und einen schönen Garten. Und da die Miete hier am Stadtrand sehr günstig ist, habe ich einfach zugeschlagen …«

Okay. Klang tatsächlich überzeugend, obwohl ich bis heute wirklich nie wieder einen Single-Mann getroffen habe, der so geschmackvoll und stylish gewohnt hat wie Tim. Entweder die Häuser oder Wohnungen der Typen waren ganz offensichtlich vorher von ihren Freundinnen oder Frauen eingerichtet worden – oder die Typen waren schwul. Ich hatte in meinem Job immer wieder schwule Kollegen, und das Klischee, dass die immer picobello wohnen, kann ich nur bestätigen. Immer alles megaordentlich, immer alles supersauber.

Aber schwul war Tim ganz sicher auch nicht. Denn kaum hatte ich auf seinem gemütlichen Sofa Platz genommen, startete er auch schon den Frontalangriff und küsste mich. Erst zärtlich und dann sehr schnell fordernd. Ehe ich schauen konnte, waren seine Hände auch schon unter meinem Pulli und in meiner Hose. Aber hallo! *Der* legt ja mal ein Tempo vor, dachte ich nur so. Doch ganz so leicht wollte ich es ihm nun auch wieder nicht machen und versuchte, ihn noch ein bisschen hinzuhalten. Ich war zwar auch schon heiß auf ihn, doch Vorfreude ist doch bekanntlich die schönste Freude ...

Nach vielen Küssen und Streicheleinheiten gingen wir dann doch eine Etage höher in sein Schlafzimmer. Wieder küssten wir uns, und ich begann, mich langsam auszuziehen. Im gefühlten Zeitlupentempo begann ich, Kleidungsstück für Kleidungsstück abzulegen. Wie bei einem Strip – aber ohne Musik. Tim sah mich dabei mit glänzenden Augen an, ich sah an der verdächtigen Wölbung seiner Jeans, dass ihm gefiel, was er da sah. Als ich nackt vor ihm stand, zog ich ihm sein T-Shirt über den Kopf, seine Jeans aus, und aus seiner Boxershort sprang mir seine Vorfreude bereits entgegen.

Irgendwann öffnete Tim die Nachttischschublade und zog eine Großpackung Kondome hervor. Einer der ganz wenigen Männer, die vorgesorgt hatten und entsprechende ausgestattet waren. Ich war begeistert und lobte ihn dafür.

»Familienpack? Meinst du, die werden wir alle brauchen?«, neckte ich ihn.

»Na, schauen wir mal ...«, sagte er grinsend, rollte sich eins über und drang sehr zärtlich in mich ein.

Tims Penis hatte die perfekte Größe: nicht zu groß, nicht zu klein, nicht zu dick, nicht zu dünn. Er passte in mich wie ein Schlüssel ins Schloss – es war der Wahnsinn!

Stundenlang vögelten wir vor uns hin. Vaginal. Anal.

Als ich das nächste Mal auf die Uhr sah, waren bereits fünf

Stunden vergangen, und auf dem Fußboden neben dem Bett lagen sieben benutzte – und gefüllte – Kondome. Es war einfach unglaublich gewesen. Tim und ich hatten uns wie in einem Rausch befunden. Wie in einer Trance oder Ekstase. Immer wieder waren wir beide gekommen: er, ich. Es war unfassbar – und ich grenzenlos begeistert. Denn: Keine fünf Minuten, nachdem Tim sich entladen hatte, konnte er schon wieder. Seine Erektion ließ auch nach Stunden nicht nach – er war hart wie ein Brückenpfeiler.

Vielleicht hatte er vorher Viagra oder Cialis genommen – das kann schon sein. Aber ich glaube es eigentlich nicht, denn Tim war einfach auch vom Typ her der Mann, dem frau so eine extreme Potenz zutraut.

Ihr werdet euch jetzt sicher fragen, was das für Männer sind, die so lange und oft können und woran man sie erkennt. Und da muss ich euch sagen: Da gibt es leider kein verlässliches Indiz. Ich habe über die Jahre aber die Erfahrung gemacht, dass die Männer, die im Bett eine gute Performance bieten, meist Männer sind, die sportlich und sehr gut trainiert sind. Das heißt, die Chance, dass der Typ ein Held im Bett ist, ist meiner Meinung nach um einiges höher, wenn er muskulös und öfter im Fitnessstudio anzutreffen ist, als wenn der Kerl ein Sesselpupser ist, den ganzen Tag im Büro rumhockt, einen Bierbauch hat und allabendlich mit einer Tüte Chips und einem Bier in der Hand vor der Fernseher liegt. Solche Männer haben oft Erektionsprobleme, und wenn sie einen doch vögeln (können), dann aber auch nur maximal einmal.

Bei den sportlichen Jungs ist das irgendwie anders. Bei denen mag das einerseits am Testosteron-Boost liegen (Sport, Muskeln, Training: So etwas sorgt bei Männern wohl für eine extrem verstärkte Produktion dieses Hormons ...) und andererseits an ihrer Körperspannung und der Ausdauer. Das heißt, dass sportliche Männer, die auch mal einen Triathlon oder Marathon bestreiten könnten, auch die Sportart Sex in der Regel am besten beherrschen. Das sagt natürlich überhaupt nichts über ihre Fähigkeiten als Liebhaber im Einzelfall aus, aber immerhin weiß ich für mich, aus meiner eigenen Erfahrung, dass Standfestigkeit und Ausdauer für diese Männer meist kein Problem sind.

Das war auch bei Tim so. Er hatte mir erzählt, dass er vier Mal pro Woche ins Fitnessstudio ging und dazu noch oft durch den Wald joggte und auch schon zwei Marathonläufe bestritten hatte. Entsprechend war unser Bettmarathon einfach der Wahnsinn gewesen: Wir beide fühlten uns wie in einem Strudel aus unseren Sexualhormonen und dem Adrenalin, das durch unsere Körper waberte. Ich glaube, im Nachhinein betrachtet, dass Tim genauso sexsüchtig war wie ich. Der brauchte das einfach genauso wie die Luft zum Atmen.

Als wir unseren »Marathon« beendet hatten, gingen wir gemeinsam duschen. Seiften uns zärtlich ein, streichelten uns überall. Müßig zu erwähnen, dass Tim auch dabei wieder hart wurde. Doch ich hatte – man mag es kaum glauben – tatsächlich vorerst genug, und mir kam eine andere Idee: »Tim! Du hast da Haare auf dem Rücken. Das geht ja gar nicht!«, sagte ich ein wenig frech. Denn tatsächlich war das das *Einzige*, was mir an seinem ansonsten perfekten und makellosen Körper aufgefallen war.

»Machst du mir sie weg?«, fragte er ganz niedlich grinsend und reichte mir Rasierer und Rasierschaum. Für mich ein wesentlich intimerer Moment als der Dauersex zuvor.

Danach kuschelten wir noch lange im Bademantel mit einer großen Tasse Kaffee auf dem Sofa, bis wir uns schließlich anziehen mussten und essen gingen. Uns beiden hing der Magen in den Kniekehlen, denn wir hatten uns ja von mittags bis abends ohne Pause durchgehend geliebt und nicht mal einen Snack zu uns genommen. Bei einer leckeren Portion Pasta nahm Tim meine Hand: »Kerstin! Du bist eine so tolle Frau! Ich möchte mehr über dich erfahren, dir ganz nah sein ...« Er sah mir tief in die Augen.

»Oh Gott! Ich hoffe, der will nicht mehr von mir, als ich ihm geben kann«, schoss es mir durch den Kopf. Ja, wir hatten großartigen Sex. Aber ein Mann fürs Leben? Nein. Sicher nicht. Wir wohnten viel zu weit auseinander, das sorgt nur für Probleme. Außerdem waren wir bei aller Gemeinsamkeit im Bett doch grundverschieden. Das machte mir Angst. Wohin sollte das führen?

Und wie automatisch sagte mein Mund diese Sätze, die *sofort* alles kaputtmachten:

»Ach Tim, was soll ich dir noch mehr über mich erzählen? Du bist ein netter Mann, und wir hatten geilen Sex. Aber du bist auch weiß Gott nicht der einzige. Ich vögle auch mit anderen ...«

Er schaute betreten. »Schon klar, Kerstin. Ich wollte dich auch nicht bedrängen ...«

»Weißt du«, sagte ich, »diese ganze Schönrederei bringt doch nichts. Wir haben uns im Internet in einem Sexforum kennengelernt. Und da ist doch klar, was uns zusammenführt? Der Sex. Mehr nicht.«

»Bist du denn wirklich nur wegen des Sex hergekommen?«, fragte er.

»Ja, klar! Was denkst du denn?«

Mein Mund sagte diese Worte, im Inneren wusste ich aber, dass ich gelogen hatte. Aber wir hatten ja schon ganz am Anfang geklärt, dass wir beide keine feste Beziehung suchten. Aber das war, *bevor* wir uns gesehen und dieses Unglaubliche miteinander erlebt hatten.

Die Stimmung war also – oh Wunder! – etwas bedrückt. Schweigend fuhren wir wieder zu ihm und legten uns schlafen.

Wir schliefen in dieser Nacht nicht mehr miteinander. Ich hatte keine Lust und war von den Nudeln im Essenskoma und todmüde. Doch er hielt mich fest im Arm, während meine Gedanken kreisten.

»Ja, was erwartet der denn?« dachte ich noch, bevor ich einschlief. »Dass wir jetzt hier gleich heiraten und ich nach Frankfurt ziehe?«

Als wir am nächsten Morgen aufwachten, war die Stimmung zwischen uns zwar wieder einigermaßen gut, aber so magisch und ekstatisch wie am Tage zuvor war sie natürlich nicht mehr. Wir schliefen noch ein letztes Mal miteinander, dann brachte Tim mich zum Bahnhof zurück und verabschiedete sich am Gleis mit einem harmlosen Wangenbussi von mir. »Vielleicht ja bis bald mal?« Er sah traurig aus dabei.

»Den sehe *ich* ganz sicher nicht wieder!«, dachte ich hingegen, als der Zug sich in Bewegung setzte und er mir durch das Fenster noch einmal zuwinkte. »Der hatte doch eh kein echtes Interesse an mir! Sonst hätte er sich doch ganz anders verhalten …«, rede ich mir die Sache – wie so gerne – schön. »Klar, er war der Hammer im Bett, aber ansonsten ja eigentlich doch kein Mann für mich …«

Während der Zug durch die schnell vorbeiziehende Landschaft raste, machte ich mir so meine Gedanken und kam ins Grübeln.

Der Sex war schon geil gewesen. Sieben Mal hatten wir es innerhalb von fünf Stunden getan. Schon eine ganz nette Leistung – wenn auch für meine Bedürfnisse gerade ausreichend.

Sind sieben Mal so schnell hintereinander jetzt extrem viel? Guter Durchschnitt? Normal? Ich merke, dass ich durch den vielen Sex mit so viel verschiedenen Männern längst ein objektives Verhältnis zur Frequenz verloren habe. Wenn ein Mann mich körperlich und sexuell extrem reizt, dann kann ich problemlos mehrmals hintereinander mit ihm loslegen. Viele denken jetzt bestimmt:»Oh Gott! *Mehrmals?* Und dann jedes Mal wieder von Neuem?« Aber so ist die Sache ja nicht. Man muss die einzelnen Male nicht losgelöst voneinander, sondern als ein großes Ganzes sehen. Wie einen Rausch. Irgendwann sind die Körper so aufgeladen und gereizt, dass die einzelnen Orgasmen immer schneller aufeinanderfolgen. Meine ganze Vagina, die Klitoris, mein ganzer Körper ist dann so aufgeheizt und »im Saft«, dass es nur so flutscht. Ich habe beim Sex grundsätzlich eine gute Ausdauer und erwarte das auch von meinen Partnern. Insofern kenne ich auch kaum körperliche Beschwerden durchs viele Vögeln. So Sprüche wie »Ich konnte drei Tage nicht richtig gehen ...«, die ich schon von anderen Frauen nach normalem Vaginalsex gehört habe, kann ich in keiner Weise nachvollziehen oder bestätigen.

Natürlich kommt es im Bett auch immer drauf an, was man so macht: was für ein Programm, welche Stellungen, welche Intensität. Bei mir, und ich denke auch bei allen anderen Frauen, hängt das Ganze auch sehr stark von der Penisgröße des Mannes ab. Und da kann ich nur sagen: Größer ist da nicht wirklich besser. Wenn ein Schwanz eine ganz normale Form und Größe hat, gibt es bei mir überhaupt keine Probleme in Sachen Feuchtigkeit und Gleitfähigkeit. Je kleiner, desto besser, kann man da sogar sagen. Denn: Je größer der Penis ist, desto mehr muss man Hilfsmittel, wie ein Gleitgel, einsetzen. Da kann man als Frau noch so feucht werden. Wenn die Männer so üppig bestückt sind, kann es einem auch echt schon mal wehtun, weil sie mit der Spitze an den Muttermund stoßen. Und das tut echt weh! Auch und sogar »Sexprofis« wie mir ...

Wenn die Männer also zu gut bestückt sind, empfehle ich *immer*, mit ordentlich Gleitgeil zu arbeiten und eine Stellung zu wählen, in der man die Penetration selbst steuern kann. Also zum Beispiel er unten, Frau oben. Dann kann man selbst entscheiden, wie tief man sich auf ihn setzt ...

Früher habe ich noch kein Gleitgel verwendet, dachte immer, das sei »uncool« und die Männer würden vielleicht denken, sie würden mich nicht heiß genug machen und ich würde nicht richtig feucht. Da hatte ich mal einen Mann, sehr groß bestückt und mit irre langer Ausdauer. Da tat es mir dann zum Schluss echt weh, und nachdem die Schmerzen auch ein paar Tage nach dem Sex nicht nachgelassen hatten, war ich beim Arzt. Diagnose: Entzündung der Schleimhäute. Zu viel Reibung auf trockener Haut. Ich bekam eine starke Salbe und musste eine Woche lang cremen – und auf Sex verzichten. Und sogar das Pipimachen tat weh. Passiert mir mit Sicherheit nie wieder ...

Ansonsten mag ich das häufige Vögeln sehr. Und dabei gibt es für mich auch keine Einschränkung in Sachen Häufigkeit oder Dauer. Wenn ich einem Mann verfallen bin, bin ich allzeit bereit, und ich kann mir keinerlei Obergrenze vorstellen. Das Gefühl, begehrt zu werden, ist für mich so erfüllend wie kein anderes Gefühl auf der Welt. Einen Männerkörper zu fühlen und zu spüren und ihn auch mal zu dominieren ist einfach genial. Mich reizen das Machtspiel und der Wechsel von dominant und devot sein. Und auch bei den Männern in meiner Vergangenheit war dieses Spiel immer sehr beliebt.

Die meisten Männer, mit denen ich zu tun hatte, waren standfest und potent genug, um mir meine sexuellen Bedürfnisse zu erfüllen. Ich glaube, dass die Männer, die nach Sex suchen wie ich, eben auch in der gleichen Grundsituation sind wie ich: Das heißt, sie wollen und können *immer*. Wenn ich mich als Mann also in einem Internet-Sexforum tummle und dort nach erotischen Kontakten suche, dann werde ich wohl kaum impotent oder wenig standfest sein. Denn sonst hätte ich da ja auch nichts verloren. Ich gehe ja auch nicht in einen Strickkreis, wenn ich allergisch auf Wolle bin und zwei linke Hände habe.

Jetzt wird sich euch wahrscheinlich die Frage aufdrängen, wie viele dieser »immer bereiten« Männer es wohl gibt. Und ich kann euch sagen: viel mehr, als ihr denkt. Und aus den unterschiedlichsten sozialen Schichten. Stehvermögen und Lust hängen nicht mit dem sozialen Background zusammen. Und: Dumm fickt nicht gut. Das Sprichwort passt auch für Kerle nicht. Eine gewisse Intelligenz ist nötig, damit der Mann auf die Frau eingehen kann.

Bei aller Lust ist bei mir aber auch irgendwann mal der Ofen aus – im wahrsten Sinne des Wortes. Ich bin ja auch keine Maschine. Das heißt irgendwann – so wie bei Tim – habe auch ich mal genug.

Meine Sexlust an sich richtet sich immer nach meiner Grundstimmung. Danach, wie ich mich gerade fühle. Ich muss nicht jeden Tag Sex mit einem anderen Kerl haben – davon habe ich mich nach meinen wilden Jahren bald verabschiedet. Das ist auf Dauer nicht praktikabel und auch nicht erfüllend. Aber wenn ich ein »Opfer« auserkoren habe, dann kann ich einfach nicht genug bekommen und brauche es sehr oft. Wenn ich eine Affäre in der Nähe habe, dann haben wir in der Regel jeden Tag Sex. Das brauche ich dann und will es auch. Und ich freue mich auch jedes Mal, wenn ich einen neuen (guten!) Sexualpartner habe. Ich liebe es, seinen Körper zu erkunden, seine Wünsche und Lüste zu erfragen und seine reizbarsten Stellen kennenzulernen. Und immer wieder Schwung in unser Sexleben zu bringen. Mit Rollenspielen, neuen Techniken und Positionen und indem ich ihn auch mal mit Reizwäsche verführe. Ich glaube, jede Beziehung – sei sie nun rein sexuell oder eine Liebesbeziehung – braucht dann und wann neue Kicks – sonst schläft sie bald ein.

Wenn kein Mann greifbar ist, habe auch ich seltener Sex. Aber vier Mal pro Woche sollten schon sein, sonst bin ich schlecht drauf. Es gab mal eine Zeit in meinem Leben, da fand ich mich unattraktiv und nicht in der Lage für Sex. Diese rund zwei Monate waren für mich eine ganz komische Zeit, so rückblickend gesehen.

Einerseits ging es mir damals sehr schlecht, andererseits aber auch ganz gut. Weil ich mal nicht jeden Tag mit den Gedanken beschäftigt war, wo und wie und wen ich wieder ficke.

Aber als ich mich wieder »gesammelt« hatte und wieder ganz bei mir war, fand ich wieder zu meinem »normalen« Leben zurück. Diese zwei Monate »ohne« waren also die längste Zeit in meinem Leben ohne Sex.

Wenn ich also manchmal Geschichten höre, dass es viele Frauen und Männer gibt, die wochen-, ach, was sage ich, monate- oder jahrelang keinen Sex haben, kann ich das gar nicht glauben.

Ich habe für dieses Buch ja auch dann und wann mit anderen Menschen gesprochen. Mit Mitarbeitern des Verlags zum Beispiel. Die wissen ja, worum es bei mir und meiner Geschichte geht. Und alle blickten mich immer interessiert, aber auch ein bisschen verständnislos an, wenn ich von mir erzählt habe. So häufig wie ich haben sie also wohl offensichtlich keinen Sex. Aber wer hat das schon? Viele? Kaum einer? Was ist normal? Was unnormal? Ich habe selbst mal ein bisschen gegoogelt zu dem Thema, weil es mich interessiert hat. Das Internet sagt, die meisten deutschen Paare hätten so zwei bis drei Mal Sex pro Woche. Ist das so? Oder sogar noch seltener? Ich jedenfalls würde bei so wenig Sex durchdrehen! Ich könnte es niemals so weit kommen lassen. Wenn ich tatsächlich doch noch mal in eine feste Beziehung rutschen sollte und bei uns das Sexleben derart einschlafen würde, dann würde ich mir eben einen anderen Partner suchen, also fremdgehen. Denn keinen Sex zu haben wirkt sich bei mir sehr stark aus: Mir fehlt dann die Bestätigung. Mein Selbstbewusstsein bröselt in sich zusammen. Ich fühle mich schrecklich, einsam, habe das Gefühl, nicht wertgeschätzt zu sein. Es ist nicht nur so, dass ich ein bisschen schlecht drauf bin – nein, ich fange an, mich selbst zu hassen. Ich ritze mich dann aber nicht, sondern »bestrafe« mich mit anderen Methoden wie Essensentzug. Auch dazu werde ich euch noch etwas mehr erzählen. Ihr seht also: Der Sex ist für mich wirklich mehr als lebensnotwendig.

# 6. KAPITEL

## Christoph

### Treue und Untreue – oder: Wann fängt Fremdgehen eigentlich an? Und wie läuft es ab?

Eigentlich war die Geschichte von Tim abgeschlossen. Dachte ich. Nach unseren gemeinsamen 24 Stunden hatte ich auch nie wieder etwas von ihm gehört und hatte ihn schon fast vergessen, als rund zwei Jahre später völlig überraschend eine Mail von ihm aufpoppte.

»Hallo, wie geht's?«, schrieb er. »Weißt du noch, wer ich bin? Würde dich gerne wiedersehen ...«

Ich muss zugeben, ich war ein bisschen irritiert. Nach so langer Zeit wieder etwas von ihm zu hören war ungewöhnlich. Ich vermutete einen Grund dafür, denn so mir nichts, dir nichts meldet man sich ja nicht wieder bei einer alten Affäre.

Ich antwortete ihm, dass ich sehr wohl noch wisse, wer er sei, und was mit denn die Ehre verschaffe. Erst wollte er nicht so recht raus mit der Sprache, aber dann, bei einem recht bald folgenden Telefonat, kam er ins Plaudern: Nach unserer »Geschichte« sei er ziemlich verletzt gewesen, weil ich der Vorstellung seiner Traumfrau doch schon recht nah gekommen sei und ihn so schroff zurückgewiesen hatte.

Ich ließ das unkommentiert stehen. Einige Monate und diverse Affären später hatte er sich dann in eine nette Frau verguckt.

Mit der es im Bett ähnlich gut lief wie mit mir – allerdings hatte ihn die Beziehung wohl nicht ganz ausgefüllt.

Nach fast eineinhalb Jahren hatten die beiden sich getrennt, sie hatte ihn verlassen – wegen eines anderen.

»Und warst du traurig darüber?«, fragte ich ihn. »Es war doch eh langweilig mit ihr?«

»Na ja ...«, er stotterte, »ihretwegen persönlich jetzt nicht so sehr. Aber wegen des Sexentzugs lief ich fast Amok ...«

Für mich war das noch einmal der nachträgliche Beweis, dass Tim genauso sexsüchtig war wie ich.

Er hatte dann aber erst mal so weitergemacht wie ich auch: Sexdates via Internet. Immer wieder, immer weiter. »Aber keine war so wie du ...«, sagte er.

»Ja, ja, komm, du alter Schleimer! Ich ahne schon, was du willst ...«, sagte ich.

»Na ja, ist das so verwerflich? Es hat doch gut geklappt mit uns ...«

»Sicher«, sagte ich. »Aber du bist für eine dauerhafte Affäre einfach zu weit weg ...« Das Wort »Beziehung« kam mir gar nicht in den Sinn.

Ich musste zu der Zeit extrem viel arbeiten, auch Tim hatte kaum Freizeit – ein kleines Treffen war also so schnell nicht möglich. Dennoch blieben wir in Kontakt.

Schon wenige Wochen später hatte er eine neue tolle Partnerin: Anke. Wunderhübsch, intelligent, niemals langweilig, und sie verstanden sich großartig. Sie gingen ins Kino, machten Ausflüge, sie war schon fast bei ihm eingezogen.

»Ja, dann ist doch alles paletti?«, sagte ich, als er wieder einmal anrief. »Wozu brauchst du mich denn dann noch?«

Er schwieg eine ganze Zeit lang. Dann antwortete er recht stockend: »Ich hätte trotzdem unglaubliche Lust, mal wieder mit dir zu schlafen ...«

»Das muss ich mir in Ruhe überlegen«, gab ich zu bedenken. Eigentlich sprach ja nichts dagegen, aber ich war immer noch ziemlich im Stress und ließ die Sache vorerst auf sich beruhen.

Tim aber rief immer wieder an, um mich zu einem erneuten Treffen zu überreden. Ich sagte, dass er doch nun seine neue Anke habe und sich doch mal schön auf die konzentrieren solle, doch er ließ nicht locker. Eines Abends meldete Tim sich dann wieder einmal, diesmal aber besonders aufgeregt:

»Du, Kerstin! Stell dir vor: Ich habe mit Anke geredet! So ganz offen. Sie will dich kennenlernen und ist einem Dreier gegenüber nicht abgeneigt. So können wir mal wieder miteinander schlafen ...«

Ich brach in schallendes Gelächter aus. »Na, du bist mir ja einer. Werde ich dazu auch noch mal gefragt?«

»Ich dachte, das wäre für dich okay?«

War es grundsätzlich eher nicht. Trotzdem ließ ich mich – ich mochte Tim ja gerne – zu einem Kennenlerntreffen mit ihr überreden. Anke hatte allerdings darauf bestanden, mich alleine treffen zu wollen.

Das war auch kein Problem, denn ihre Eltern, bei denen sie oft die Wochenenden verbrachte, wohnten keine 20 Kilometer von mir entfernt. Und so saßen wir zwei ein paar Tage später tatsächlich zusammen in einer Pizzeria. Ich muss zugeben, ich war ein bisschen nervös. Ein »Blind Date« mit einer Frau – das hatte ich so ja auch noch nicht erlebt. Anke war aber noch viel nervöser. Trotzdem fielen bald die ersten Hemmungen, und wir unterhielten uns wirklich nett. Über Kunst. Über Musik. Über Fernsehen. Über Reisen. Über Gott und die Welt – nur nicht über Tim und auch nicht über Sex. Anke war eine wirklich entzückende Frau: toll gekleidet, attraktiv, wortgewandt. Alles andere als langweilig. So, wie Tim das auch schon gesagt hatte. Aber sexuell überhaupt nicht mein Fall. Ich stehe ja eh nicht auf Frauen und bin auch nicht bisexuell, aber auch einen

Dreier, bei dem Tim uns beide beglückt, hätte ich mir niemals vorstellen können.

Als wir schon bezahlt hatten und unsere Mäntel anzogen, war sie es dann, die das Thema dann doch noch zur Sprache brachte: »Das war ein echt netter Abend, Kerstin. Du bist sehr lustig, Tim hat nicht zu viel versprochen. Aber nimm es mir nicht übel: Auf so einen Dreier habe ich irgendwie gar keine Lust. Ist das schlimm?«

Ich lachte und nahm sie in den Arm. »Ich auch nicht! Dann passt es ja!«

Auch sie fing an zu lachen. »Mein Gott, bin ich erleichtert. Danke.«

»Wofür?«

Inzwischen sind Anke und ich ziemlich gute Freundinnen geworden. Wir telefonieren und treffen uns so oft wie möglich, obwohl wir ja ziemlich weit auseinander wohnen.

Ich bin ziemlich erleichtert, dass ich mich damals nicht darauf eingelassen habe, der Seitensprung für Tim zu sein. Auch wenn die beiden sich inzwischen getrennt haben.

Dabei habe ich zum Thema Treue eigentlich ein ziemlich entspanntes Verhältnis. Einfach weil ich der Meinung bin, dass es sie nicht gibt. Ich glaube, dass der Mensch einfach nicht für die Monogamie geschaffen ist. Und zwar weder Männer noch Frauen. Man unterstellt den Kerlen ja gerne, dass sie ihren kleinen Freund nie unter Kontrolle haben, und ich kann euch sagen: Das stimmt. Männer sind grundsätzlich untreu. Und soll ich euch etwas sagen: die Frauen genauso.

Ich stelle jetzt mal die freche These auf, dass wirklich jeder Mensch, der über 30 Jahre alt ist, schon mindestens einmal betrogen hat – und betrogen wurde. Egal, ob männlich oder weiblich. Jetzt müssen wir uns nur noch darüber unterhalten, was »fremdgehen« oder »betrügen« wirklich heißt und wie man das definiert. Und *da* gibt es zwischen Männern und Frauen wieder einmal gewaltige Unterschiede. Das, was Frauen schon mit Fremdgehen gleichsetzen – darüber lachen sich die meisten Kerle mal eben kurz tot. Gerade neulich habe ich in einer Frauenzeitschrift etwas total Schräges gelesen: Da schrieb eine Frau, Mitte 30, an die Kummerkastendame, dass sie ihren Freund eines Nachts erwischt habe, als er auf seinem Computer Pornovideos angeschaut und sich dabei einen runtergeholt hätte. Die Schreiberin war entsetzt, fühlte sich hintergangen, betrogen und stellte die ganze Beziehung infrage. Und auch die Kummerkastendame antwortete etwas im Sinne von: »Ja, das könnte ein Indiz dafür sein, dass in Ihrer Beziehung sexuell nicht alles stimmt ... Sprechen Sie mit ihm ... Fragen Sie ihn nach seinen verschwiegenen Bedürfnissen ...«

Als ich das gelesen habe, kam mir ja fast die Galle hoch. Wegen so einer Geschichte die ganze Beziehung infrage zu stellen ist doch völlig lächerlich. Und sich »betrogen« zu fühlen noch mehr. Warum denn? Warum soll sich ein Mann nicht ein »Immer geile Blondinen«-Video reinziehen und sich dabei einen runterholen?

Frauen denken bei so was viel zu kompliziert und beziehen da alles gleich auf sich. Die Story war doch wahrscheinlich viel einfacher: Er verschafft sich einfach nur schnell Abhilfe. Und natürlich nutzt er dann eine heiße Fantasie in Form eines Pornovideos. Bevor er eine halbe Stunde an ihr rumgräbt und sich nur ein »Ne, Schatz, heute nicht. Ich bin so erschöpft von der Arbeit« einfängt.

Wenn ich heiß bin und es mir mit einem Dildo mache, dann stelle ich mir doch auch Dinge vor, die man in der Realität so vielleicht sonst nicht machen würde. Dann haben die Männer natürlich den perfekten Body, sind natürlich gut bestückt und allzeit bereit.

Und natürlich holt sich ein Kerl auch lieber auf ein sexy Playboy-Bunny einen runter als auf das Urlaubsbild seiner Freundin am Strand von Mallorca.

Und natürlich: Trotzdem beginnt das eigentliche Fremdgehen im Kopf. Der Körper führt dann nur noch aus. Da eine Grenze zu ziehen, was erlaubt ist und was nicht, finde ich recht schwierig. Küssen ja? Aber nur, wenn man betrunken ist? Viele Frauen legen sich da ganz komische Theorien und Muster in ihrem Kopf bereit. Ich sage: *Wer* grundsätzlich fremdgehen will, der tut es auch. Den können auch keine Überwachung, SMS lesende Partner oder stressige Jobs davon abhalten. Denn Möglichkeiten zu betrügen gibt es immer und überall. Da können Männer und auch Frauen noch so aufpassen.

Was ich so mitbekommen habe, stellen sich Frauen beim Betrug oft ein wenig geschickter an als die Männer. Das heißt, Frauen achten mehr auf die Details des Vertuschens. Und wahrscheinlich sind Männer auch einfach etwas unsensibler und deuten viele Signale oder Indizien nicht richtig.

Männer sind beim Betrügen oft wesentlich dreister. Mich wundert es oft, dass sie damit durchkommen und ihre Frauen daheim nichts checken. Ich denke immer, dass *ich* mich da nicht so einfach veräppeln lassen würde.

Moralisch tun sich Männer allerdings mit dem Betrug leichter als die Frauen. Was ich so mitbekommen, haben Frauen in der Regel schon ein paar Gewissensbisse, wenn sie mit einem anderen Kerl loslegen. Männer haben da in der Regel überhaupt keine Skrupel und legen sich im Kopf immer den passenden Grund für den Betrug zurecht. Und wenn Frauen dann noch zickig sind, machen sie es den Männern damit noch viel leichter. Dann fühlen sich die Männer nämlich auch noch im Recht. Ja, ihr werdet lachen, aber so ist das tatsächlich. Ihr könnt euch vorstellen, dass ich als Nymphomanin, der es eigentlich nur um Sex geht, immer wieder an solche Männer gerate. Viele meiner Bettpartner waren oder sind verheiratet. Für mich stellt das kein Problem dar, denn *ich* bin ja Single. Und wenn ich jetzt so überlege, sind mir solche Männer inzwischen am liebsten. Warum? Weil diese Männer keine Besitzansprüche stellen. Sie nerven nicht. Sie klammern nicht. Und sie stalken einen nicht. Und in der Regel verlieben sie sich auch nicht. Denn trotz aller »Boshaftigkeiten«, die ihre Frauen »angeblich« ja tun oder machen, wollen sie ihre Beziehungen nicht aufs Spiel setzten. Aus Gewohnheit. Aus Bequemlichkeit. Aus Liebe?

Christoph war auch so einer von denen. Kennengelernt haben wir uns im Außendienst bei einem Kunden. Er war da. Ich war da. Gleichzeitig. Er zu spät, ich zu früh. Also liefen wir uns über den Weg. Beide wollten wir etwas verkaufen, und beide scheiterten wir. Beim Gehen, auf dem Parkplatz, sprach er mich an:
»Tja. Das war wohl nix!«
»Könnte man so sagen, ja ...«, antwortete ich.
»Mein Gott, das war aber auch eine Zicke«, sagte er. »Warum müssen diese Frauen bloß immer so schnippisch sein?«
»Das fragen Sie mich? Ich bin doch selbst eine!«
»Ja, aber ich glaube, Sie haben Humor!«
»Ach ja, und woraus schließen Sie das?«
»Keine Ahnung. So ein Gefühl ... Und was machen wir zwei jetzt mit dem angefangenen Nachmittag?«
»Keine Ahnung, was *Sie* machen«, sagte, ich, »ich muss noch zu zwei anderen Kunden ...«
Wie es der Zufall wollte, musste auch er beide noch abklappern. Zwei Menschen – ein Ziel. Also fuhren wir hintereinander her, besuchten die Kunden gemeinsam. Ich verkaufte meine Kosmetik, er seine Schreibwarenprodukte Wir traten fast als Duo auf – und machten höchst motiviert beide unsere Ab-

schlüsse. Es war fast so, als ob wir uns gegenseitig ein wenig anspornten und beflügelten. Wir waren happy! Das Ganze feierten wir dann »ganz stilvoll« bei einem Stück Pizza auf der Hand.

»Kein schr würdiger Rahmen«, befand er. »Wir sollten uns wiedersehen. Und zwar in nett.«

Und obwohl Christoph mit seinem Äußeren – er war klein und ein bisschen untersetzt– so überhaupt nicht meinem Beuteschema entsprach, sagte ich sofort zu. Mir gefielen sein Charme und seine direkte, nette, superlustige und verbindliche Art.

Zwei Tage später saßen wir tatsächlich in einem schick-spießigen Café, bei Kaffee aus dem Meissen-Kännchen und Schwarzwälder Kirsch auf dem Teller. Wir redeten über Gott und die Welt – ehrlich gesagt war es, ganz anders als zuvor, heute etwas langweilig mit ihm, und ich war in Gedanken längst ausgestiegen. Ich sagte immer nur, wie automatisch »Ach?« und »Ja?« und »Nein!«.

Das erste Mal hörte ich wieder bewusst zu, als die Worte »meine Frau« fielen.

»Ach, du bist verheiratet?«

»Ja. Du nicht?«

»Nein!«, sagte ich. »Und was sagt deine Frau dazu, dass du dich hier mit mir triffst?«

»Gar nichts. Sie weiß nichts davon. Und wenn sie es wüsste, wäre es ihr wahrscheinlich egal. So, wie ich ihr sowieso völlig egal bin.«

»Wie? Du bist deiner Frau *egal*? Das musst du erklären!«

Und das tat Christoph. Er erzählte mir, dass sie schon seit fast 20 Jahren zusammen waren, zwei Kinder hatten und schon seit sehr langer Zeit nicht mehr miteinander schliefen.

»Wie lange nicht? Wann hattest du denn das letzte Mal Sex?«, wollte ich wissen. So etwas ist *mir* ja grundsätzlich *immer* suspekt.

»Ich? Letzte Woche«, sagte er grinsend. »Mit ihr? Vor drei oder vier Jahren ...«

Ich konnte das kaum glauben, doch Christoph berichtete mir schonungslos, wie ihr Sexleben über die Jahre komplett auf der Strecke geblieben und einer guten Freundschaft gewichen war.

»Liebst du sie denn noch?«, fragte ich.

»Auf jeden Fall! Sonst wären wir ja nicht immer noch zusammen.«

»Und trotzdem triffst du dich mit anderen Frauen?«

»Ja klar, ich habe ja auch meine Bedürfnisse ...«

»Und deine Frau?«

»Ahnt nix. Die ist inzwischen so asexuell – das würdest du im Leben nicht glauben. Die hat nur ihren Job, Shopping, die Kinder und das Haus im Kopf. Selbst wenn sie wollte, ihre Tage wären viel zu vollgestopft mit Programm für Sex. Glaub mir: Bei der geht gar nichts mehr! Die schaut auch keinen anderen Mann an. Nur ihre Handtaschensammlung in unserer Garderobe reizt sie noch ...«

Wir zahlten und gingen noch etwas spazieren, obwohl ich dazu eigentlich nicht die richtigen Schuhe trug. Denn obwohl mich Christoph sexuell überhaupt nicht reizte, hatte ich mich gewohnt sexy angezogen: Bluse, ein kurzer Rock, Strumpfhose und sexy High Heels.

Wir gingen und gingen und plauderten und plauderten. Die Zeit verging wie im Flug. Denn inzwischen war auch für mich die Unterhaltung wieder interessant: Denn wir redeten über Beziehungen. Über Männer und Frauen. Und über Sex. Als wir den Ortskern bereits verlassen hatten und an einem kleinen Wald vorbeischlenderten, blieb Christoph plötzlich wie abrupt stehen. »Weißt du, was ich jetzt gerne machen würde?«, fragte er mich.

»Äh – nein?!«, antwortete ich.

»Ich würde dich jetzt gerne hier in diesem Wäldchen schön ficken.«

Über seine Dreistigkeit war ich weniger erstaunt als über die Antwort, die aus meinem Mund kam:»Ja, warum nicht?«

Noch einmal zum Mitschreiben: Christoph war überhaupt nicht mein Typ, und ich fand ihn sexuell in keiner Weise anziehend. Und doch hatte er etwas, das mir gefiel: Er konnte gut zuhören, war einfühlsam, total nett und supercharmant. Er hatte extrem weibliche Züge – hätte er nicht von seiner Frau erzählt und mich gerade so dreist angemacht, ich hätte Haus und Hof darauf verwettet, dass er schwul war.

Als wir uns den Weg durch den Wald zu einer kleinen Lichtung bahnten, bekam meine Strumpfhose schon die ersten Laufmaschen. Als wir ein Plätzchen gefunden hatten, versuchten wir, im Stehen loszulegen. Ich beugte mich vornüber, hielt mich an einem Baum fest, aber das klappte nicht. Ich hatte nicht den richtigen Stand auf meinen Heels, wackelte hin und her, und er einen Schwanz so klein wie ein Cornichon-Gewürzgürkchen. Das passte nicht. Er bekam ihn nicht rein.

Also legten wir uns auf den moosigen Waldboden. Ich unten, er auf mir drauf – ganz klassisch. Er stöhnte wild, schwitze sofort los, und während er sich auf mir abarbeitete, tropfte sein Schweiß in mein Gesicht und auf meinen Körper. Ameisen und anderes Getier piekten mir zeitglich in den Po und die Beine. Überall kribbelte und krabbelte es – es war eklig. Müßig zu erwähnen, dass ich nicht einmal ansatzweise befriedigt war.

Als wir den Wald verließen, sah ich aus wie ein gerupftes Huhn – und er lächelte ganz glücklich. Er strahlte übers ganze Gesicht.»Das wollte ich immer schon mal tun! Danke, Kerstin. Das war toll. Du bist eine wunderbare Frau.«

Irgendwie fand ich das schon wieder niedlich. Ihn so dankbar und happy zu sehen.»Kein Problem, Chris«, sagte ich, »gerne wieder!«

Und jetzt werdet ihr es kaum glauben können: Das war keine Floskel, sondern wir sahen uns tatsächlich wieder. Und taten es wieder. Und zwar von da an jede Woche. Jede Woche! Denn Chris tat mir einfach gut. Er hatte eine derart ausgleichende und beruhigende Art, dass egal, wie mies ich drauf war, er es immer wieder schaffte, mir ein Lächeln ins Gesicht zu zaubern. Wenn ich fand, dass meine Haare scheußlich waren, begrüßte er mich mit dem Worten »Kerstin! Wow! Warst du beim Friseur? Toll siehst du aus.« Und wenn ich gestresst war und nur noch alle viere von mir strecken wollte, öffnete er mir – als wenn er es geahnt hätte – schon mit den Worten »Schatz, du bist bestimmt groggy! Ich habe dir eine Wanne eingelassen ...« die Tür.

Wir, beide ja im Außendienst, trafen uns grundsätzlich nur im Hotel. Oft traten wir in den uns bekannten Häusern und dort, wo man uns schon kannte, sogar als Paar auf und nahmen immer ein Doppelzimmer. »Ja, Frau Scholz, Ihr Mann ist schon da«, hörte ich mehr als einmal während der Zeit mit Chris.

Auch in Sachen Sex hatte Chris längst einige Fortschritte gemacht. Ich hatte ihn mehr oder minder sanft in die richtige Richtung geschoben und ihm gezeigt, wie ich es gern hatte. Und Chris erwies sich als recht gelehrig und inzwischen auch ziemlich standfest. Chris betonte immer, dass ich ja – neben seiner Frau – die Einzige in seinem Leben sei. Das glaubte ich ihm auch, bis eines Abends – er duschte gerade – eine SMS auf seinem Handy aufleuchtete. Absender eine »Mandy«. Der Text: »Kommst du noch vorbei? Ich bin heiß ...«

Als Chris aus dem Bad kam, sah er, dass er sein Handy direkt im Bett vergessen hatte und ich die SMS wohl gesehen haben musste – obwohl ich ganz mit der TV-Fernbedienung beschäftigt und unwissend tat.

»Äh, du, ich treffe mich auch noch mit anderen ...«, fing er an. Ich gab mich locker. »Kein Problem, ich ja auch. Außerdem sind wir ja nicht verheiratet.«

Im Lauf des Abends gestand Chris mir dann, dass er ziemlich wild im Internet unterwegs war und – ähnlich wie ich – ständig neue und immer andere Menschen in seinem Bett hatte. Irgendwie imponierte mir das. Mein kleiner, unscheinbarer Chris, so wild unterwegs. Das hätte ich nicht gedacht. Ich hatte ihn eher als etwas verklemmt eingeschätzt und war umso überraschter, das von ihm zu hören. Eifersüchtig war ich überhaupt nicht. Ich kann gar nicht sagen, warum nicht. Ich denke, dass ich in ihm dann doch irgendwie immer eher den »Kumpel« als den »Mann« sah. Und als Kumpel mochte ich Chris ja sehr.

Und so war es dann auch Chris, der mich auf ganz neue Wege führte. Und zwar in die Welt des Swingersex und des Sadomaso. Letzterem Thema habe ich später im Buch noch ein ganzes Kapitel gewidmet, weil ich finde, dass es dazu eine Menge zu erzählen gibt. Begonnen hatte das Ganze aber damit, dass Chris mich dazu überredete, gemeinsam mit ihm gleichgesinnte Paare im Netz aufzureißen. Er wollte so neuen Schwung in unsere »Beziehung« bringen, und in sexueller Hinsicht bin ich Neuem gegenüber ja grundsätzlich ziemlich aufgeschlossen.

Das ganze »Logistische« überließ er mir: Ich erstellte ein Pärchenprofil von uns beiden, und wir gingen im Netz auf Suche. Vor allem ich kam bei den Paaren optisch gut an, und so war es für uns auch überhaupt kein Problem, recht schnell Gleichgesinnte zu treffen.

Ein paar Mal verabredeten wir also zum Swingen. Chris war begeistert, meins war das irgendwie nicht so. Ich kann mich beim Sex nur auf eine Person richtig gut konzentrieren und nicht auf mehrere. Trotzdem waren das insgesamt lustige Erfahrungen, die ich nicht missen möchte.

Dennoch war die Zeit mit Chris, obwohl wir so viel Spaß miteinander hatten, für mich irgendwann abgelaufen. Einerseits, weil er immer wilder unterwegs war und auch immer schrägere sexuelle Spielarten ausprobieren wollte. Und andererseits, weil es zu zwei unvorhersehbaren Zwischenfällen kam, die ich euch an dieser Stelle natürlich nicht vorenthalten möchte: Nachdem wir es mit einem Paar in der Nähe von Chris' Heimatort nachts ziemlich wild getrieben hatten, er im Morgengrauen unser Hotelzimmer verlassen hatte und ich nach dem Auschecken noch schnell in einem Supermarkt ein paar Besorgungen machen wollte, kam es zu einer Situation, die meinem Chris das Herz sichtbar in die Hose rutschen ließ. An der Wursttheke, an der ich anstand, stand nämlich nicht nur er, sondern auch seine Frau – und seine beiden Kinder. Ein völlig verrücktes Zusammentreffen. Getrennt waren wir nur durch zwei weitere Kunden. Chris versuchte mit allen Mitteln, seine Frau abzulenken – »Willst du nicht schon mal nach dem Kaffee schauen?« –, während ich die ganze Zeit nur grinsen musste. Als Chris mich eine Millisekunde ängstlich ansah, signalisierte ich ihm ganz lässig, dass ich natürlich *nicht* vorhatte, ihn hochgehen zu lassen. Ich tat so, als hätte ich diesen Mann noch nie gesehen, und nutzte die Wartezeit lieber dazu, mir seine Frau mal ein bisschen genauer anzuschauen: eine *höchst* attraktive Frau, dunkelhaarig wie ich, gepflegt, schlank, dezent und geschmackvoll geschminkt, rote Lippen, elegant in ein Wollkostüm gekleidet. Frigide und zickig, wie Chris sie mir immer beschrieben hatte, wirkte sie nun überhaupt nicht. Ganz im Gegenteil: Sie wirkte wie eine Frau, die mitten im Leben steht – und sich selbstbewusst nimmt, was sie will.

Später schickte mir Chris eine jubelnde SMS: »Kerstin! Danke! Danke! Danke! Dafür, dass du mich nicht verraten hast, liebe ich dich! 1 Mio. Küsse & noch mehr. Dein Chris ☺«

Nun denn. Ich nahm das »lieben« diesmal auch als Kompliment – so, wie es vermutlich gemeint war – und nicht als Bedrohung. Dass ich seine Frau aber schon so bald wiedersehen sollte – damit hatte ich tatsächlich nicht gerechnet ...

Denn keine Woche später checkte ich nach Außendienstterminen am frühen Abend in einem kleinen Hotel an der Autobahn ein. Ich stand schon im Fahrstuhl, als sich noch in letzter Sekunde ein Paar durch die halb geschlossene Fahrkabine ins Innere drängte: ein großer, gut aussehender schwarzhaariger Mann und – Chris' Frau! Ich dachte, ich sehe nicht richtig. Dieselben roten Lippen, das gleiche elegante Outfit – Irrtum ausgeschlossen! Natürlich erkannte sie mich nicht, nickte nur freundlich, flüsterte mit ihrem Begleiter und nestelte zärtlich an seinem Hemd. Die beiden stiegen eine Etage vor mir aus und wünschten noch fröhlich »einen schönen Abend«. Ich musste laut lachen und schrieb in meinem Zimmer angekommen Chris sofort eine SMS.

Nicht, um sie zu verpetzen, sondern um zu checken, wie die Lage an der Front war. Vielleicht hatte ich ja auch irgendetwas in *deren* Beziehung verpasst.

Ich schrieb: »Habe gerade im Hotel eingecheckt. Willst du noch vorbeikommen?«

Antwort Chris: »Sorry. Heute keine Chance! Meine Frau ist bei ihrer Mutter, die ist schwer krank, und bleibt dort über Nacht. Ich muss also die Kinder hüten – keine Chance auf Entkommen. Schade! Wäre jetzt lieber bei dir ...«

So, so! Bei der kranken Mutter. Schon klar. Ich überlegte die ganze Nacht, ob ich Chris die Wahrheit sagen oder in weiblicher Verbundenheit zu seiner Frau schweigen sollte. Ich entschied mich, Chris reinen Wein einzuschenken, denn schließlich mochte ich ihn und hatte ja keinen Grund, mich mit seiner Frau zu verbünden. Chris glaubte mir sofort und rastete überraschenderweise *total* aus. Wenige Tage später trennte er sich von seiner Frau – und stand mit drei Koffern vor *meiner* Tür. Damit hatte ich nun wirklich nicht gerechnet. »Diese dreckige Schlampe«, sagte er. »Bescheißt mich, ohne rot zu werden.«

Meine Einwände, dass er ja nichts anderes seit Jahren täte, ignorierte er. »Das ist ja wohl etwas ganz anderes ...« Ich erlaubte Chris, zwei Nächte zu bleiben. Mehr wollte ich auf keinen Fall – mehr wollte, Gott sei Dank, auch er nicht. »Ich brauche jetzt erst mal einen freien Kopf«, sagte er. »Dieser Betrug – das stecke ich nicht so einfach weg ...« Es nagte an ihm. So sehr, dass er nach ein paar Tagen in eine Pension in eine andere Stadt zog. »Ich will die Alte nicht mehr sehen«, sagte er mir. »Die Kinder kommen mich jetzt per Zug am Wochenende besuchen ...«

Treue also! Wo fängt sie an? Wo hört sie auf? Chris machte ein riesiges Fass auf, weil seine Frau ihn betrog. Und er? Machte doch jahrelang nichts anderes. Aber für ihn war das moralisch in Ordnung. Nur seine Frau, die durfte es ihm nicht gleichtun.

Ich sagte euch ja schon, dass ich nicht glaube, dass überhaupt irgendjemand treu ist. Auch nicht die vermeintlich spießige und sexunlustige Ehefrau, wie im Fall Chris. Das hatte sie uns und mir ja eindeutig bewiesen.

Dennoch bin ich kein Mensch, der prinzipiell untreu ist – dass ihr mich da nicht falsch versteht. Ich bin kein Freund von Rumhuren und jede Nacht einen anderen haben. Wenn ich eine Beziehung oder »richtige Affäre« habe, also den Partner regelmäßig und intensiv sehe, dann bin ich in der Regel auch treu. Und das erwarte ich dann auch von meinem Partner. Eine gewisse Exklusivität. Ich hatte schon einige Fälle, wo mit den Typen erst kurze Zeit etwas lief und sie dennoch parallel andere Frau trafen. Das verletzt mich auch, und das mag ich nicht. Ich bin ja keine Nutte, zu der man kommt, wenn man mal Lust hat, und sonst treibt man es hier und da und überall. Wenn ich mich auf jemanden ganz intensiv einlasse, dann gehöre ich zu diesem Zeitpunkt ihm. Mit Haut und Haaren. Dann treffe ich mich mit keinen anderen und stelle auch meine Netzaktivitäten ein. Und das erwarte ich dann auch von meinem Partner. Sicherlich kann er auch nebenbei was am Laufen haben, das darf ich dann aber nicht wissen, sonst ist es für mich ein Grund, alles sofort zu beenden. Nur zum Verständnis: Ich rede hier nicht von einem One-Night-Stand. Einem flüchtigen Fick-Date. Sondern einer Geschichte, bei der auch Regelmäßigkeit, ein paar Gefühle und eine gewisse Nähe ins Spiel kommen. Ich habe ein ziemlich gutes Bauchgefühl dafür entwickelt, wenn sich die Männer wieder anderen Frauen zuwenden. Da funktionieren meine Antennen tadellos. Wenn ich also merke, dass der Typ wieder nach anderen Frauen guckt, wende *ich* mich ab und beende das Ganze mit ihm. Ich komme ihm sozusagen zuvor, denn ich will nicht verletzt werden.

Dabei ist es dann auch völlig egal, dass ich Liebe und Sex so gut trennen kann.

Der Sex ist das eine, die emotionale Ebene das andere. Von Liebe würde ich hier sowieso gar nicht mehr sprechen. Ehrlich gesagt, habe ich nach René, meinem ersten Freund, nie wieder wirklich geliebt. Wenn immer Gefühle in mir aufkeimen, versuche ich sofort, sie zu ersticken. Denn Gefühle können schmerzen. Unendlich wehtun. Wer sein Herz an etwas hängt, kann verletzt werden. Und das möchte ich nie wieder erleben! Aber dass ich unfähig bin, mich zu verlieben, heißt ja nicht, dass ich gar nichts mehr empfinde.

Ich weiß, das mag für euch jetzt alles komisch klingen. Einerseits die abgeklärte Kerstin, die es wild mit irgendwelchen Typen treibt. Die es nicht stört, wenn ihr Chris sie mit anderen Weibern hintergeht. Ja. Das bin ich. Aber ich habe auch meine sensible Seite. Die empfindliche. Die emotionale. Die nicht behandelt werden will wie eine Hure. Die Anerkennung und Bestätigung braucht. Hier bin ich am verletzbarsten. Deshalb muss ich auch ganz vorsichtig sein.

# 7. KAPITEL

## Falk

### Sex per Internet – oder: Einfacher geht's nicht!

Nach Tim, Chris und derartig vielen Verwicklungen stand mir der Sinn nach Unkompliziertem. Schnellem. Einfachem. Direktem. Und dafür gibt es ein ganz wunderbares Medium: das Internet.

Ein paar Klicks, und schon bist du auf der Zielgeraden angelangt. So einfach kann es heute sein, Sex zu haben. Für Menschen wie mich ist das tatsächlich der direkteste Weg, meine Lust zu befriedigen und neue Partner fürs Bett zu finden. Ich habe in den letzten Kapiteln ja schon einige Male dieses Thema erwähnt. Aber wie läuft das eigentlich so ab mit mir und den Männern im Netz?

Genau wie bei allem anderen im Internet gibt es inzwischen Seiten für *jeden* Geschmack. Man kann heutzutage ja eigentlich fast alles im Internet suchen – und auch finden. Die roten Pumps, die man in keinem Schuhgeschäft mehr bekommt, die tolle Gesichtscreme, die es leider nur in England gibt – und den potenten Mann, den man in der Bar oder in einem Club in seiner Heimatstadt leider niemals kennenlernen würde.

Das Netz eröffnet einem eine große und scheinbar endlose Welt, aus der man sich frei bedienen kann. Inzwischen frage ich mich manchmal: Wie habe ich früher bloß ohne meinen

Laptop und das Internet gelebt? Ich kann es mir kaum mehr vorstellen. Den ganzen Tag läuft mein PC, Mails poppen auf, ich lese, chatte und beschäftige mich eigentlich fast pausenlos mit »meinen« Männern. Und auch wenn es letztendlich in erster Linie um Sex geht, macht natürlich auch das ganze »Vorspiel« unglaublichen Spaß.

Das Internet ist für mich im Prinzip wie ein Versandhauskatalog früher. Man sucht sich etwas Schönes aus, bestellt es, probiert es auch, und wenn es einem nicht gefällt, dann schickt man es eben zurück. Klar sind Männer keine Schuhe oder Jeans, aber trotzdem ist das für mich ein bisschen ähnlich. Im Netz finde ich genau, was ich will. Von den Maßen, den Vorlieben, der Optik – jedes Kriterium kann einfach abgefragt werden. Und das Beste daran: alles vom heimischen Sofa aus. Ich kann dort herrlich in Jogginghose abhängen und muss mich nicht auftakeln und in High Heels zwängen. Und wenn ich keine Lust mehr habe, klappe ich den Laptop einfach wieder zu und habe sofort meine Ruhe.

Wenn ich in eine Bar oder Disco gehe, weiß ich nicht, welche Person überhaupt Interesse an Sex oder an einem One-Night-Stand hat. Das heißt, wenn man ankommt, muss man erst mal die Lage checken, sich einen Überblick verschaffen und dann die berühmt-berüchtigte Nadel im Heuhaufen finden. Und wenn man dann Pech hat, sind diese »Nadeln«, die man sich dann ausgesucht hat, gerade mit ihrer Freundin oder Frau dort – oder schwul. Das ist schon ein Spiel, das seinen Reiz hat, und oft genug hatte ich in der Vergangenheit ja auch Lust, genau dieses Spiel zu spielen, aber wenn es um den blanken Sex geht, muss ich heute doch ganz klar sagen, ist das Internet das Mittel meiner Wahl.

Alle, die sich auf den entsprechenden Seiten im Netz tummeln, haben ja grundsätzlich die gleiche Absicht bzw. das gleiche Ziel wie ich: Sie wollen Sex. Was ja nicht heißt, dass ich auf das

Vorgeplänkel verzichte – aber so weiß ich sicher, dass ich auf jeden Fall zum Ziel komme.

Jetzt werdet ihr wissen wollen, was das für Seiten sind, auf denen man sich am besten auf die Jagd macht.

Grundsätzlich solltet ihr, wenn ihr euch überlegt, es mir vielleicht mal gleichzutun, euch im Klaren sein, welche Seite im Netz zu welchem Ziel führt. Das heißt Ziel und Seite müssen einfach zueinander passen. Das ist das Allerwichtigste. Ein schwuler Freund von mir nutzt immer eine der einschlägigen Sex-Apps und beschwerte sich jüngst bei mir, dass alle Kerle dort immer nur und ausschließlich ficken wollten. Er suche aber die große Liebe … Und euch wird schnell klarwerden, dass es auf Seiten wie »friendscout24«, »neu.de« oder »Parship« eben *nicht* primär um Sex geht, sondern doch eher um den Flirt an sich, das Kennenlernen und die Suche nach einer festen Partnerschaft.

Auf diesen Seiten lassen sich natürlich auch sexuelle Kontakte knüpfen – ohne Frage, das ist mir auch schon gelungen –, aber der Weg ist dort schwerer und steiniger. Nicht, weil die Männer, die diese Seiten besuchen, einem Sexabenteuer gegenüber grundsätzlich abgeneigt wären, nein, sondern weil sie euch ja da erst mal finden müssen. Und ihr könnt ja schlecht in euer Profil schreiben: »Ich suche nur Sex!« Das passt auf diesen Portalen nicht und wirkt ein bisschen, als würde man sich in einem schicken Sterne-Restaurant die Bluse zu weit aufknöpfen oder einen viel zu kurzen Rock tragen – nämlich billig. Da rate ich also dringend von ab. Wenn ihr eine Beziehung sucht – super. Wenn ihr nur poppen wollt – da geht es auch einfacher. Nämlich auf den Seiten, die sich primär mit Sex, also oft auch dem Fremdgehen, beschäftigen. Da sollte man sich die Seite auch immer ein bisschen genauer anschauen. Geld verdienen möchte jeder im Internet – das ist klar. Doch es gibt bei diesen Sexseiten auch entscheidende Unterschiede: Einige ermöglichen ihren Usern kostenlose »Basis-Profile«, mit denen man grundsätzlich, wenn auch meist eingeschränkt, »arbeiten« kann, andere zwingen einen dazu, sofort einen »Vertrag« oder ein »Abo« abzuschließen. Da muss man ganz genau aufpassen, und ich bin selbst auch schon mal in solch eine Abzock-Falle geraten. Das ist dann mühsam, weil man angeblich irgendein Abo abgeschlossen hat, das muss man dann kündigen, die Kündigung haben sie dann angeblich nie erhalten, sie schicken Mahnbescheide und und und. Sehr unangenehm. Also: Augen auf! Denn: Gerade in diesem »Sex-Markt« gibt es eine Menge unseriöse Anbieter. Ich finde immer, man muss sich abgesehen davon grundsätzlich wohlfühlen auf den Seiten. Das ist so wie mit einem Hotelzimmer. Einfach mal umschauen, durchklicken und dann schauen: Gefallen mir das Layout und die Funktion der Seite? Ist meine Anonymität gewahrt? Wie viele Bilder kann ich (gratis) hochladen und selbst auch ansehen? Kann ich immer mailen oder kann ich nur passiv angeschrieben werden, wenn ich nur ein »Basis«-Profil habe? Probiert alles aus, testet die Websites. Selbst die teureren, die extrem professionell auftreten und sehr leicht zu bedienen sind (daher wohl auch der Preis!), bieten oft Test-Mitgliedschaften an. »Drum prüfe, wer sich ewig bindet, ob sich nicht was Besseres findet ...« – so heißt es doch immer so schön, und das sollte auch für die Auswahl eurer Portale gelten. Ich habe selbst einige Monate, ach, was sage ich, Jahre gebraucht, bis ich »meine« Lieblingswebsites gefunden hatte, ohne die ich heute nicht mehr leben möchte. Wenn ihr das Thema »Sexdates« oder »Sexkontakte« mal googelt, werden euch die entsprechenden Portale ausgespuckt. Die gängigsten und bekanntesten sind mit Sicherheit »secret.de«, »joyclub.de«, »firstaffair.de«, »seitensprung.org«, »ashleymadison.com«, »poppen.de«, »c-date.de« und »s-partnerclub.de«. Logischerweise findet man auf den anspruchsvolleren, teureren auch meist Männer mit etwas höherem Einkommen – und Niveau. Das mag für den reinen Sex natürlich unerheblich sein, kann bei der Suche nach einem festeren Sexkumpel aber im Einzelfall durchaus wichtig sein. Das bringt die Sache so mit sich. Um mal wieder mit meinem Restaurantbeispiel zu kommen: Im Sterne-Restaurant trifft man *natürlich* eine andere Klientel als in der Frittenbude. Das heißt, die Männer, die sich diese teuren Portale leisten, haben das Geld auch etwas lockerer sitzen bzw. sind bereit, für ihr Sexabenteuer auch etwas Geld in die Hand zu nehmen. Sie spendieren einem also mal ein Glas Champagner, man geht nett essen und sie bezahlen – selbstverständlich – ein schickes Hotelzimmer. Auf den Gratis-Portalen sind die Männer also meist etwas einfacher gestrickt – was gar nicht abwertend gemeint ist. Aber den Handwerker oder Brummi-Fahrer wird man eher dort treffen als den Anwalt aus der Großkanzlei. Wobei – jetzt muss ich meine Aussage einschränken – es auch Ausnahmen in beiden »Lagern« gibt.

Falk war so eine Ausnahme. Ihn entdeckte ich auf einem dieser günstigen bzw. Umsonst-Portale. Falk nannte sich »Don Johnson XXX«. Und tatsächlich hatte er ein bisschen Ähnlichkeit mit dem ehemaligen *Miami Vice*-Schauspieler. Er war 1 Meter 95 groß und extrem gut aussehend. Er hatte in seinem Profil, das ich beim Rumklicken entdeckt hatte, einige sehr ansprechende Fotos hochgeladen: Er, ganz seriös in Anzug mit Krawatte und gestreiftem Hemd, er am Strand in der Sonne brutzelnd, er im Fitnessstudio mit nacktem Oberkörper, und er joggend. Ich klickte mich durch, und auch das, was er in seinem Profiltext geschrieben hatte, machte mich an:
»Du bist sexuell genauso wenig ausgelastet wie ich? Du weißt, dass Niveau keine Gesichtscreme und Ritex keine Jeansmarke ist? Dann sollten wir uns kennenlernen!«

Ich machte auf seinem Profil gar nichts, sah es mir nur an, doch Don Johnson alias Falk hatte durch die »Visitor«-Funktion gesehen, dass ich sein Profil besucht hatte, und mailte mich, aka BettyBooXXX, schon am Tag drauf an:

*Don Johnson*: Hey. Danke für deinen Besuch auf meinem Profil. Ein Besuch in meinem Hotelzimmer wäre mir allerdings noch lieber ...
Ich antwortete:
*BettyBoo*: So, so. Und was würde mich in deinem Schlafzimmer erwarten?
Ein paar Minuten später wieder er – und dann war es auch schon ein »Live-Chat«, das heißt, wir schrieben gleichzeitig hin und her:
*Don Johnson*: Ein frisch bezogenes Bett, ein netter Mann und vielleicht der beste Sex deines Lebens ...
*BettyBoo*: Sagst du ...
*Don Johnson*: Weiß ich ...
*BettyBoo*: Na, du bist ja ganz schön selbstbewusst!
*Don Johnson*: Ich weiß, was ich kann ...
*BettyBoo*: Und was kannst du?
*Don Johnson*: Dich richtig glücklich machen.
*BettyBoo*: Das ist bei mir aber gar nicht so einfach! ;-)
*Don Johnson*: Weil? Ist das eine Zentimeter-Frage?
*BettyBoo*: Oh nein! Und schick mir jetzt bitte nicht ein Schwanzbild ohne Vorwarnung ...
*Don Johnson*: Für wie stillos hältst du mich?
*BettyBoo*: Also ganz OHNE Stil solltest du tatsächlich nicht sein ...
*Don Johnson*: Also über meinen Stil hat sich noch keiner beschwert ...
*BettyBoo*: Keiner? Bist du sicher, dass du hier auf der richtigen Seite bist? *totlach* ...

So in der Art ging es dann noch ewig weiter. Immer wieder zogen wir uns auf und neckten uns. Es machte mir großen Spaß, denn ich liebe diese kleinen Wortgefechte mit netten Männern. Ich hatte euch ja schon beschrieben, dass mir trotz meiner Sexsucht plumpe Anmachen wie »Ficken? Jetzt?« überhaupt nicht gefallen. Und Falk war da anders. Er konnte mit Worten umgehen und hatte wirklich Stil. Nachdem wir über eine Stunde gechattet hatten, verabredeten wir uns abends zum Telefonieren. Er gab mir seine Handynummer, und ich rief ihn an.

Falk erzählte mir, dass er ganz oft – so auch morgen – beruflich in meiner Gegend sei und dann auch im Hotel übernachte. Nachdem wir wirklich nett geplauscht hatten, fragte er mich: »Und, Kerstin« – ich hatte ihm meinen echten Namen verraten – »würdest du mir die Freude machen, mich morgen Abend zum Essen zu begleiten?«

»Aber sehr gerne doch!«, sagte ich. Und wir verabredeten uns für den nächsten Abend. Was mir gefiel und grundsätzlich immer gefällt, ist, dass Falk einen gewissen Anstand wahrte. Ja, wir hatten uns auf dieser Sexseite kennengelernt. Ja, wir wussten, worum es uns ging. Ja, ich hatte inzwischen gelesen, dass sein Schwanz »L« und »beschnitten« war, und er kannte meine Körbchengröße. Aber trotzdem gingen wir nett und stilvoll miteinander um. Verabredeten uns zum Essen – und nicht gleich direkt zum Sex.

So zog ich mir am nächsten Abend auch ein besonders schickes Kleid an, gab mir bei Make-up und Frisur besonders viel Mühe und stand dann gut duftend und perfekt aufgebrezelt um 19:00 Uhr wie verabredet in der Lobby seines Hotels. Falk kam herunter, umarmte mich, als wären wir alte Freunde, und sah dann an mir hinunter. »Deine Bilder haben nicht zu viel versprochen. Du siehst fantastisch aus.«

»Danke, du auch.« Ich merkte, wie ich tatsächlich errötete.

Wir aßen bei Kerzenschein in einem kleinen japanischen Restaurant Sushi. Die Gesprächsthemen waren unerschöpflich. Falk erzählte mir von seinem Job, skurrilen Fällen, zickigen Richtern und seinen Mandanten. Und machte auch aus seinem Familienstand kein Geheimnis: Verheiratet. Seit 17 Jahren. Zwei Kinder. Frau vor einigen Jahren an Brustkrebs erkrankt – seitdem Flaute im Bett. Sie habe mal zu ihm gesagt: »Du hast schon so viel für mich getan, hol du dir bitte deinen Spaß außer Haus, wenn du ihn brauchst.«

Seitdem vergnügte er sich eben aushäusig. Immer diskret seiner Frau gegenüber und vor allem immer save, wie er betonte. Mir imponierte das irgendwie.

Nach dem Dessert und einem Espresso, und nachdem er wie selbstverständlich für uns gezahlt hatte – und auch jede Beteiligung meinerseits an den Kosten abgelehnt hatte –, half er mir galant in den Mantel und flüsterte mir ins Ohr: »Jetzt noch ein Absacker aus der Minibar?«

Als wir in seinem Hotelzimmer angekommen waren, küsste er mich. Streichelte mein Haar und meine Brüste. Schob langsam mein Kleid nach oben und zog mich Schicht für Schicht aus. Auch ich griff zu, öffnete erst sein Hemd und dann seine Hose. Als wir nackt waren, standen wir einander minutenlang gegenüber, sahen uns an, küssten und streichelten uns. Sehr zärtlich und doch extrem erotisch.

Falk hatte nicht übertrieben, denn er machte mich in dieser Nacht wirklich glücklich. Kondome hatte er genauso in seiner Nachttischschublade bereitgelegt wie ein Gleitgel. Solche Männer gibt es wirklich nur einmal unter Hunderten. Die meisten tun immer ganz überrascht. »Hach! Ich wusste ja nicht, dass wir Sex haben würden ...« Oder erzählen einem etwas von »Latex-Allergie« oder »Kondome in meiner Größe bekomme ich nirgends ...«.

Auch als Liebhaber erwies Falk echte Steherqualitäten. Als ich nach rund vier Stunden schon im Morgengrauen sein Zimmer verließ, hatten wir es fünf Mal in immer neuen Stellungen getan und einige Kondome verbraucht. Ich merkte Falk seine sexuelle Erfahrung sofort an und genauso seine Routine. Der ganze Abend war wie nach einer Art Drehbuch verlaufen – war aber trotzdem schön und erfüllend gewesen. Als ich ging, umarmte und küsste mich Falk noch einmal und sagte: »Kerstin, das war ganz toll mit dir. Wenn du mich wiedersehen möchtest, dann hast du ja meine Nummer ...«

Er überließ mir also die Entscheidung, ob und wie es mit uns weiterging. Und tatsächlich schrieb ich ihm ein paar Tage später eine Nachricht, und wir trafen uns auch noch einige Male in den folgenden Monaten.

Falk hatte sich also tatsächlich als wahrer Glückgriff im Netz erwiesen, und ich hatte mit meinem Bauchgefühl wieder einmal recht gehabt. In den ganzen Jahren habe ich bei Internetdates eigentlich sehr selten danebengegriffen oder schlechte Erfahrungen gemacht. Sicherlich ist nicht jeder Typ der Hauptpreis. Und sicher ist nicht jeder im Netz angebandelte Sex gut. Das ist klar. Aber die Männer, die ich durch die Jahre so kennengelernt habe, waren wirklich größtenteils extrem in Ordnung, und es haben sich über die Jahre auch einige dauerhafte Affären entwickelt.

Ich habe jetzt schon eine ganze Zeit lang überlegt, was ich euch an Tipps geben kann, wenn ihr im Netz nach Dates oder Sex sucht. Das ist schwierig, denn ich denke, jeder muss seine eigenen Erfahrungen sammeln. Aber ein paar Ratschläge in Sachen Profil und gerade Sicherheit möchte ich euch doch gerne mit auf den Weg geben. Denn ihr werdet es kaum glauben: In all den Jahren bin ich noch nie in eine kritische Situation geraten! Das heißt, ich wurde noch nie in irgendeiner Weise bedroht, festgehalten, geschweige denn vergewaltigt. Darauf bin ich immer ein wenig stolz gewesen, und ich möchte euch natürlich auch gerne vor solchen Negativerlebnissen bewahren. Egal, ob ihr jetzt eine Frau seid oder ein Mann – Verrückte, Stalker etc. gibt es auf beiden Seiten, und um nicht an die zu geraten, solltet ihr immer ein wenig Vorsicht– trotz aller Lust oder Geilheit – walten lassen.

Hier also ein paar Tipps von mir, damit ihr cool, sexy und lässig rüberkommt und euch selbst niemals in Gefahr begebt:

## Das Profil:

Sollte immer perfekt sein. Das heißt, euch möglichst gut verkaufen. Ich sage immer: Das Profil ist euer Schaufenster. Hierbei ist es nicht nur wichtig, sich ansprechend und nicht vulgär zu verkaufen, sondern auch, sich möglichst in ganzen und vernünftigen Sätzen auszudrücken. Schreibt, was ihr sucht, wen ihr sucht und wofür. Aber stilvoll und grammatikalisch möglichst halbwegs richtig. Sonst denkt jeder, ihr seid zu doof – zu allem. Auch zum Sex.

## Die Fotos:

Sind mindestens genauso wichtig wie euer Profiltext. Ansprechende, sexy Fotos sind das A und O. Meine guten Fotos waren immer auch ein bisschen das Geheimnis meines Erfolgs im Internet. Es müssen nicht immer Bilder sein, die ein Profifotograf gemacht hat. Das kann auch mal eine Freundin sein oder ihr nehmt ein süßes Selfie. Man kann heute mit den Smartphones so nette Bilder von sich selbst machen, dass schlechte Fotos echt nicht mehr sein müssen. Aber: Nehmt bitte keine Bewerbungsbilder. Anzug oder Kostüm – das ist in der Regel very unsexy, weil spießig ohne Ende! Und überlegt euch vorher, ob ihr möchtet, dass man euch überhaupt erkennen kann. Wenn nicht, dann veröffentlicht nur Bilder, die einen Eindruck von euch vermitteln, auf denen ihr aber nicht zu 100 Prozent erkennbar seid. Bei sensiblen Jobs (in der Bank etc.) solltet ihr das vorher ganz genau überlegen. Aber bitte legt auch keinen Balken über die Augen oder so was ... Hilfe! Das machen Männer ganz oft, und das sieht ganz furchtbar aus. Was man dann besser machen kann und sollte, ist ein Bild im Gegenlicht, ein Posing im Profil, oder man bearbeitet ein Bild im Nachhinein mit einer App oder Photoshop oder so etwas und legt einen Lichtkegel oder einen Blitz aufs Gesicht. Das ist netter als der schwarze Balken. Und noch ein Tipp: Macht euch nicht schlanker, schöner, großbusiger oder was weiß ich. Solche Fakegeschichten fliegen eh beim ersten Date auf.

Und wenn die angebliche 75-DD-Frau dem Typen plötzlich nur mit 85-A gegenübersteht – nun ja. Das führt mich zu meinen nächsten Tipp:

## Die Faker:

Männer faken im Internet sehr viel öfter ihre Identität als Frauen. Das muss man mal ganz klar so sagen. In Sachen Größe, Alter und Gewicht schummelt wohl jeder ein bisschen – das ist beim Internet-Dating leider schon Standard. Aber einige User geben vor, jemand komplett anderes zu sein. Das heißt, sie klauen sich nicht nur Body-Pics aus anderen Profilen oder aus dem Netz, sondern teilweise ganze Identitäten. Sie mopsen Bilder von Models, Pornodarstellern oder Geschäftsleuten und geben sich als diese aus. Solche Faker zu entlarven ist nicht immer ganz einfach, aber mit der Zeit entwickelt man dafür ein sehr sicheres Gespür, ob jemand »echt« ist oder nicht. Lasst euch – wenn tatsächlich ein Date im Raum steht – noch mal ein aktuelles Selfie schicken. Mit Gesicht! Oder skypt vorher.

Dann seht ihr euch schon mal »live«. Ein ganz einfacher Trick, um Foto-Faker zu enttarnen, ist folgender: Speichert das Bild ab. Oder macht einen Screenshot. Dann geht ihr auf Google. Dort auf Bilder. Und dort ladet ihr dann im Suchfenster (einfach auf die kleine Kamera klicken) besagtes Bild hoch. Und Google sucht genau das Bild im Netz. Das ist eine Funktion, die viele nicht kennen, die aber irre praktisch ist. Ich kann euch gar nicht sagen, wie oft der Schwanz, der Körper allgemein oder das Gesicht, die mir als »ganz echt« verkauft wurden, in Wirklichkeit einem Pornostar gehörten.

Aber das heißt für euch im Umkehrschluss ebenfalls: Verwendet und verschickt nur Fotos von euch, die man nicht googeln kann. Das heißt, die nicht irgendwo im Netz zu finden sind. Sonst hat euch euer vermeintliches Date ganz schnell als Susi Müller aus der Vorstandsetage bei Firma XY identifiziert.

## Die Sicherheit:

Mit euren persönlichen Daten solltet ihr extrem vorsichtig sein. Gebt niemals eure Privatnummer, eure Adresse oder sonst irgendwelche Informationen dieser Art an Unbekannte. Es gib draußen in der »bösen Welt« leider Perverse und Stalker, und vor denen müsst ihr euch selbst schützen. Lasst euch lieber die Handynummer geben und ruft mit unterdrückter Nummer an. Fürs erste Kennenlernen empfehle ich immer einen neutralen Ort: Ein Café oder Restaurant ist gut. Geht niemals sofort zu jemandem nach Hause. Und wenn doch: Hinterlasst die Adresse bei einem Freund. Mit der klaren Anweisung: »Wenn ich mich bis morgen früh 9:00 Uhr nicht gemeldet habe, ruf bitte die Polizei!«
Wirklich: Vorsicht ist die Mutter der Porzellankiste. Bedenkt das immer.

## Die Pseudo-Singles:

Im Netz ist natürlich jeder Single. Angeblich ... Denn nur die wenigsten Sexsucher sind es tatsächlich. Wer sich als Single ausgibt, kann sich natürlich viel besser verkaufen als der verheiratete Familienpapa mit drei Kindern. Da sollten wir uns alle nichts vormachen. Ich bin die Letzte, die da groß Nachforschungen anstellt oder gleich versucht, diese Pseudo-Singles zu enttarnen. Wozu auch? Ich habe euch schon erzählt, dass mir die liierten Männer sogar die allerliebsten sind. Weil die nicht klammern und keine Besitzansprüche stellen. Insofern sind sie als Partner in einer reinen Sexbeziehung sehr viel pflegeleichter als die Männer, die nicht nur das Abenteuer, sondern vielleicht doch auch immer ein bisschen eine neue, feste Frau an ihrer Seite suchen. Oder die große Liebe. Darum sollte – mein Tipp – ein vergebener Mann – und natürlich auch umgekehrt: eine vergebene Frau – für euch eher ein Goody als ein K.O.-Kriterium sein. In Sachen Sex zumindest. Klaro?
Dennoch gibt es gerade viele Frauen, die sich nicht in eine bestehende Beziehung drängen wollen – das weiß ich. Den Männern ist so etwas ja in der Regel eher egal. Diesen Frauen rate ich: Werdet sensibel und deutet die Anzeichen richtig. Bei liierten Menschen fällt das Wochenende grundsätzlich weg. Weil: Dann hat die Familie oder Partnerschaft Vorrang. Selbst wenn die Leute also wochentags noch so mailig oder mitteilsam sind, nachts mit euch die wildesten oder erotischsten Chats führen – ab Freitagabend wird es plötzlich ruhig um sie – und sie klinken sich aus. Geben dann zwar gerne eine »Geschäftsreise« oder einen »Wochenend-« oder »Nachtdienst« vor (hatte ich schon einige Male ...), in Wirklichkeit herrscht bei diesen Leuten aber »Family Time«. Das muss man wissen und entsprechend planen. Also lustige Vögel-Dates am Freitag- oder Samstagabend fallen dann weg. Dafür sind die echten Singles dann doch besser.

In den letzten Monaten sind einige sogenannte Dating-Apps auf den Markt gekommen. Damit meine ich weniger die App-Versionen der sowieso schon bekannten Anbieter, sondern ganz neue. So etwas wie »Tinder« oder »Lovoo«. Diese Apps sind offiziell »Dating«-Apps, in Wahrheit geht es aber auch hier den meisten um Sex. Bei Tinder schaut man sich zum Beispiel Fotos potenzieller »Partner« an und entscheidet mit einem Wisch auf dem Smartphone, ob man sie »wegwischt« oder man Lust auf einen Chat hat. Wenn beide Kandidaten sich mögen, kann man Kontakt aufnehmen und dann in einen Chat eintreten. Für mich sind diese Apps allerdings nichts. Denn: Einerseits kann man sich hier oft nur mit seinem echten Namen oder dem von »Facebook« anmelden (Datenschutz! Anonymität!), und zweitens arbeiten die in der Regel mit einer Lokalisierung bzw. Ortung. Das heißt, ich sehe ganz genau, wer in meiner Nähe ist. Das mag praktisch sein, wenn man zum Beispiel auf Geschäftsreise ist, in einem großen Hotel wohnt und spontan Lust auf Sex hat. Wenn dann die App meldet »20 Meter entfernt ...«, ist das schon was Feines. Aber wenn man so wie ich in einer Kleinstadt wohnt – äh, nein danke! Da weiß ja dann jeder sofort, wer man ist. Und wo man wohnt. Ich hatte mal was mit einem IT-Spezialisten, der mir einige Tricks in dem Bereich verraten hat. Und der hat mir berichtet, dass er mal im Urlaub auf Mallorca eine Frau bis vor ihre Hotelzimmertür verfolgen konnte. Er hat immer wieder seinen Standort mit dem iPhone in der Hand verändert, bis die App irgendwann sagte: »1 Meter entfernt«. Dann ist die Sache natürlich klar. Also mir macht das Angst, so verfolgbar zu sein. Außerdem entscheidet bei diesen Apps dann tatsächlich nur noch der erste optische Eindruck. Ein kleiner Chat ist also de facto unmöglich, wenn man optisch nicht sofort der Typ des anderen ist. Das finde ich persönlich dann doch schade. Klar geht es auch mir meist ums Aussehen, wenn ich einen

Typen aufreiße, aber es gibt ja auch immer wieder heiße Ausnahmen ... Oder eine Sympathie, die sich erst im Gespräch oder Chat entwickelt. Bei diesen Apps ist es nur noch eine Art Fleischbeschau: Die Hübschen kommen weiter, die Hässlichen bleiben auf der Strecke. Nein, das mag ich nicht. Ich hatte schon wunderbaren Sex mit Männern, die eben keinem Schönheitsideal entsprachen ...

Jetzt werdet ihr fragen: Wie schnell sollte man mit einem Menschen, den man im Netz kennengelernt hat, Sex haben? Gleich beim ersten Date? Beim zweiten? Erst nach ein paar Tagen? Braucht man eine Anlaufphase? Erwarten die Männer, dass es *sofort* ins Bett geht? Ich muss euch sagen: Ich weiß es nicht. Ich kann euch nur sagen, wie ich es gerne mache. Ich mag es, nicht gleich loszulegen, sondern sich vorher ein bisschen kennenzulernen. Bei einem Kaffee oder einem Glas Wein. Und dafür reicht manchmal ein Abend – manchmal braucht es mehrere. Mir gefallen Männer, die charmant sind und mich auch ein bisschen umgarnen. Wie schon erwähnt: Das Grobe, Direkte schreckt mich oft ab. Wenn Männer in der ersten Mail gleich ihren erigierten Schwanz als Bild mitschicken, finde ich das genauso unerotisch wie Sex auf dem Kaufhausklo. Etwas, was man auch immer wieder sagen muss und was sich bestätigt: Hunde, die bellen, beißen nicht. Blöder Spruch, stimmt bei den Männern aber meistens. Mein Gott, was hatte ich schon für erotische Chats mit Männern. Sie wollten mich durch ihre Wohnung vögeln, mich »aufspießen« mit ihrem großen Schwanz, mich so oft nehmen, bis ich nur noch keuche. Und was war? Nix. Kleiner Schwanz, ein Schuss – Feierabend! Männer, die es wirklich bringen, reden nicht viel drüber. Und Männer, die Komplexe haben, bezüglich Schwanzlänge oder Potenz, machen ein riesen Bohei um ihre angeblichen Fähigkeiten im Bett. Man sollte also von allem, was einem da so geschrieben wird, nur die Hälfte glauben und davon auch noch einmal 30 Prozent abziehen. Markus war auch so einer von denen. Gerade fällt er mir in diesem Zusammenhang ein. Und so sind wir auch schon mittendrin in der nächsten Geschichte ...

# 8. KAPITEL

## Markus

### Sexfrust – oder: Du bist doch irre!

Eine Zeit lang tobte ich mich im Internet und den Partnerbörsen ziemlich aus, doch nach einiger Zeit hatte ich genug. Ich war irgendwie müde. Es gibt solche Phasen in meinem Leben immer mal wieder. Da ertrage ich das Geblinke, Gechatte und Gemaule (»Warum antwortest du mir denn nicht endlich mal, schöne Frau?«) irgendwie nicht mehr. Dagegen gibt es ein ganz einfaches Mittel: Laptop einfach zuklappen.

Ich beschloss also nach Falk und Co., dass ich erst mal genug hatte. Aber nachdem ich einige DVD-Kollektionen durchgeschaut, mit all meinen alten Bekannten telefoniert hatte, mit zwei Kolleginnen im Kino, im Theater, Shoppen und auch Essen gewesen war, war mir ganz einfach – langweilig. Ich saß auf meinem Sofa zu Hause, im Fernsehen lief natürlich auch mal wieder gar nichts, und ich war »in Stimmung«. Das heißt: Ich hatte wahnsinnige Lust auf Sex. Wenn ich lange nicht vögle, baut sich in mir eine Spannung, vergleichbar mit einer elektrischen Ladung, auf. Und die muss ich dann irgendwann abbauen. Das kann natürlich teilweise durch Selbstbefriedigung passieren. Manchmal mache ich es mir an solchen Tagen dann auch bis zu fünf Mal – aber irgendwann reicht auch das nicht mehr. Da werde ich ganz kribbelig. So auch an diesem Abend. Ich wusste, da hilft jetzt nur noch eins: ein Mann.

Keine meiner Bekannten hatte Lust, auszugehen, und ich hatte keine Lust auf das Internet. Also strapste ich mich richtig auf, zog mich megasexy an und düste allein los. Ich wusste noch gar nicht, wohin ich fahren wollte, als ich in meinem Auto saß. Aber ich dachte: »Kerstin! Du bist eine erwachsene Frau und kein Teenager. Natürlich kannst du auch mal alleine weggehen!« Sonst hatte ich ja meist eine Bekannte oder Freundin im Schlepptau ...

Ich fuhr in die nächste größere Stadt, parkte mein Auto in einem zentral gelegenen Parkhaus und tippelte auf meinen High Heels und in meinem sexy Kleid los. Es war Sommer, die Nacht lau, und viele Menschen bummelten durch die Straßen oder standen vor den Bars und Kneipen der Stadt.

Ich setzte mich an einen gerade frei werdenden Tisch eines netten Cafés, draußen auf der Terrasse, bestellte mir einen Prosecco und beobachtete die Menschen, die sich in Massen durch die kleinen Gassen der Altstadt schoben. Viele Pärchen, Grüppchen von Frauen, Grüppchen von Männern, junge Leute, alte Leute – nur eins leider nicht: attraktive Single-Männer.

Nach gefühlten zwei Stunden, die ich da so alleine saß, beschloss ich, dass das so hier nichts bringen würde. »Blöde Idee«, sagte ich mir. Samstagabend ist *natürlich* kein Abend, an dem man sich alleine unters Partyvolk mischt, da wirkt man irgendwie immer wie ein Alien. Oder eine, die keinen abbekommen hat. Als Paar: super. Mit Freundinnen: noch besser. Aber allein? Das hat immer irgendwie etwas Verzweifeltes, Einsames. Das wurde mir in dem Moment schlagartig klar.

Ich trank also aus, bezahlte und überlegte, was ich nun machen sollte.

Ich ließ mich von den Menschen ziellos durch die engen Gassen treiben und folgte schließlich einem Grüppchen offensichtlich schon recht angeheiterter junger Frauen in einen Musik-Club. Sie wirkten lustig und offen – eine hatte mich eh schon nach einer Zigarette gefragt. Und ich hatte irgendwie das Gefühl, dass es mit denen doch lustig werden könnte.

Auf der Bühne performte eine junge Grunge-Combo, auf der Tanzfläche davor tobte eine aufgebrachte Meute junger Studenten, und ich dachte nur: »Oh mein Gott! *Hier* bist du ja nun auch völlig falsch ...«

Ich beschloss trotzdem, ein Getränk an der Bar zu nehmen und dann wieder nach Hause zu fahren. So brachte das ja alles gar nichts. Während ich am Tresen lehnte, dachte ich an meinen Laptop, der prall gefüllt mit geilen Männern auf meinem Couchtisch ruhte, während ich hier ungefüllt an der Bar herumstand ...

Am gegenüberliegenden Bartresen stand ein Grüppchen laut lachender Studenten. Offensichtlich lästerten sie über eine Gruppe Mädels, die auf der Tanzfläche etwas merkwürdig anmutende Selbstfindungstänze veranstalteten. Auch ich musste grinsen. Ein junger Typ, groß, dunkelhaarig und mit sehr sportlicher Figur in einem weißen T-Shirt, Sneakers und einer engen Jeans prostete mit der Bierflasche in seiner Hand in meine Richtung. Ich war irritiert und sah mich um. *Mich* konnte der ja wohl nicht meinen, ich war bestimmt 10 bis 15 Jahre älter als dieser Bubi. Ich sah mich vorsichtig um. Links. Rechts. Vermutete dort irgendwo im Getümmel neben mir eine junge Dame, die er offensichtlich meinte. Aber ich entdeckte niemanden, der sich angesprochen fühlte. Als ich wieder zu den Jungs sah, waren diese auch wieder in Richtung Tanzfläche verschwunden. Nur den Zuproster konnte ich nicht mehr entdecken. Also zahlte ich, und als ich mich gerade umdrehen und gehen wollte, stand er direkt vor mir. Grinste mich frech an und sagte: »Du wolltest doch jetzt nicht etwa schon gehen?«

»Doch, genau das wollte ich ...«, sagte ich und grinste zurück. Er hatte tatsächlich mich gemeint. Ich fühlte mich sehr geschmeichelt.

»Das wäre aber sehr schade«, sagte er.

»So, wäre es das? Warum denn?«, antwortete ich.

»Weil ich dich so gar nicht mehr anmachen kann!«, sagte er und lachte mich frech an.

»Hör mal, Hase ...«, konterte ich. »Ich könnte fast deine Mama sein. Ich glaube, es ist besser, wenn du jetzt wieder zu deinen Kumpels gehst ...«

»Meine Mama sein? Wie das denn? Dann wärst du aber ein biologisches Wunder! Mutter mit fünf ...« Er grinste mich frech an.

»Du bist ein ganz schöner Charmeur«, sagte ich. »Wenn du so weitermachst, müssen sich die Frauen später vor dir aber wirklich in Acht nehmen ...«

»Ich kann auch ein ziemlich böser Junge sein«, sagte er und grinste mich ganz frech an. »Ich bin übrigens Markus. Und du?«

»Kerstin. Und die Kerstin muss jetzt wirklich nach Hause«, sagte ich.

»Darf ich dich noch ein Stück begleiten?«, fragte er. »Wo wohnst du denn?«

Ich erzählte ihm, dass ich außerhalb wohnte und mein Auto im Parkhaus stünde. Er ließ sich nicht davon abbringen, sondern bestand darauf, mitzugehen.

»Meinetwegen«, lenkte ich schließlich ein – ich war einfach zu groggy für Diskussionen. Und süß war der Kleine ja ...

Als wir durch die Gassen Richtung Parkhaus schlurften, ließ ich im Geiste meine Drinks des Abends noch einmal an mir vorbeiziehen. »Du, ich kann nicht mehr fahren!«, sagte ich. »Ich werde ein Taxi nehmen und mein Auto morgen abholen. Danke fürs Bringen ...«

»Dann schlaf doch bei mir! Dann sparst du das Taxi«, sagte er und grinste mich wieder keck an.

Bevor ich antworten konnte, zog er mein Gesicht zu sich heran und küsste mich.

Er schmeckte wunderbar, und seine Lippen waren butterweich. Ich zitterte. Vor Geilheit.

»Ist dir kalt?«, fragte er und nahm mich sofort in den Arm. Ich fand das niedlich.

»Nein, nein. Danke. Wahrscheinlich einfach überdreht und übermüdet.«

Ich ließ mich von ihm bequatschen, und keine zehn Minuten später standen wir bereits in seinem Treppenhaus.

Markus lebte in einer WG, doch wie es der Zufall wollte, waren seine zwei Mitbewohner auf einer Studienfahrt – und er hatte sturmfrei.

Die Wohnung war sehr gepflegt und überhaupt nicht studentisch schmuddelig. Das gefiel mir. Und auch Markus' Bett war frisch bezogen und sein Zimmer sehr ordentlich.

»Was studierst du?«, fragte ich ihn, als seine Hände schon auf Forschungsreise unter meinem Kleid waren.

»Medizin«, sagte er. »Bin aber fast fertig!«

Und wie ich es auch von einem Mediziner erwartet hatte, zog Markus ein Kondom aus seinem Nachttisch, als wir nackt auf seinem Bett lagen und es tun wollten.

»Du hast einen Wahnsinnskörper«, sagte er und legte sich auf mich.

»Für mein Alter ganz okay, oder?«, raunte ich, als er in mich eindrang.

»Jetzt hör aber mal auf!«, sagte er, als er begann, sich in mir zu bewegen. »Du redest ja, als wärst du 'ne alte Oma! Kerstin: Ich finde dich total geil.«

»Danke«, raunte ich. »Jetzt hör aber auf zu quatschen und fick mich!«

Und das tat Markus dann auch. Sein Schwanz hatte eine schöne Größe, war trotz der Biere, die er gekippt hatte, richtig hart, und ich muss sagen, er machte seinen Job gut.

Nachdem ich eh so auf Entzug war, dauerte es bei mir nicht lange, und ich kam mit einem lauten Lustschrei. Das wiederum machte ihn offensichtlich so geil, dass er sich ebenfalls aufbäumte und nur Sekunden nach mir kam.

Danach zog er das Kondom ab, ging kurz ins Bad, nahm mich in den Arm – und pennte innerhalb von Minuten ein. Typisch Mann! Ich hingegen war jetzt hellwach und hätte noch einige Stöße mehr vertragen können. Also streichelte ich mich noch ein wenig weiter und atmete dabei seinen männlichen Duft ein. Ich kam noch zwei weitere Male – dann schlief auch ich ein.

Gegen neun Uhr am nächsten Morgen erwachten wir fast zeitgleich. Ich küsste ihn, er küsste mich, und als er sich an mich kuschelte, spürte ich seine Erektion. Als ich seinen Schwanz in meine Hand nahm und streichelte, blickte er mich fragend an. »Kannst du schon wieder?«

»Na ja, das letzte Mal ist ja schon ein bisschen her«, sagte ich grinsend und legte meinen Kopf zwischen seine Beine und nahm ihn in den Mund. Es dauerte keine Minute, da stöhnte er auf, und sein Schwanz begann zu zucken.

»Du wirst doch nicht schon kommen?«, fragte ich, als ich ihn wieder aus meinem Mund genommen hatte. »Dooooooch«, stöhnte er und spritzte mir seine volle Ladung ins Gesicht und in die Haare. Das mag ich ja gar nicht ...

»Hey, hey, Meister«, sagte ich nur und sprang auf, um ins Bad zu gehen und mich sauber zu machen. Ich sprang unter die Dusche, schnappte mir ein frisches Handtuch, und als ich frisch geduscht aus dem Bad kam und wieder ins Bett zu ihm kriechen wollte, stand er bereits angezogen in der Küche und machte uns Frühstück.

»Wow, Kerstin!«, sagte er. »Welcher Mann will so nicht geweckt werden? Du bist ja echt eine heiße Frau ...«
Ich ging zu ihm, kraulte seinen Nacken und küsste ihn. »Und ich?«
»Du bekommst jetzt erst mal ein schönes Frühstück ...«

Später gingen wir noch ein bisschen spazieren, und er brachte mich zu meinem Auto. Er drängelte so lange, bis ich ihm meine Handynummer gab.
Zwei Tage später lud er mich wieder zu sich ein. »Wir können doch 'ne Pizza bestellen und es uns gemütlich machen ...«, schrieb er per SMS.
Ich sagte zu, und abends war ich wieder bei ihm. Als ich in die Wohnung kam, verstaute er gerade noch den Staubsauger in der Besenkammer. Süß! Ich komme zu ihm, und er räumt extra auf und putzt für mich. Ich war irgendwie gerührt.
Er hatte es im Wohnzimmer sehr gemütlich gemacht, wollte unbedingt die bestellte Pizza alleine bezahlen, und wir schauten im Fernsehen gemeinsam *Bauer sucht Frau*, lachten uns tot und kommentierten und lästerten über die schrägen Kandidaten.
»Da gibt es echt so Männer, die sind Mitte 40 und hatten noch nie Sex ...«, sagte ich. »Schon irre ...«
»Schon. Und stell dir mal vor, solche Typen geraten dann an dich ...«, sagte er.
»Was soll das denn heißen?« Ich wurde unsicher.
»Na ja, an so eine Frau, der Sex so wichtig ist ...«
»Woher weißt du denn, dass mir der Sex wichtig ist?« Ich war irritiert.
»Das merkt man«, sagte er und grinste mich an. »Ich glaube, du brauchst es ziemlich oft ...«
Ich fühlte mich angegriffen. Bei ihm klang das wie ein Vorwurf.
»Na ja, nicht häufiger als andere Frauen auch, oder?«, sagte ich schließlich, um überhaupt etwas zu sagen.

»Nein? Dann heute kein Sex?«, sagte er und grinste mich frech an.

»Ich musste noch keinen zwingen«, gab ich kleinlaut zurück.

»Soll ich gehen?«

»Mensch, jetzt lass dich doch nicht ärgern«, sagte er. »Komm mal her ...«

Er nahm mich in den Arm und küsste mich. Wir zogen uns vor dem Fernseher aus und vögelten los. Als er ihn mir reinsteckte, begann gerade ein Werbeblock. Als er sich ins Kondom entlud, war der Werbeblock gerade vorbei.

Viel zu schnell. Ich war noch nicht mal richtig feucht geworden. Geschweige denn gekommen.

Danach sahen wir weiter fern – so, als sei nichts geschehen. Als die Sendung vorbei war, fragte er mich, ob ich über Nacht bleiben wollte.

»Ich muss morgen sehr früh raus«, antwortete ich. »Da schlaf ich lieber bei mir ...«

»Okay«, sagte er. »Wann willst du dann los?«

Ich war irritiert. Wollte er mich rauswerfen? Sollte ich schon gehen? Ich streichelte seinen Arm. »Willst du, dass ich jetzt schon gehe?«

»Nein, überhaupt nicht!«, sagte er. »So war das jetzt nicht gemeint ...«

Er küsste mich, ich erwiderte die Küsse. Ich schob meine Hand unter sein Poloshirt und streichelte seine trainierte Brust. Ich zog es ihm aus und küsste seinen Oberkörper. »Willst du schon wieder?«, fragte er. »Komme ich dir eigentlich zu schnell?«

Ich war verdutzt. »Nicht zu schnell. Aber zu selten ...«, sagte ich und versuchte ein verkrampftes Lachen.

»Das soll heißen?«

»Na ja«, ich druckste ein wenig rum. »Ich mag es ganz gerne, wenn man mich mehrfach nimmt – nicht nur einmal ...«

»Okay«, sagte er. »Den meisten Frauen reicht einmal. Aber klar – gerne!«

Er bugsierte mich in sein Schlafzimmer, und dort zogen wir uns wieder aus. Sein Schwanz war wieder schön hart, und ich fragte mich, was denn sein Problem war. »Schwanz steht wie eine Eins, er kann grundsätzlich ficken – dann mal los!«, dachte ich.

Diesmal setzte ich mich auf ihn, um die Reibung in mir besser steuern zu können. Es klappte besser, und er kam auch nicht wieder nach drei Stößen. Wahrscheinlich, weil er eine halbe Stunde vorher ja schon abgespritzt hatte.

Ein paar Minuten taten wir es, wechselten zwei Mal die Position – dann kam er schon wieder. Mist. Ich war gerade auf der Zielgeraden. Kurz vor dem Kommen.

»War es für dich jetzt okay?«, fragte er.

»Ja, es war schön. Aber gekommen bin ich leider noch nicht ...«

»Das kann man ja ändern«, sagte er und legte erst seine Hand und dann seinen Mund auf meine Pussy. Das konnte er. Mit seiner Zunge brachte er mich langsam, aber sicher zum Höhepunkt. Ich bäumte mich auf und stöhnte – er war begeistert. Ich auch. Na ja. So halbwegs wenigstens.

»Du wärst jetzt auch die Erste gewesen, die bei mir nicht kommt«, sagte er grinsend. »Du bist aber auch ganz schön unersättlich!«

»Was man von dir leider nicht behaupten kann«, dachte ich. Trotzdem war es schön gewesen und Markus ein netter Kerl. Ich mochte ihn. Bei ihm war es sauber, er war gepflegt und verstand es, mit seiner Zunge umzugehen.

Für sein junges Alter – wir hatten uns nie erzählt, wie alt wir waren, er fand das überflüssig ... – war er eigentlich ganz gut im Bett. Da hatte ich schon anderes erlebt. Aber trotzdem war ich nach dem Sex mit ihm leider nie so ganz befriedigt.

Wir sahen uns noch einige Male, und als seine Mitbewohner wieder zurück waren, lud ich ihn sogar zu mir nach Hause ein, was ich ja sonst nur sehr ungern tue.

Auch bei mir daheim war es ähnlich. Wir hatten Spaß, taten es – auf meinen Wunsch hin sogar ganze zwei Mal hintereinander –, und es war okay.

Als er dann wieder weg war, griff ich erst zu meinem Dildo – dann rief ich einen anderen Dauerlover an, der mich noch vier Mal durch meine ganze Wohnung vögelte. Erst dann war auch *ich* befriedigt.

Dann hatten Markus und ich eine kleine Sendepause: Er hatte Prüfungen, ich war beruflich im Stress. Irgendwann meldete er sich dann doch wieder und fragte, ob ich am Wochenende nicht vorbeikommen wolle – seine Mitbewohner seien mal wieder unterwegs. Ich sollte bei ihm schlafen, und wir wollten abends erst schön Essen und dann ins Kino gehen. Das taten wir auch, und anschließend hatten wir Sex. Zwei Mal. Und am Sonntag noch zwei Mal. Er lernte dazu, schien meine Bedürfnisse endlich zu verstehen und es mir offensichtlich recht machen zu wollen.

So vergingen die Wochen, und Markus und ich sahen uns in regelmäßigen Abständen. Immer wieder versuchte er, mit mir auch andere Dinge zu unternehmen: Ausflüge, Theater, Kino, Essen. So ein bisschen hatte ich das Gefühl, er manövrierte in die Richtung Beziehung, obwohl er immer sagte, dass er das auch nicht wolle.

So lief also die ganze Geschichte, bis zu jenem schicksalshaften Sonntag, den ich so schnell nicht vergessen werde: Wir waren bei mir und samstags mal wieder im Kino gewesen. Nach dem Aufstehen hatten wir Sex gehabt, und als ich mittags in der Küche stand, um uns etwas Asiatisches zu kochen, und er mir von hinten über die Schulter blickte, und ich durch die Jeans seinen Schwanz streichelte, rastete er plötzlich völlig unvorbereitet aus.

»Sag mal, Kerstin! Kannst du eigentlich auch mal aufhören? Kannst du mal aufhören, den ganzen Tag nur an Sex zu denken? Gibt es eigentlich noch irgendwas anderes für dich außer Vögeln?« Er brüllte mich aus dem Nichts an. Ich war wie vor den Kopf gestoßen.

»Ich dachte, es gefällt dir auch?«, stotterte ich.

»Ja. Einmal ficken ist ja ganz schön. Zwei Mal vielleicht auch noch. Aber Kerstin: *Das,* was du von einem Mann verlangst, ist nicht normal! Mein Gott noch mal: Welcher Mann kann denn deine unstillbare Lust eigentlich befriedigen? Welcher Mann ist ständig hart und in der Lage, es dir zu besorgen? Ich bin es jedenfalls nicht mehr, Kerstin! Ich nicht! Ich k-a-n-n n-i-c-h-t mehr! Bei aller Liebe! Ich bin doch kein Sexmonster und kein Pornodarsteller! Wer bitte soll das, was du willst, leisten? Wer?« Er war völlig außer sich.

»Es zwingt dich keiner zu irgendwas«, sagte ich, um Ruhe bemüht. »Aber jetzt stell mich nicht hin, als wäre ich unersättlich. Es gib durchaus Männer, die öfter kommen können als einmal ...« Ich war doch ziemlich sauer. »Nur weil du nach einem Mal völlig erledigt bist, heißt das nicht, dass *das* normal ist.«

Er sah mich wütend an. »Dann solltest du dich vielleicht besser mit *diesen* Typen treffen und nicht mehr mit mir!«, brüllte er. »Weißt du, was du bist? Du bist krank! Irre! Lass es dir von einem Mediziner gesagt sein. Du gehörst in Therapie. Und zwar ganz dringend!«

Er machte auf dem Absatz kehrt, schnappte sich seine sieben Sachen und knallte meine Wohnungstür zu. Und ich stand da. Wie ein begossener Pudel. Thai Curry im Wok, seine bösen Worte im Ohr.

Es wird wohl keinen von euch wundern, wenn ich euch sage, dass ich nie wieder etwas von Markus gehört habe. Ich fühlte mich im Recht und erwartete eine Entschuldigung von ihm – doch da kam nichts. Keine SMS mehr, kein Anruf, kein Nichts. Erst war ich sauer. Dann leer. Tage später traurig. »Du gehörst in Therapie.« Immer wieder waren seine harten Worte in meinem Kopf. War er ganz normal und ich zu fordernd? Oder versuchte er *mir* einfach nur den schwarzen Peter rüberzuschieben, weil *er* es nicht brachte?

Sicherlich war ich nicht »normal«. Sicherlich brauchte ich es häufiger als andere Frauen, aber war ich wirklich »irre«? Ich fühle mich nicht krank, auch heute nicht – auch wenn der Sex für mich tatsächlich inzwischen wie eine Droge ist, die mir über meine Ängste hinweghilft. Über die Angst, nicht zu genügen. Die Angst, zurückgewiesen zu werden.

Um diese Ängste zu vergessen, stürze ich mich von einem Abenteuer ins nächste. Diese Abenteuer geben mir Kraft, sie bestätigen mich, bauen mich auf. Ich erlebe im Augenblick des Aktes dann ein Hochgefühl – und falle einige Zeit danach wieder in ein tiefes Loch. Aus dem ich mich dann mit einer neuen Liaison wieder herauszuziehen versuche. Ein Teufelskreis, möchte man sagen. Aber ist es das wirklich? Habe ich nicht vielmehr für mich einen guten Weg gefunden? Vor allem, weil es mir doch wirklich unglaublichen Spaß macht? Und so viele Männer auf mich warten?

Warum sollte ich mich auf die Couch legen, wenn ich keinen Leidensdruck empfinde? Es ist ja nicht so, dass ich nicht schon mit Psychologen zu tun gehabt hätte. Seit meiner Jugend hatte ich immer wieder mal Essstörungen gehabt. Als es einmal besonders schlimm wurde, begab ich mich freiwillig in Therapie – aber wenn ich da eine Sache gelernt habe, dann war diese vor allem, dass mir niemand von außen die Lösung meiner Probleme liefern kann, dass ich vor allem auf mich selbst hören, mich selbst annehmen muss. Und das habe ich auch mit meiner Krankheit getan – weil ich erkannt habe, dass sie für mich nicht wirklich eine Krankheit ist, sondern ein Teil meiner Persönlichkeit, etwas, das zu mir gehört.

Ich habe gelernt, damit umzugehen, und im Gegensatz zu anderen Nymphomaninnen geht für mich kein selbstverletzendes Verhalten mit der Krankheit Hand in Hand. Ich ritze mich nicht, ich schütze mich beim Verkehr – deshalb möchte ich mein Leben nicht ändern. So sehr mich andere als »verrückt« bezeichnen.

Legen diese anderen da nicht vielleicht einfach ihre zu engen Maßstäbe an einen Menschen an, den sie möglicherweise gar nicht wirklich verstehen können?

Nymphomanie ist eine Krankheit, mit der man eigentlich ganz gut leben kann. Ich zumindest. Und wenn ihr euch jetzt fragt: »Mensch. Irgendwie geht's mir fast so wie der Kerstin. Ich will auch ständig Sex und suche mir so Selbstbestätigung. Bin ich jetzt auch eine Nymphomanin?«, dann kann ich euch nur sagen: »Ja! Vielleicht schon. Vielleicht auch nicht.« Wer zieht da die Grenze? Wer soll das beurteilen? *Wer* darf sich so eine Beurteilung anmaßen?

Wichtig ist, dass ihr sagen könnt: »Ja, das ist das Leben, das ich führen möchte.«

Das ist das Wichtigste – auch für mich.

# 9. KAPITEL

## Tom

### Der perfekte Sex

Jetzt, da wir uns ein bisschen kennengelernt haben, werdet ihr euch sicher fragen: Kerstin hat so viel Erfahrung, sie hat so viele Typen kennengelernt und so viel ausprobiert, sie kann doch sicherlich sagen: Was ist der perfekte Sex? Und: Ja! Da habt ihr recht. Das kann ich euch tatsächlich sagen. Auch wenn ich denke, dass das, was der perfekte Sex ist, jeder für sich definiert. Das ist ganz individuell und kommt auch darauf an, was man kennengelernt hat und was man sich traut. Dabei muss ich sagen, dass ich *so* schlimm auch nicht bin. Ich führe zwar kein Buch darüber – aber ich hatte gar nicht so megaviele Lover. Denn nach meinen »wilden Jahren« bin ich ein wenig vom Tempo runtergegangen, was die Dates anging. Darunter war viel Sex, der eigentlich ganz »normal« war. Das waren dann die Typen, die mich nicht wirklich interessieren, die waren nur oberflächlich und ohne Bedeutung.

Aber ich hatte in der Tat mit einigen meiner Affären und Lover auch den perfekten Sex. Wie das geht? Es spielt nicht zwingend eine Rolle, wie groß der Penis ist. Mir ist es einmal passiert, dass bei einem Typen der Penis so groß war, dass es selbst mir zu viel wurde. Ich hatte große Schmerzen, weil er beim Vögeln immer gegen den Gebärmutterhals stieß. Ich habe ihn dann ganz geschickt aus mir verbannt und lieber mit meinen Fingern befriedigt. Ich habe ihn dahin dirigiert, wohin *ich* wollte. Er hat sich mir voll hingegeben, und ich hatte ihn wortwörtlich in der Hand. Er ist vier Mal gekommen und wollte mich unbedingt wiedertreffen. Aber da hatte ich keine Lust drauf. Denn für mich war es nicht wirklich erfüllend. Spaßig war es. Aber eben nicht so, dass ich etwas davon gehabt hätte.

Dann hatte ich mal einen, der hatte nur einen Schwanz von ungefähr elf Zentimetern. Kleiner als der von Chris. Und das will was heißen! Er war aber *sehr* geschickt mit seinen Händen und seiner Zunge. Ich hatte das Gefühl, von tausend Schmetterlingen liebkost zu werden – so zart war er, dann packte er mich wie ein richtiger Kerl und ließ mich spüren, wer der Herr im Bett ist. Ich denke, das Talent, das er mit seinen Händen und seinem Mund bewies, hatte er sich extra antrainiert, weil er natürlich wusste, dass das mit seinem kleinen Penis ein Riesenproblem für uns Frauen sein könnte. Und auch war. Sobald er also in mir drin war, ging es mit meiner Lust rapide bergab. Das lag nicht nur an meinem Kopf, sondern auch am Körperlichen: Ich war schon richtig schön feucht, als er anfing mit mir. Wegen der Schwanzgröße spürte ich ihn dann aber kaum in mir, null Komma null Reibung. Und als wir dann noch Fahrt aufnahmen, rutschte er immer wieder aus mir heraus. Das brachte es also auch nicht! Und nach ein paar erbärmlichen Bemühungen, die Situation doch noch rumzureißen, haben wir es schließlich gelassen. Es war wirklich peinlich! Für ihn, aber auch für mich.

Ich denke, die perfekte Penislänge liegt so bei 16 bis 18 Zentimetern. Ich glaube auch, dass das der Durchschnitt ist, oder? Die meisten Männer machen sich aber eh darüber viel zu viel Gedanken. Um eine Frau perfekt glücklich machen zu können, kommt es auf etwas ganz anderes an.

Ich habe schon mal gesagt, dass zum Ficken eine gewisse Intelligenz gehört. Dumm fickt eben *nicht* gut. Das ist ein verbreiteter Irrtum. Das kann nur jemand in die Welt gesetzt haben, der nichts vom Ficken versteht. So ein Ego-Typ, der nur an sich denkt und dem es egal ist, was die Frau fühlt und ob sie auch zum Orgasmus kommt. Ich habe eine Theorie dazu. »Dumm fickt gut« bedeutet: Die war so dumm, dass die mich rangelassen hat, ohne dass ich es ihr besorgen muss. Ja, das finde ich auch dumm. Wenn eine Frau guten Sex will, dann muss sie das auch vom Mann verlangen (können). Wenn ein Mann einfach nur abspritzen will, soll er besser zu einer Professionellen gehen. Aber das hat nichts mit »gutem« Sex zu tun. Das ist dann eine Dienstleistung – und für die muss bezahlt werden.

Wenn der Sex perfekt sein soll, dann gehört es eben dazu, nicht nur seinen eigenen Spaß im Auge zu haben, sondern auf die Partnerin oder den Partner einzugehen.

Ich habe über die Jahre hinweg die Erfahrung gemacht, dass ein ausgiebiges Vorspiel dabei total wichtig ist. Ich will *ihn* an tausend Stellen meines Körpers gleichzeitig spüren, ich will verwöhnt werden und ich will, dass er mit meiner Lust spielt. Ich will, dass er mich an einer Stelle anfasst und mich zum Wahnsinn bringt und mich dann in der nächsten Sekunde an einer anderen Stelle berührt und mich damit fast besinnungslos macht. Er soll mich überraschen, überwältigen, mir zeigen, dass er meinen Körper *kennt* – auch wenn wir uns erst vor ein paar Stunden das erste Mal gesehen haben.

Die Haut hat eine Million Nervenenden und eine Million Härchen, die sich bei einer Berührung aufrichten. Sie reagiert – sofort. Sie leitet den Reiz direkt ins Hirn weiter und verarbeitet Reize zu einem wohligen Gefühl, das den ganzen Körper erfasst – wenn *Mann* es richtig macht. Das ist wie tausend kleine, elektrische Blitze.

Für viele ist das unvorstellbar, weil sie sich nicht trauen, einen Mann dazu zu bringen, aber ich weiß, es ist gar nicht so schwer, das zu erreichen. Man kann *ihm* nämlich ein wenig nachhelfen. Ich seufze immer, wenn ich etwas mag, gefällt mir etwas besonders gut, dann stöhne ich. Schreie ich, dann bin ich kurz vor der Ekstase. Ihr solltet mal sehen, wie das die Typen anmacht. Ich sage ja immer: Männer brauchen Komplimente genauso wie Frauen. Im Bett ist das beste Kompliment, wenn du ihm zeigst, dass er es richtig macht. Das ist für ihn der größte Applaus. Männer lieben das. Der Vorteil für uns Frauen ist: Wir bekommen dann auch genau das, was *wir* wollen. Wo also ist das Problem? Schreit eure Lust raus. Je lauter, je geiler.

Ich kann die Frauen nicht verstehen, die im Bett daliegen wie ein stummer Fisch und kein Ton von sich geben. Wie soll denn das funktionieren? Wie soll er dann wissen, was sie mag? Wie geil und wild werden? Dabei ist es ganz einfach, es ist eine Sprache, die leicht zu erlernen ist und die jeder Mann sofort versteht.

Tom war so einer, der diese Sprache fließend sprach. Seine Hände hatten ein Vokabular drauf – unglaublich. Wahnsinn! Wenn ich heute an ihn denke, gehört er definitiv zu meiner Top 10. Ehrlich. Vielleicht war er sogar die Nummer 1. Wenn da nicht das komische Ende gewesen wäre. Aber der Reihe nach und von Anfang an:

Tom lernte ich, wie so viele meiner Männer, auf einer der einschlägigen Seiten kennen, auf denen ich unterwegs bin. Ich war ganz spät abends noch im Netz, weil ich nicht schlafen konnte, da poppte plötzlich das Chatfenster auf:

»Na, auch noch wach?«

»Ja«, antwortete ich. Was soll man auf so was schon antworten? Das sah er doch, dass ich noch wach war. Nicht sehr originell, dachte ich, und wollte schon den PC runterfahren.

Aber sein Profil machte mich an: Er war zwar blond, aber sein Körper war muskulös und sehr gepflegt. Die Art, wie er in die Kamera blickte, strahlte Selbstbewusstsein aus. Ich stehe auf selbstbewusste Männer. Es war so ein Typ, der weiß, was er will. Und im Moment wollte er offenbar mich, das machte er mir schnell klar.

»Ich weiß, womit ich dich müde machen kann ...«, sagte er.

»Aha«, schrieb ich. »Das behaupten viele. Ich will Beweise!«

Die bekam ich: Er fing sofort an, all die Sachen aufzuzählen, die er mit mir anstellen würde. Er kannte sich wirklich gut aus mit der weiblichen Anatomie. Er dachte nicht an sein Vergnügen, sondern daran, was mich anmachen könnte.

Er überschüttete mich mit Komplimenten und erzählte mir, dass ich genau sein Typ sei. Das zog. Welche Frau findet es nicht heiß, wenn ein Mann ihr zu verstehen gibt: Du gefällst mir. Er hat mich mit seinen Worten so heiß gemacht, dass ich beinahe schon gekommen wäre. Virtuell. Ohne Berührung. Ohne alles.

Von da an chatteten wir fast jeden Tag. Manchmal über mehrere Stunden. Wir wurden richtig vertraut miteinander, sprachen auch über unsere Jobs und unser Leben. Er war nicht einfach so ein Typ, der mich mal eben nur klarmachen wollte. Er interessierte sich für *mich*.

Ich bekam schnell raus, dass wir ziemlich gleich tickten. Wir waren beide spontan, abenteuerlustig und hatten Lust auf das Leben. Auch er genoss seine Freiheit und wollte keine Bindung. Ich hatte das Gefühl, da ist ein Seelenverwandter. Heute weiß ich, dass wir uns leider viel zu ähnlich waren ...

Wir konnten also beide sehr schnell eine große Vertrautheit zwischen uns herstellen. Er war offener als viele andere Männer vor ihm, und er zeigte auch Gefühle. Das machte auch mich wiederum offener – auch wenn ich damals dachte: »Vorsicht! Nicht verlieben! Es wird nur wieder wehtun. Das geht nicht.«

Aber er war total hinter mir her, chattete mich immer und immer wieder an. Irgendwann habe ich mich dann zu einem Date hinreißen lassen. Auch wenn er blond war, seine Hartnäckigkeit machte mich einfach total an.

Wir trafen uns in seiner Heimatstadt. Als er mich vom Bahnhof abholte, sah ich in seine blauen Augen und wusste, er ist es – nicht. Er war mir zu soft vom Typ her. Die Stimme ein bisschen zu hell, das Gesicht wie das eines großen Jungen mit Muskeln. Das Selbstvertrauen, das er auf den Fotos ausstrahlte, war weg. Ich schluckte. Wie sollte ich bloß den Abend überleben? Worüber reden? Ich überlegte schon, mit welcher Ausrede ich mich davonstehlen könnte. Aber dann legte er mir wie selbstverständlich seinen Arm um die Taille – und es fühlte sich gut an! Er hatte im besten Restaurant der Stadt einen Tisch für uns bestellt. Das schmeichelte mir – nicht wegen der Preisklasse, sondern weil ich sichergehen konnte, dass er dort, in seiner Heimatstadt, bestimmt erkannt werden würde und man sich fragen würde, wer denn die Frau da an seiner Seite wohl sei. Er stand zu mir. Der fremden Frau aus dem Netz. Die, die er in einem Sexportal kennengelernt hatte. Das hatte etwas. Das gefiel mit. Und da war er dann auch wieder: der Tom, den ich kennengelernt hatte. Selbstbewusst. Ein Mann, der wusste, was er wollte!

Wir aßen eine Kleinigkeit, und in unserem Gespräch entwickelten wir wieder die Vertrautheit, die ich schon aus unseren Chats kannte. Dazu kam seine männliche Stimme. Er sprach ruhig, fast leise, so, als ob er sich sicher war, dass meine Aufmerksamkeit ihm sowieso gehörte. Als ich ihm so zuhörte, merkte ich, dass ich ins Schwärmen kam. Er war blond, das war ein Manko, ja, aber er war auch groß, und durch sein Hemd zeichneten sich seine muskulösen Oberarme ab. Er erzählte, dass er für eine Fitnesskette arbeitete und jeden Tag trainierte – aber immer in einem anderen Studio.

Von seinem Körper waren meine Gedanken schon ganz woanders hin geschweift ... Er musste es wohl gemerkt haben, denn kurz darauf bat er um die Rechnung. Draußen hielt er mir die Tür zu seinem Wagen auf, und wir fuhren los. Ich hatte keine Bedenken, mit ihm zu gehen. Ich wusste, er war richtig für mich. Wir hielten vor einem dieser anonymen Ketten-Hotels, die ich noch von meiner Zeit als Vertreterin kannte. Warum gingen wir nicht zu ihm? Er wohnte hier doch? Schämte er sich jetzt doch für mich? Oder für seine Wohnung? Das konnte nicht sein. Wenn ich an die Preisklasse seines Autos und des Restaurants dachte, dann konnte er nicht primitiv wohnen, sondern hatte vermutlich eine ziemlich schicke Wohnung. Er war geschmackvoll, trug tolle Kleidung. Das hätte nicht gepasst. Ich schaute skeptisch. Als ob er wusste, was ich gerade dachte, sagte er: »Wir sollten uns doch erst mal ganz langsam kennenlernen, oder?«

Doch kaum hatten wir die Tür zu unserem Zimmer geschlossen, drückte er sich an mich und glitt mit seinen Händen unter meine Bluse und liebkoste meine Brüste, als ob sie zerbrechlich wären wie Porzellan. Dann nahm er mich auf den Arm und trug mich aufs Bett. Ich wollte meinen Rock ausziehen, aber er bedeutete mir, nichts zu tun. Er wollte das machen. Ich sollte nur genießen. Er arbeitete sich mit seinen warmen Händen an meinen Schenkeln hoch und zog langsam meinen Rock runter. Dann die Strümpfe, dann denn Slip. Dann senkte er den Kopf auf meine Schenkel und pustete über meinen weichsten Punkt. Ich hätte nie gedacht, dass man ganz ohne Berührung so heiß werden kann. Ich schob ihm voller Gier mein Becken entgegen, aber er bremste mich. Langsam arbeite er sich mit seinen Händen hoch, zog mir auch noch die Bluse aus, öffnete meinen BH, und dann küsste er mich.

Es gibt viele Männer, die gut ficken können, aber nur wenige, die wirklich gut küssen. Ein guter Kuss ist ein Versprechen auf das, was danach kommt. Es gibt Männer, die glauben: je mehr, desto besser. Die rammen einen ihre Zunge in den Mund und rotieren darin herum wie ein Ventilator. Das ist der Abtörner schlechthin.

Dann gibt es die mit viel Spucke. Ich habe mal in einer Frauenzeitschrift gelesen, dass Männer das total anmacht, wenn ein Kuss möglichst feucht ist. Für mich ist das nicht so der Bringer, wenn alles wegschwimmt. Tom hatte da genau das richtige Maß raus. Er biss in meine Lippen, er umspielte sanft meine Zunge mit seiner. Dann saugte er sanft an mir. Ich merkte, wie ich mich zerfloss vor Lust. Ich bestimme sonst das Tempo. Aber Tom wies mich sanft zurück, als ich etwas forcieren wollte, und mahnte mich, vom Gaspedal zu gehen. Ich war schon so heiß, dass ich dachte, wenn er mich jetzt zwischen den Beinen nur berührt, dann explodiere ich. Aber Tom dachte gar nicht daran, mit *da* zu berühren. Seine Hände waren überall, nur eben *nicht* da! Einmal sah ich zufällig auf die Uhr. Wir hatten uns eine Stunde lang nur liebkost, ohne dass es passiert war. So etwas hatte ich noch nie erlebt. Normalerweise will ich es wissen, wenn ich geil bin. Aber Tom brachte mich durch seine Zärtlichkeit auf eine andere Ebene der Lust. Dadurch, dass er mich zügelte, konzentrierte sich meine Erregung nicht nur auf einen Punkt, sondern erfasste meinen ganzen Körper. Ich hob ab. Ich war so voller Lust, dass ich dachte, ich würde explodieren, als er endlich meine Schenkel öffnete und langsam in mich hineinglitt. Schon nach zwei Stößen kam ich so stark, dass ich dachte, der Himmel würde sich über mir öffnen. Ich zitterte am ganzen Leibe. Tom gab mir mit seinen muskulösen Armen Halt. Ich hätte sonst das Gefühl gehabt, ich würde ins Unendliche fallen. Ich war ihm völlig ausgeliefert, fühlte mich hilflos und schwach. Dann bewegte er sich in mir, und mein Erregungslevel war schon so hoch, dass ich in wenigen Minuten wieder explodierte. Ich hatte das Gefühl, er schickte mich von einer Ohnmacht in die nächste.

Als wir fertig waren, streichelte er mich wieder. Über eine Stunde lagen wir Arm in Arm da. Wie Teenager. Kurz flackerte die Erinnerung an René auf. Aber das verdrängte ich sofort. Keine Nähe, keine Bindung. Ich wollte frei sein. Ich wollte nicht verletzt werden.

Auch Tom tickte so. Im Morgengrauen stand er auf und wollte nach Hause gehen. Er erzählte mir, dass er so schnell nicht wieder die *ganze* Nacht mit einer Frau verbringen und neben ihr aufwachen wollte. Wer hätte mehr Verständnis für diese Bindungsangst aufbringen können als ich? Aber als er die Tür hinter sich zuzog, war ich ein wenig traurig.

Aber dazu hatte ich keinen Grund. Denn ab da trafen wir uns immer bei ihm. Seine Wohnung war genau so, wie ich sie mir vorgestellt hatte. Geschmackvoll und dezent eingerichtet, und natürlich besaß er eine Hightech-Stereoanlage, die unser Liebesspiel auch im Schlafzimmer mit heißer Musik untermalte. Es dauerte immer extrem lang, bis wir endlich miteinander verschmolzen. Er reizte mich jedes Mal derart, dass ich dachte, jede einzelne Zelle meiner Haut würde beinahe platzen vor Lust. Wenn er mit seinem knallharten Schwanz in mich eindrang, kam ich in kürzester Zeit ein, zwei, drei, vier, manchmal sogar fünf Mal. Dabei sah ich, wie ihn meine Lust ebenfalls von einem Höhepunkt zum nächsten trug. Er hatte ein ganz außerordentliches Stehvermögen. Nach dem Debakel mit Markus war es wie in einem großen Traum. Dennoch gönnten wir uns zwischendurch Pausen, in denen wir eine Zigarette rauchten und uns unterhielten. Oder uns einfach nur streichelten. So ging es stundenlang. Mit Tom entdeckte ich eine ganz neue Art von Langsamkeit.

Jedes Mal, wenn es ans Einschlafen ging, wurde Tom jedoch nervös. Er wollte nicht neben einer Frau schlafen oder aufwachen. Als ich ihm dann schließlich anbot, im Nebenzimmer zu schlafen, war er einverstanden.

Ich war ein wenig gekränkt. Erst diese große Nähe, dann so viel Distanz. Es war ein Wechselbad der Gefühle. Tom war wie ich. Auch er konnte aufgrund seiner ganz eigenen Geschichte nicht wirklich jemanden an sich heranlassen. Aber wer bin ich, dass ich ihm das vorwerfen konnte? Ich wollte ja selber frei sein. Ich beschloss, das Gute zu sehen und den Sex mit ihm zu genießen. Und *der* war bombastisch.

Eines Tages wollte er für uns noch etwas einkaufen gehen, bevor wir es uns gemütlich machten. Ich war alleine bei ihm zu Hause. Ich schaute ein bisschen durch die Wohnung. Guckte hier, schaute dort. Im Bad entdeckte ich dann – eigentlich mehr oder minder durch Zufall, als ich ein Tempotaschentuch in den kleinen Mülleimer dort werfen wollte – mehrere gebrauchte und gefüllte Kondome. Ich wusste, dass ich nicht die Einzige in seinem Leben war, und habe ihn auch nie zu mehr gedrängt. Aber auf so deutliche Weise gezeigt zu bekommen, dass ich ihm nicht mehr bedeutete als ein paar (wenn auch bombastische) Stunden Sex, das tat mir dann doch etwas weh. Als er zurückkam, war ich verhalten. Auch im Bett lief es nicht mehr so gut. Ich konnte mich einfach nicht so fallen lassen wie sonst, war mit den Gedanken woanders, machte mir Vorwürfe, dass mir meine Entdeckung etwas ausmachte.

Er fragte, was mit mir los sei. So kannte er mich nicht. Ich erzählte ihm, was ich gesehen hatte. Erst am nächsten Morgen sprachen wir darüber.

»Du hast dich verliebt«, sagte er.

»Nein. Ich möchte nur nicht so austauschbar sein.«

Er konnte darauf nichts erwidern.

Danach sahen wir uns über Monate nicht. Irgendwann gab es ein kurzes Revival. Aber die Vertrautheit war irgendwie weg.

Der Sex mit Tom war mit das Beste, was ich bis dato erlebt habe. Wenn ich an die Nächte – und Tage – mit ihm zurückdenke, wird mir immer noch ganz heiß. Wäre es auch für jede andere der perfekte Sex gewesen? Ich weiß es nicht. Was perfekt ist, kann jeder für sich entscheiden. Ich spreche nur für mich und meine Erfahrungen. Aber davon habe ich ja reichlich – und ich glaube schon, dass man ziemlich nahe an die Perfektion gelangen kann, wenn man ein paar Sachen beachtet:

- Wie ihr schon feststellen konntet: Ein gutes, langes Vorspiel ist extrem wichtig. Beide können erkunden, was der andere mag, und dabei tolle Entdeckungen machen. Es ist auch herrlich, die Lust hinauszuzögern. Keine Angst: Sie kommt dann mit doppelter (manchmal auch drei-, vierfacher) Wucht zurück.

- Auch wichtig ist ein gutes Selbstwertgefühl. Wer denkt, er sei zu dick oder würde schlecht riechen oder er habe zu kleine Brüste, stellt sich selbst ins Aus. Solche Ängste kennen wohl in erster Linie wir Mädels, aber auch Männer haben manchmal so einige Probleme. Aber nichts ist erotischer als ein selbstbewusster Mann – der natürlich kein eingebildeter Gockel sein darf.

- Und für die Ladys: Denkt immer daran: Wenn ein Mann mit dir im Bett ist, dann will er dich! Männer haben doch Augen im Kopf, und sie haben dich vorher genau abgecheckt. Die wissen, was sie bekommen. Also keine Scham. Was dabei helfen kann, sich erotisch zu fühlen, ist hübsche Wäsche, die man auch anbehalten kann. Ja, Wäsche kann man beim Sex toll einbauen. Stichwort: Striptease. Und auch Männer können etwas tun, um sich sexy, begehrenswert und trotzdem männlich zu präsentieren: tolle Unterwäsche (kein Feinripp, sondern coole Calvin Kleins oder Bikkembergs), die Körperhaare rasiert oder kurz gestutzt, ein tolles Eau de Toilette oder eine herbe Bodylotion benutzen ...

- Nehmt euch Zeit! Stürzt euch nicht aufeinander wie ausgehungerte Tiere, sondern haltet euch zurück. Ertastet, erschmeckt, erkundet eure Körper und findet so raus, was der andere geil findet. So steigert ihr langsam und gemeinsam eure Erregung – bis zum Abflug.

- Akrobatik kann lustig sein, ist aber nicht unbedingt notwendig. Ich probiere gerne neue Sachen aus. Aber bei den Sachen, die ich schon kenne, weiß ich eben, was mich heiß und was mich heißer macht.

- Kopf ausschalten! Wenn ich mit einem Kerl im Bett bin und mit meinen Gedanken bei den Kontoauszügen oder den Einkäufen, dann verkrampft man automatisch. Seid im Hier und Jetzt und versucht zu genießen. Durch guten Sex lösen sich Geldsorgen zwar nicht in Luft auf, aber sie lassen sich etwas leichter nehmen, wenn man eine tolle Nacht hinter sich hat.

- Macht nur, was ihr auch wirklich wollt! Einige Typen haben manchmal den Drang, das, was sie in den Pornos sehen, nachturnen zu wollen. Die meisten Stellungen sind für die Kamera gemacht und bringen der Frau rein gar nichts. Und den Typen in der Regel auch nicht so viel. Macht also nur, was euch wirklich gefällt – und lasst euch nicht unter Druck setzen. Auch ihr Männer nicht – Pornostars sind doch nicht wirkliche Vergleichsgrößen.

- Und Mädels: Wenn ein Mann dir droht, dich zu verlassen, weil du ihm keinen pornoreifen Sex bietest, gib ihm den Laufpass. Auf so einen kannst du getrost verzichten!

Das sind schon einmal die Grundlagen – nun kommen noch ein paar für Fortgeschrittene, die etwas mehr ins Detail gehen und wirklich Geschmackssache sind:

- Küsse! Dabei ist es wichtig, mal hart, mal zart vorzugehen. Der Mix macht's.

- Mir bringen Sextoys viel Spaß. Probiert es unbedingt aus. Einmal habe ich einen Mann auf den Boden gezwungen, ihm meinen Dildo in den Mund gesteckt und mich dann ganz langsam – vor seinen Augen! – auf den Dildo gesetzt. Da ist er fast durchgedreht.

- Nehmt ihn an die Hand! Männer wollen auch mal faul sein. Sie haben meist einen harten Job. Deshalb zwingt ihn, sich zurückzulehnen, und besorgt es ihm dann mit flinken Fingern. Ich kenne keinen Mann, der sich dabei nicht prima entspannen kann. Aber Achtung: Macht Druck! Wenn Männer sich selbst befriedigen, rubbeln sie auch wie die Irren an sich herum. Macht es also, wie sie es sich auch machen, und schließt nicht von euch auf ihn!

- Ein Joker ist immer noch der gute alte Blowjob. Ich kenne Frauen, die das nicht gerne machen, und ich frage mich: Warum nicht? Wenn ihr das draufhabt, dann wird er betteln.

- Und Jungs: Wascht euren Schwanz! Hört sich an wie eine Selbstverständlichkeit – ist es aber nicht für alle. Und zwar möglichst unmittelbar *vor* dem Date – nicht (nur) am Morgen. Wenn ihr zwischen Duschen und Sex noch 20 Mal Pipi gemacht habt ... versteht ihr, worauf ich rauswill? Und das sogenannte Smegma sollte sich auf keinem Schwanz finden. Auf gar keinem. Einer der großen Vorteile von beschnittenen Schwänzen übrigens. Da gibt es das nicht ...

- Seid laut! Dabei meine ich jetzt nicht, dass ihr hysterische Kreischarien anstimmen müsst wie die Ladys in den Pornos. Dirigiere ihn durch deine Laute. Stöhne, seufze, wimmere, schreie – und sage ihm so, was dich heiß macht. Männer lieben Frauen, die sich auch auf erotischem Gebiet Gehör verschaffen. Das gibt ihnen Sicherheit. Und auch ihr Herren könnt ruhig mal ein bisschen hörbar zum Ausdruck bringen, dass euch etwas gefällt.

Jetzt wisst ihr, was man tun muss, damit es rund läuft beim Sex. Doch das ist natürlich keine Garantie, dass immer alles einwandfrei klappt. Sexpannen passieren jedem, und sie passieren so oft, dass es eigentlich schon normal ist. Deshalb wundert mich es immer, dass Leute immer noch so eine Panik davor haben. Einer hat sich mal total in meinem BH verhakt, ein anderer musste furzen, als er in voller Action war, einmal habe ich etwas Pipi lassen müssen, weil sein Schwanz so auf meine Blase gedrückt hat. Peinlich! Aber gegen all das gibt es, wenn man es dann nicht großzügig übersehen oder überhören will, nur ein Mittel: ein herzliches Lachen!

# 10. KAPITEL

## Ingo

### Die Sucht nach mehr – oder: Ein Mann für ewig?

Die Sache mit Tom habe ich hinter mir gelassen, wie ich die Dinge eigentlich immer hinter mir lasse: neues Spiel, neues Glück!

Ich habe mich wieder in die Tiefen der einschlägigen Portale begeben, und nach ein paar Klicks und Flirts war Tom vergessen. Denn dann kam Ingo. Ingo war auf der gleichen Seite wie ich unterwegs. Es dauerte sehr lange, bis wir uns das erste Mal trafen. Ich hatte nicht das Gefühl, dass es ihm nur um Sex ging. Im Gegenteil: Ich hatte das Gefühl, dass es ihm um alles anders ging als um Sex. Aber das fand ich erst später heraus. Als wir uns das erste Mal bei ihm in seiner Heimatstadt trafen (ich reise gerne zu den Typen, um mir ein Bild davon zu machen, wie und wo sie so leben ...), machten wir erst mal einen langen Spaziergang. Das kenne ich nicht. Die Männer, die ich auf diesen Sexseiten kennenlerne, kommen meist gleich zur Sache. Das ist auch nicht verwunderlich. Denn es ist ja keine Seite für Häkeltricks oder Kochtipps: Wenn ein Internetportal »poppen.de« heißt, ist es doch klar, worum es da geht.

Und doch gibt es Ausnahmen. Ingo näherte sich mir nur sehr zögerlich. Auf unserem Spaziergang fragte er mich aus. Er wollte alles über mich wissen: Wie ich lebe, was ich mag, was ich nicht mag, was ich mir vom Leben erhoffe und wie ich mir meine Zukunft vorstelle. Ich erzähle sonst nicht gerne solche Dinge über mich. Es ist mir zu intim. Bei Tom hatte ich mich da immer noch zurückgehalten. Aber bei Ingo fasste ich komischerweise sofort Vertrauen. Sonst komme ich mit den Männern über den Sex und das Körperliche zum Eingemachten, bei Ingo schien es komplett umgekehrt zu sein. Nachfragen zu meinem Sexleben: Null. Anzügliche Kommentar: Null. Ungewöhnlich. Doch das gefiel mir.

Ich erzählte ihm, dass ich im Job ziemlich eingespannt sei und mir deshalb für ein richtiges Hobby samt »Hobbykeller« keine Zeit blieb. Handwerken ist ohnehin nicht so mein Ding, und wenn ich einmal ein Regal angebracht bekommen muss, dann macht das der Hausmeister. So läuft das bei mir.

»Ich bin ein absoluter Film-Fan«, sagte ich schließlich.

»Ich auch. Ich leihe mir ständig DVDs aus. Was schaust du gerne?«

»Am liebsten Filme, die mich von der Psychologie irgendwie reizen. *Das Parfum* liebe ich zum Beispiel, oder *9 ½ Wochen.*«

»Hey, *Das Parfum* habe ich erst letzte Woche wieder gesehen. Ein grandioser Film.«

Wir lächelten uns an. Ich finde es großartig, wenn ein Mann und ich dieselben Interessen haben. Es verbindet ungemein. Ein Mann, mit dem man kaum Gemeinsamkeiten hat, ist nichts Ernstes. Etwas Ernstes? Ich schluckte.

Ich wunderte mich, dass ich plötzlich solche Gedanken hatte. Aber es war Ingos Gegenwart. Ich merkte, dass wir uns auf Anhieb verstanden und da mehr da war als die schnelle Nähe, die ich zum Beispiel mit Tom gehabt hatte. Tom war sexsüchtig wie ich. Die Kondome im Müll hatten ihn überführt. Er hatte mich für seine Zwecke benutzt. Es war wirklich nur Sex pur.

Sich vereinende Körper. Leer. Ohne Inhalt, wie sich im Nachhinein herausstellte. Nicht mehr. Aber Ingo schien wirklich und echt an mir interessiert zu sein. Er stellte Fragen, die mir sonst kein Mann stellte, und ich hatte auch kein Problem damit, sie zu beantworten. Wir waren auf Anhieb auf der gleichen Wellenlänge. Ich fühlte mich echt wohl in seiner Gegenwart. Seit langer Zeit war es zum ersten Mal nicht der Sex, der mich antrieb, sondern der Mensch dahinter. Ich wunderte mich über mich selbst.

Also fragte auch ich ihn nach seinen Hobbys aus. Er erzählte mir, dass er für sein Leben gern fotografierte, und das schon ewig.

»Ich auch. Ich bin aber noch eine Anfängerin«, sagte ich. Ich interessierte mich sehr für Fotografie, hatte mich aber da noch nie so weit vorgewagt.

»Dann kann ich dir mal ein paar Tricks zeigen, ich fotografiere ja schon, seit ich 15 bin.«

Ich war begeistert, einen Mann kennenzulernen, mit dem ich so viele Gemeinsamkeiten hatte.

Ingo erzählte, dass er auch einmal einen Fotowettbewerb gewonnen habe.

»War aber nur von der örtlichen Kreissparkasse«, sagte er.

»Immerhin!«, kommentierte ich begeistert. »Ich habe noch nie irgendwas gewonnen ...«

Er lachte. Und ich sah, wie Ingo sich freute.

Doch als ich ihn dann fragte, welches Motiv das Sieger-Foto denn gehabt habe, murmelte er irgendetwas Unverständliches von einer Ex. Ich merkte sofort, dass die Stimmung zu kippen drohte und er absolut nicht darüber reden wollte. Ich hatte wohl einen wunden Punkt getroffen. Ich wechselte also schnell das Thema und erzählte, dass ich außer Filme schauen noch wahnsinnig gerne kochen würde. Am liebsten thailändisch.

»Aha«, sagte er.

Er runzelte die Stirn, so, als ob er mir das nicht zugetraut hätte. Nun, ich sehe auch nicht gerade aus wie das Heimchen am Herd. Aber Kochen entspannt mich, und ich probiere gerne neue Rezepte aus. »Bis jetzt hat es noch jedem geschmeckt!«, setzte ich nach ich, als ich seinen immer noch skeptischen Blick bemerkte. »Na, dann kannst du ja mal für mich kochen!« Nun hatte er meinen »wunden Punkt« getroffen. Ich bin ein sehr spontaner Mensch. Aber dieser Satz verunsicherte mich total. Ich lasse Menschen nicht gerne in meine Wohnung. Es ist mir zu privat. Zu Hause ist mein Nest, das ist mein Rückzugsort, da möchte ich sein können, wie ich bin. Ich fühle mich schnell beurteilt, wenn jemand in meine Wohnung kommt. Findet er meine Einrichtung gut? Findet er meinen Geschmack gut? Eine Wohnung sagt mehr über die Menschen, als man denkt. Mir ist das zu nah.

Ich sehe mich ja auch genau um, wenn ich zu einem Typen das erste Mal in die Wohnung komme, und mache mir meine Gedanken. Ich vermeide deshalb selbst *immer*, diesen Beurteilungen ausgesetzt zu werden. Es ist ein besonderer Beweis, wenn ich jemanden so nah an mich ranlasse, dass ich ihn mit zu mir nehme. Zum Sex selten, zum Frühstück so gut wie nie. Ja. Die Kandidaten, die bei mir übernachten durften, kann ich an einer Hand abzählen.

Wir gingen noch eine ganze Weile spazieren und redeten und redeten. Als wir uns verabschiedeten, hatte ich ein wenig Wehmut im Bauch. »Er ist anders als die anderen«, dachte ich. Das ist ein Mann, der nicht nur für Sex gut ist. Da ist etwas Höheres zwischen uns. Etwas Geistiges. Eine Verbindung der anderen Art. Abends schrieb er mir eine SMS, dass er mich jetzt schon vermisse. Das bestätigte mein Bauchgefühl noch.

An den nächsten Tagen skypten wir jeden Tag. Ich freute mich immer schon, ihn zu sehen und von meinem Tag zu erzählen. Und er sagte mir immer wieder, wie toll er mich fände und dass er noch nie so eine Frau wie mich kennengelernt hätte. Es wurde immer intensiver, und als wir uns das nächste Mal trafen, war ich so aufgeregt wie ein Teenager.

Wir waren sofort wieder vertraut miteinander. Ingo gestand mir, dass er sich noch nie mit einer Frau aus dem Netz getroffen hätte, ich sowieso die Erste sei und er vor mir überhaupt noch nie ein Blind Date gehabt hätte. Wir plauderten wieder ewig. Verstanden uns super. Aber auch diesmal kam es wieder nicht zum Sex. Und ich war wieder irritiert. Und glaubte wieder an die andere Art der Verbindung zwischen uns.

Das erste Mal bei ihm war ich dann einige Tage später. Wir saßen auf dem Sofa, und plötzlich fing er an, mich zu streicheln. Ich merkte sofort, dass er kaum Erfahrungen mit Frauen hatte. Er war ungeschickt, total aufgeregt und ließ sich überhaupt keine Zeit. Was mir auch auffiel, war, dass er überhaupt nicht küssen konnte. Er steckte seine Zunge in meinen Mund und schlabberte los, wie ein Hund beim Wassertrinken. Er hatte es auch überhaupt nicht drauf, zu variieren. Es war ziemlich ekelhaft und turnte mich total ab.

Als wir danach eine Zigarette rauchten, dachte ich, das wird schon. Wir haben noch genug Zeit, um uns im Bett besser kennenzulernen. Im Nachhinein weiß ich, dass ich mich da schon das erste Mal selbst betrogen hatte. Wie ihr wisst, denke ich, dass guter Sex die Basis für eine gute Beziehung ist. Wenn jemand so viel Erfahrung hat wie ich, dann hat derjenige auch so seine Ansprüche. Das passt dann nicht, wenn ein Mann da nicht mithalten kann. Während ich Bundesliga spielte, konnte Ingo noch nicht einmal in der Kreisklasse antreten. Wenn ich heute darüber nachdenke, muss ich zugeben – der Sex mit Ingo war ziemlich unbefriedigend. Er ging überhaupt nicht auf mich ein, und es war auch schon immer nach spätestens 20 Minuten vorbei. Es gab weder ein Vorspiel noch ein Nachspiel. Für mich war das Intimleben zwischen uns in keiner Weise erfüllend. Ich bin nicht ein einziges Mal zum Orgasmus gekommen mit ihm. Ich merkte, dass mich das sehr belastete. Aber damals habe ich noch versucht, das zu ignorieren.

Dennoch entwickelte sich in mir eine tiefe Traurigkeit, weil das mit uns so gar nicht klappte. Ich überlegte, ob ich Ingo deswegen verlassen sollte, aber andererseits gab er mir so viel Aufmerksamkeit und Zuwendung, wie ich sie von einem Mann noch nie bekommen hatte. Wir waren irre vertraut miteinander. Das war keine Affäre mehr. Wir waren ein Paar. Ganz klassisch. Ganz anders. Ganz ungewohnt für Kerstin Scholz. Ich genoss es – irgendwie.

Bei einem unserer nächsten Treffen schenkte er mir ganz überraschend eine Spiegelreflexkamera. Einfach so.

»Du wollest doch fotografieren lernen«, sagte er.

Ich war völlig aus dem Häuschen. Ein Geschenk! Für mich! Wann hatte mir ein Mann das letzte Mal ein solches Geschenk gemacht? Außer Dessous oder Blumen, meine ich jetzt? Es bestätigte mich wieder in dem Gefühl, dass Ingo mich als Mensch mochte, nicht nur als Sexobjekt.

Wir gingen nach draußen in die freie Natur und suchten schöne Motive. Er zeigte mir, wie man den idealen Ausschnitt wählt und wie man richtig belichtet. Er verstand wirklich etwas von Fotografie. Das merkte man sofort. Stundenlang gingen wir so durch die Landschaft und vergaßen alles um uns herum. Die Welt schien nur noch aus uns beiden zu bestehen. Ich habe mich noch nie so eins mit einem Mann gefühlt. Wir waren wie füreinander bestimmt.

Ihm ging es genauso. Das konnte ich spüren. Er erzählte auch Bekannten, mit denen wir essen waren, dass wir schon seit 20 Jahren verheiratet seien und er noch genauso verliebt in mich sei wie am ersten Tag. Der Witzbold ... Sie glaubten es ihm, und ich lachte mich noch Tage danach darüber tot.

Ich konnte mich Ingo voll öffnen und habe ihn dann in der Tat auch mit zu mir nach Hause genommen. Er hat sich bei mir sehr wohlgefühlt, und ich hatte auch keine Angst mehr, von ihm beurteilt zu werden. Ich vertraute ihm einfach. Es machte mir nicht mal etwas aus, wenn ich auf Toilette saß und Pipi machte, und er in dem Moment ins Bad kam, um sich die Zähne zu putzen. Sonst: Unvorstellbar! Aber bei ihm war es einfach total harmonisch und selbstverständlich so.

Das Gegenteil von dieser Verbundenheit kam dann nachts, wenn wir im Bett waren. Er war nicht so wirklich bei der Sache, sodass mir schon beim Gedanken daran die Lust verging. Mir. Beim Gedanken an Sex. Das. Stelle. Man. Sich. Mal. Vor.

Ich dachte, es könnte mir vielleicht helfen, wenn ich beim Vögeln an eine meiner tollen Affären dachte und daran, wie die es mir besorgt haben. Ich schaltete meine Fantasie an und spulte die Nummer mit meinem echten »Blind Date« Jörg ab oder mit Tim, der noch mehr wollte und noch öfter konnte als ich. Ich dachte an seinen knallharten Schwanz und wie er mich damit von einer Ohnmacht in die andere geschickt hatte. Aber kaum fasste mich Ingo mit seinen ungeschickten Fingern an, fiel ich zurück ins Hier und Jetzt. So ungeübt konnte *nur* Ingo sein! Er hatte es wirklich null drauf! Ich hatte noch nie einen Mann erlebt, der so schlecht im Bett war. Ich überlegte, ob ich ihn verlassen sollte. Sex spielte dafür einfach eine zu wichtige Rolle in meinem Leben. Ihn darauf ansprechen konnte ich einfach nicht. Wir standen uns inzwischen viel zu nah. Ich hatte Angst, ihn zu verletzten, und dass er mich verlassen würde. Also nahm ich den miesen Sex in Kauf.

Und wenn er mich dann am nächsten Morgen, schon zwei Minuten nachdem wir uns getrennt hatten, wieder anrief und mir sagte, dass er mich total vermisse, schmolz ich dahin wie Butter in der Sonne. Dann dachte ich darüber nach, mir einen Lover zu nehmen, damit ich sexuell auf meine Kosten kommen, aber dennoch bei Ingo bleiben konnte. Aber ich blieb ihm treu. Verurteilte mich selbst für diesen Gedanken. »Das hat er nicht verdient«, dachte ich.

Mit der Zeit hatten wir immer weniger Sex, was mich noch unglücklicher machte. Ich wusste nicht, was ich noch machen sollte: Tagsüber war ich die glücklichste Frau der Welt, nachts hatte ich Todessehnsucht, so schlecht ging es mir. Ich war zerrissen zwischen meiner Sehnsucht nach einer Partnerschaft einerseits und meinem Bedürfnis nach geilem Sex andererseits. Ich. Partnerschaft. Ja. Ihr habt richtig gelesen. Ich genoss das Leben, das ich mit Ingo inzwischen führte. Einen Mann an seiner Seite zu haben. Einen, der einen immer auffängt. Der zuhört. Der da ist, wenn man nach Hause kommt. Für den man kocht und der einem die Kaffeemaschine repariert, wenn sie kaputt ist.

Ich dachte, die sexuelle Flaute, die wir hatten, ließe sich überwinden, und wollte meine reiche Erfahrung auch ihm zugutekommen lassen. Eines Abends hatte ich ihn mit einem erotischen Indoor-Foto-Shooting überrascht. Das Fotomotiv sollte ich selbst sein. »Ich habe doch noch jeden rumgekriegt«, machte ich mir Mut. »Und das mit Ingo werde ich auch schaffen. Sex ist die Sprache, die ich spreche – und zwar fließend. Das kann ich, das bringe ich ihm bei.«

Ich hatte alles toll arrangiert für die heißen Fotos, mir sexy Wäsche angezogen. Mein Haar fiel weich. Die Kamera stand vor dem Sofa, auf dem ich mich räkeln und posieren wollte. Ich hatte extra für seine Spiegelreflexkamera ein Profistativ gekauft. Aber der ganze Aufwand war ein Schuss in den Ofen: Ingo war völlig entsetzt und machte mir eine Szene.

»Das ist ja total nuttig! Wie siehst du aus? Was ist denn das für eine Szenerie?«, sagte er und verließ angewidert die Wohnung. Am Tag darauf kochte ich für ihn ein schönes Versöhnungsessen. Bei anderen Männern hätte es Versöhnungssex gegeben, aber bei Ingo genügte mein Thai Curry – wenigstens das war scharf. Ich wollte ihm zeigen, dass ich auch anders kann. Ich hatte tiefe Gefühle für diesen Mann, das war mir inzwischen klar geworden. Ob es genauso werden würde und könnte wie damals mit René, wusste ich nicht. Aber ich hatte das Gefühl, dass die Basis dafür vorhanden war. Und ich hoffte auch immer noch, ich könnte die Distanz zwischen uns überwinden. Ich dachte auch, dass wir das mit dem Sex hinkriegten, wenn er sich mir anvertraute. Ich wollte nicht so schnell aufgeben.

Ich hatte das Gefühl, dass meine Bemühungen fruchteten, als wir an meinem Esstisch saßen, auf dem ich extra ein paar romantische Kerzen aufgestellt hatte. Ingo war freundlich zu mir, wir lachten auch ein paar Mal. Doch wenn ich ehrlich bin, habe ich am diesem Abend schon gespürt, dass da etwas nicht in Ordnung war. Aber das kann ich heute erst ganz klar sagen, damals war das nur ein vages Gefühl. Es lag diese Sprachlosigkeit zwischen uns, die ich von zu Hause kannte. Keine Zärtlichkeit, keine Körperlichkeit: Einmal ging ich in die Küche, um noch etwas Wein zu holen. Als ich an Ingo vorbeikam, legte ich den Arm um ihn und wollte ihn küssen. Er schüttelte mich ab, raunte: »Lass mich!«

Ich war verletzt, wollte aber nicht glauben, was da gerade passiert war. Dazu hielt ich zu sehr an unserem »Glück« fest.

Als Ingo dann zu mir kam und mich ins Schlafzimmer führte, dachte ich, ich habe mir das alles nur eingebildet. Er hatte nie die Initiative ergriffen. Deshalb war ich gleich wieder Feuer und Flamme. Heute weiß ich, dass er ganz genau wusste, wo er bei mir ansetzen musste – beim Sex. Als wir im Bett waren, ging es wie immer ganz schnell. Kaum lagen wir, war er schon drin. Keine Küsse, kein Vorspiel, das kannte ich schon. Aber diesmal rammte er mir sein Ding härter rein als sonst. Damals machte mich das geil. Ich dachte: »Endlich hat er raus, dass ich auf eine härtere Gangart stehe als er. Endlich steht er seinen

Mann.« Aber gekommen bin ich trotzdem nicht. Heute weiß ich, dass Ingo mich deswegen so hart rangenommen hat, weil er mir etwas beweisen wollte. Es war kein Liebesspiel, bei dem beide Partner sich Lust verschaffen, es war ein Machtkampf. Als ich laut anfing zu stöhnen und ihm zu zeigen, wie gut es mir gefiel – ich wollte ihn für die nächsten Male anspornen –, hörte er mittendrin auf und sprang von mir weg.

»Ich kann das nicht!«, sagte er.

»Was ich los?« Ich war total geschockt.

»Ich kann nicht mehr. Ich finde dich einfach nicht mehr attraktiv.«

Er zog sich ins Wohnzimmer auf die Couch zurück, ließ mich alleine zurück. Mein Herz wurde zu Stein. Ich konnte nicht einmal weinen.

Man braucht kein Psychologe zu sein, um zu verstehen, was das mit mir angerichtet hat: Dieses plötzliche Aus mit Ingo kam für mich so überraschend, dass meine alte Essstörung wieder aufbrach. Ich hörte auf zu essen. Ich nahm fürchterlich ab, war nur noch Haut und Knochen. Mein Körper sprach aus, was meine Seele sich nicht eingestand: Ich wollte nicht mehr sein. Ich wollte diesen Schmerz nicht spüren. Es war schon immer so, dass ich auf Probleme mit Appetitlosigkeit reagierte. Ich vergesse dann einfach zu essen, es ist mir nicht wichtig. Ich denke dann auch nicht. Ich bin völlig leer – im Kopf und im Körper. Meist hörten diese Phasen schnell auf, weil ich woanders das fand, was ich suchte: Zuwendung, Bestätigung. Entweder im Job oder eben beim Sex – da kann ich mir ganz schnell Erfolgserlebnisse verschaffen, die den Kummer überdecken.

Wenn ein Typ zu dir sagt: »Du siehst gut aus!«, »Mit dir ist der Sex ungewöhnlich« oder ein Chatfenster aufgeht und du liest »So habe ich mir meine Traumfrau vorgestellt«, dann baut das auf. Das kann einen ziemlich gut aus einem Tief herausholen.

Aber nach Ingo gelang mir das nicht. Nicht einmal mehr der Sex half mir. Ich hatte zwar Lust, aber der Sex war Routine, kalt. Guter Sex hätte bedeutet, mich wieder auf einen Typen einlassen, mich wieder fallen zu lassen, wieder offen zu sein. Aber genau das konnte ich nicht. Mein Herz war tot. Erst als ich auf gruselige 45 Kilo abgemagert war, zog ich die Notbremse. Ich zwang mich zu essen. Ich zwang mich, wieder am Leben teilzunehmen. Ich entschied mich für das Leben. Ging gezielt aus, traf mich mit Freunden, verwöhnte mich ganz besonders mit schönen Sachen. Es war eine harte Zeit. Aber sie ist vorbei.

Heute weiß ich, dass die Erfahrung mit Ingo mich gelehrt hat, dass ich partout keine Bindung möchte. Es hat mich in meinem Lebensstil bestätigt. Nach René war es mir eigentlich schon klar gewesen. Mit Ingo hatte ich doch noch mal einen kläglich gescheiterten Versuch gewagt. Ich will frei sein und ungebunden. Ich will mich nicht von einem Mann abhängig machen. Das habe ich für mich beschlossen.

Ihr werdet euch fragen, warum ich nicht doch mal zur Therapie gehe und über meine Probleme rede. Jeder Mensch will doch eine Beziehung haben. Das ist doch das Normalste von der Welt. Jeder Mensch will Liebe, will Zuneigung, will sich anlehnen können und nicht immer stark sein müssen.

Nun, in der Beziehung mit Ingo habe ich es versucht. Ich habe mich wieder auf einen Menschen eingelassen und auch viel aus dieser Beziehung mitgenommen. Zum Beispiel die Erkenntnis, dass ich einfühlsam und liebesfähig bin, mich auf eine Partnerschaft einlassen kann. Ich habe sogar meinen unbändigen Wunsch nach viel Sex unterdrückt, um die Partnerschaft mit Ingo (er-)leben zu können. Ich bin auf ihn eingegangen, ich bin ihm treu gewesen.

Doch er war es, der sich nicht binden wollte. Nicht ich.

Keiner kann mir vorwerfen, dass ich nicht bindungsfähig bin. Nein! Ich will es nur nicht mehr. Ich kann lieben, wenn ich will. Aber ich lasse mich nicht mehr darauf ein. Weil ich mir selbst genug bin. Das ist meine Entscheidung. Bewusst. Gebranntes Kind scheut das Feuer. Doppelt gebranntes noch viel mehr.

Übrigens: Es gibt noch etwas, was ich aus der Zeit mit Ingo mitgenommen habe: das Fotografieren. Ich habe richtig Spaß daran gefunden und investiere viel Zeit in mein Hobby. Meine Spezialität sind – wer hätte es erraten? – erotische Fotografien. Ich habe eine Freundin, mit der ich mich regelmäßig treffe. Wir suchen uns dann schöne Outdoor-Locations aus und setzen uns gegenseitig in Szene. Ich vergesse dann alles um mich herum. Vielleicht ist das Fotografieren einfach meine Therapie für alles. Ich glaube es fast. Und wäre das nicht auch eine ganz gute Möglichkeit?

# 11. KAPITEL

## Dr. Schmidt

### Aufregende Reise nach Ungarn – oder: Schönheits-OPs machen happy!

Es dauerte noch eine ganze Weile, bis ich über die Sache mit Ingo hinweg war. Das Erlebte hatte nicht nur meine Seele verwundet, es hatte auch an meinem Körper Spuren hinterlassen. Selbst nachdem ich mich aus eigener Kraft aus dem Dreck gezogen hatte, stellte ich fest, dass ich gezeichnet war. Ich war zwar von außen gesehen wieder ganz die »alte« und wog 52 Kilo, was bei meiner Größe optimal ist. Aber wenn das Gewicht innerhalb von wenigen Wochen eine Talfahrt macht und dann wieder hochschnellt, dann verliert die Haut an Elastizität und an Spannung. Mein attraktiver Body war lasch – so kam es mir zumindest vor. Ich weiß heute, dass es total subjektiv war und meine Bekannten nichts merkten. Aber ich litt sehr darunter. Ich ziehe mich sonst immer seriös, aber figurbetont an: schmale Bleistiftröcke, Blusen, Blazer. Sexy Businesslook würde man das wohl nennen. Aber zu dieser Zeit kam ich damit nicht klar und trug weitere Sachen, damit man nicht sehen konnte, was der Liebeskummer mit mir und aus mir gemacht hatte. Ich wollte auf keinen Fall so Sprüche hören wie: »Was ist denn mit dir passiert?« Ich wollte mich verstecken, weil ich plötzlich Komplexe wegen meines Körpers hatte.

Irgendwann aber fand ich, dass es so nicht weitergehen konnte. Was ich seelisch wieder hinbekommen hatte, musste doch auch auf der körperlichen Ebene funktionieren.

Ich stelle mich nackt vor den Spiegel und mache einen Body-Check. Beine – okay! Ich hatte kaum Orangenhaut. Hüften – okay! Arme – okay! Aber mein Bauch war etwas schlaff geworden durch das Ab- und Zunehmen, und meine Brüste hingen. Ich war immer stolz auf meine prallen Brüste gewesen. Ich habe ein C-Körbchen, und damit kam ich immer gut klar. Eine große Handvoll, fest und stramm – viele Männer mögen es gar nicht, wenn der Busen so monstergroß ist, das überfordert sie. Außerdem hängt ein großer Busen schnell.

Mein Busen war lange jugendlich und straff und hatte eine tolle Form. Aber nun hatte er an Straffheit verloren und sich etwas abgesenkt. Ich sah in mein Spiegelbild und dachte: »Das bin nicht ich. Das ist doch eine andere!« Ich hatte *immer* einen strammen, schlanken Körper! Hatte Beine und Sexappeal ohne Ende. Aber im Spiegel sah ich die Spuren, die die Essstörung und die Beziehung zu Ingo hinterlassen hatten. So wollte ich nicht sein.

Ich hob meine Brüste mit den Händen an und schob sie nach oben. Dahin, wo sie früher gesessen hatten. Auf halber Strecke zwischen Schulter und Ellenbogen. Da sollte eine Lady ihren Busen tragen. Ich beugte mich nach vorne und präsentierte mir selbst mein volles Dekolleté. Schon viel besser! Dann drehte ich mich zur Seite und zog den Bauch ein. Noch besser! So wollte ich wieder aussehen. Das war mein alter Körper. Mein wahres Ich.

Dann ging ich ganz nah an den Spiegel heran und betrachtete mein Gesicht. Mein Kummer hatte sich um Nase und Mund eingegraben. Mein Mund war schmal geworden. Das wollte ich unbedingt ändern.

Ich dachte zu diesem Zeitpunkt schon ein wenig länger über Schönheits-OPs nach. Das ist ja auch alles kein Problem mehr heutzutage, und ich finde, das ist absolut in Ordnung. Es gibt ja auch Botox-Partys oder Praxen, wo man ohne Anmeldung einfach reingeht und sich mit Hyaluronsäure unterspritzen lassen kann – absolut kein Thema mehr. Das ist völlig normal. Jeder machte es. Nicht nur Frauen.

Ich finde, man darf es nur nicht übertreiben. Man sollte sich seine Natürlichkeit bewahren. Ich kann nicht verstehen, wie sich manche zurichten lassen. Wenn man sich die ganzen Promis anschaut – irre, wie die sich teilweise verstümmeln ließen. Suchen die einen Job in der Geisterbahn? Carla Bruni war mal die schönste Frau der Welt. Sie hatte Glamour und *den* Look. Echte Klasse. Jetzt erinnert sie mich immer an den Film *Die Maske*. Meg Ryan – auch so ein Negativbeispiel: Früher kam sie so natürlich und fröhlich rüber wie eine beste Freundin. Jetzt sieht aus wie der Joker aus *Batman*. Madonna! Donatella Versace! Teri Hatcher! Nicole Kidman! Alle der Megahorror für mich. Das ist mir echt ein Rätsel, wie man das – sich selbst! – so versauen kann. Die müssten doch eigentlich genug Kohle haben, dass die sich einen guten Doc leisten können ...

Aber ein paar Promis, finde ich, sehen ziemlich gut aus. Die haben sich ihren Ausdruck bewahrt. Jennifer Aniston – sie hat nur ein bisschen hier, ein bisschen da machen lassen. Gwyneth Paltrow auch. Am besten gefällt mir Angelina Jolie. Die mochte ich schon immer sehr gerne. Sie hat eine tolle weibliche und sehr erotische Ausstrahlung. Eine Superfigur und ein wunderhübsches Gesicht. Dabei wirkt sie immer so ungekünstelt, das gefällt mir sehr. Richtig neidisch bin ich auf ihre vollen Lippen, die dazu noch echt sind! Sie hat einen Wahnsinnsmund. Ein Mann, der da nicht sofort dran denkt, sie zu küssen oder mehr, muss blind oder schwul sein.

Ich finde es also völlig okay, der Natur ein wenig auf die Sprünge zu helfen. Ich bin einfach ein Typ Mensch, der sehr viel Wert auf Optik legt. In meinem Job in der Kosmetikbranche ist das wichtig. Ich habe immer frisch gewaschenes Haar, jeden Morgen creme ich mich gründlich ein, damit meine Haut weich ist und duftet. Ich würde auch niemals meine Kleidung zwei Mal hintereinander tragen – ich ziehe immer saubere Sachen an. Körperpflege und Aussehen nehmen bei mir viel Raum und Zeit ein. Ich brauche das, damit ich mich wohlfühle. Aber natürlich kommt so ein gepflegtes Aussehen auch bei anderen gut an – wenn man gut riecht, weiche Haut hat. Ich gehe auch regelmäßig zur Pediküre und Maniküre. Ich bin immer ganz schockiert, wie sich Frauen gehen lassen und denken, das ist doch egal, das sieht keiner, weil die Füße in den Schuhen stecken. Es ist eine Frage der Selbstachtung.

Ich habe neulich beim Schuhekaufen eine Frau gesehen, die ganz dicke, gelbe Hornhaut hatte und die Zehennägel bestimmt seit drei Wochen nicht geschnitten. Darüber trug sie fleischfarbene Nylonstrümpfe. Es war total ekelhaft. So etwas würde mir niemals passieren.

Vielleicht hat mein »Körperkult« auch etwas mit meiner Sucht zu tun. Wenn man so viele Männer kennenlernt wie ich, dann möchte man natürlich immer einen guten Eindruck machen. Man weiß ja nie, ob man eine spontane Begegnung hat, und muss immer und jederzeit picobello sein.

Ich habe immer viel Geld für Creme, Pasten, Puder und Make-up ausgegeben. Nicht, dass ich schlecht aussehe. Ich war immer sehr zufrieden mit meiner Optik. Aber ich möchte vorbeugen, damit es erst gar nicht so weit kommt, dass ich mir nicht mehr gefalle. Ich möchte nicht älter werden. Ich möchte diesen heimtückischen Prozess einfach aufhalten, so gut ich kann. Das Altern macht mir echt zu schaffen. Dazu kam noch die Sache mit Ingo. Das hat mir den Rest gegeben.

Bei meinem Bodycheck vor dem Spiegel hatten mich drei Dinge gestört: meine Lippen, mein Bauch, mein Busen. Sie waren zu schmal, zu schlaff. Ich beschloss, etwas dagegen zu unternehmen, und fing an, mich darüber zu informieren, welche Möglichkeiten es da so gibt. Der Zufall wollte, dass sich mir schneller Gelegenheit dazu bot, als ich es geplant hatte. Ich war zu dieser Zeit viel in Österreich unterwegs. Mir war ein Nagel abgebrochen, und in einer Stadt nahe der ungarischen Grenze ging ich in ein sehr gepflegtes Nagelstudio, um das reparieren zu lassen. Dort lagen Prospekte von einer Beauty-Klinik auf der ungarischen Seite herum. Ich reckte den Hals, und die Kosmetikerin sah meinen neugierigen Blick.

»Gutes Haus«, sagte sie. »Da gehen viele meiner Kundinnen hin.«

»Wirklich?«

Dann erzählte sie, dass in der Klinik viele Spezialisten arbeiteten. Alle mit Topruf. Während mein Gel trocknete, blätterte ich mit der freien Hand durch den Prospekt: saubere Zimmer, hochmoderne Geräte, Beratungs-Hotline auch an den Wochenenden Chefarztbehandlung. Einzelzimmer und dafür echt günstig. Dann das Angebot! Ich war sprachlos, was man da alles so machen lassen kann. Lippen, Ohren, Nase, Kinn, Wangen, Lifting, Busen – größer, kleiner, höher. Bauch weg. Haut straffer. Und sogar Intimkorrekturen gab es! Die Schamlippen wurden verkleinert, und wer wollte, konnte sich sogar seine Jungfräulichkeit wiederherstellen lassen.

Alles war möglich.

Ich war wie elektrisiert, schaute nach den Preisen für eine Busen-OP. Je nachdem, was man machen lassen wollte – ob vergrößern, verkleinern, straffen –, zahlte man zwischen 4500 und 7000 Euro für eine Busen-OP. Ich war platt. Das war viel günstiger als in Deutschland. Ich machte gleich, als ich mit meinen Nägeln fertig war, einen Beratungstermin aus.

Drei Wochen später saß ich im Beratungszimmer von Dr. Schmidt, er war Deutscher, der in Ungarn studiert hatte und dort geblieben war. Er war Busenspezialist und eine Koryphäe auf seinem Gebiet. Er hatte sehr gepflegte Hände, sein dunkles Haar war schon grau meliert. Er war mir sofort total sympathisch und erklärte mir ausführlich, wie er vorgehen wollte. Ich hatte Angst, dass er jetzt Fachchinesisch sprechen würde und ich kein Wort verstände. Aber er sagte, man müsse sich das vorstellen wie bei einem Kirschtörtchen: Man nimmt ein Stück heraus und schiebt dann die anderen Stücke zusammen, auf diese Art und Weise wird der Busen wieder straffer und jugendlicher.

»Und die Kirsche kommt ein Stück nach oben.«

Ich lachte innerlich, so konnte ich mir das gut vorstellen. Wenn Ärzte sich auf ihre Patienten einstellen und nicht so abgehobenes Zeug sprechen, zeigt das, dass sie einen ernst nehmen und Einfühlungsvermögen haben. Dr. Schmidt konnte das ganz wunderbar. Er erzählte mir auch, welche Risiken so eine OP haben kann. Das hörte sich horrormäßig an: Nachblutungen, blaue Flecken, Schmerzen. Es könnten sich auch dicke Narben bilden, und auch die Narkose war nicht zu unterschätzen. »Es kann auch sein«, sagte er, »dass man noch einmal nachbehandeln muss, weil das Ergebnis nicht gut gelungen ist – weil das Gewebe unregelmäßig ist.« Auch das Gefühl und die Sensibilität des Gewebes, also der Brust, könnten verschwinden. Ich hatte Angst, dass die OP mein Sexleben beeinflussen könnte.

»Ja, manchmal kommt es vor, dass man in der Brustwarze nichts mehr fühlt. Aber das ist sehr selten. Dennoch: Über das Risiko müssen Sie sich im Klaren sein.«

Er musterte mich.

»Eine Brust-OP ist kein Spaziergang«, sagte er. »Es ist ein schwerer Eingriff, bei dem Sie sich ganz sicher sein müssen, dass *Sie* ihn wollen und das nicht für einen Mann machen lassen.«

Ich schaute ihn nervös an. »Ich bin Single, Doktor Schmidt. Natürlich mache ich das nicht für einen Mann!«

Ich dachte: »Ich bin ja nicht wie dieses Pornosternchen Cora aus Hamburg, die für ihren Job und ihren Zuhälter immer größere Brüste haben wollte und dann bei der sechsten OP gestorben ist. Da besteht bei mir absolut keine Gefahr. Ich will nur, dass meine beiden ›Mädchen‹ ein wenig jünger aussehen.«

Dr. Schmidt schien überzeugt zu sein und besprach dann mit mir, welche Voruntersuchungen ich noch machen lassen sollte. Die sollte ich aber nicht in der Klinik, sondern vor der OP in Deutschland machen lassen. Mammografie, Magnetresonanztomografie. Außerdem musste ich mir für die Narkose die Lungen röntgen lassen. Als Vorbereitung für die Intubation und das Beatmen. Ich sollte ein EKG machen sowie ein komplettes Blutbild anfertigen lassen und mich einem Hepatitis- und einen HIV-Test unterziehen. Wenn irgendetwas nicht in Ordnung gewesen wäre, hatte ich den Eingriff nicht machen lassen können. Es wäre auch ein zu großes Risiko für den Arzt.

»Die Ergebnisse bringen Sie dann mit«, sagte er, stand auf und verabschiedete sich mit einem kräftigen Händedruck. »Ich sehe Sie dann bald wieder. Danke, dass Sie zu uns gekommen sind, Frau Scholz.«

In den kommenden Wochen lief ich von Arzt zu Arzt, um alle notwendigen Untersuchungen durchführen zu lassen. Dabei ging mir immer und immer wieder Dr. Schmidts Warnung durch den Kopf. *»Sind Sie sich ganz sicher, dass Sie die OP wollen und das nicht für einen Mann machen lassen ...«*

Seine Worte hallten wie ein Echo durch meinen Kopf, aber ich war mir ganz sicher, dass ich die richtige Entscheidung für mich getroffen hatte.

Ihr werdet jetzt vielleicht denken, die macht sich doch nur etwas vor. Das hat sie doch nur gemacht, um bei den Männern besser anzukommen. Aber das stimmt nicht. So bin ich nicht. Es ging mir einfach darum, mein altes Ich wiederzubekommen, nachdem mir mein Köper nach der Ingo-Sache so fremd geworden war. Ich wollte zurück auf Los. Versteht ihr das? Das Einzige, was mir in der Tat bis heute zu schaffen macht, ist das Alter. Aber das würde mir auch zu schaffen machen, wenn ich nicht sexsüchtig wäre. Und mal ehrlich: Da bin ich ja wohl nicht die Einzige in der ganzen großen, weiten Welt.

An einem Montag kam ich in die Klinik und bekam ein komfortables Privatzimmer zugewiesen. Ich wurde noch einmal durchgecheckt, und am Dienstag lag ich auf dem OP-Tisch. Dann war es so weit – und ich bekam überhaupt nichts mit von dem Eingriff ...
Als ich aufwachte, war ich wieder in meinem Zimmer. Ich hatte dicke Verbände um meine Brust und, so wie es mir Dr. Schmidt prophezeit hatte, höllische Schmerzen. Ich klingelte und war überrascht, dass statt des schnuckeligen Pflegers, der für mich zuständig war, Dr. Schmidt persönlich zu mir kam. Er untersuchte mich, maß meinen Puls, unterhielt sich mit mir. Fragte immer wieder: »Wie geht es Ihnen? Was fühlen Sie genau?« Er war unglaublich aufmerksam und irre freundlich. Also nicht so ein arroganter Halbgott in Weiß, der nur Geld machen will, so, wie man es aus den Medien kennt. Er interessiert sich wirklich für seine Patienten!
Er erzählte, dass es von seiner Seite aus keine Komplikationen gab, und sagte mir, dass er, wenn er mein Alter nicht gewusst hätte, mich jünger geschätzt hätte, weil ich eine so gute Konstitution hätte. Gegen meine Schmerzen gab er mir ein Medikament.
Es gab noch eine Reihe Nachuntersuchungen, und am Freitag konnte ich wieder abreisen.

Ich fühle mich fantastisch mit meinem neuen Busen. Ich habe diese Entscheidung nicht eine Millisekunde bereut. Er steht wieder wie bei einer 16-Jährigen. Es ist wunderbar. Wenn ich mich jetzt im Spiegel betrachte, sehe ich wieder *meinen* Körper. Ich habe auch wieder Lust, erotische Fotos von mir zu machen. Nach meiner Essstörung war das unvorstellbar, so entstellt kam ich mir vor. Die OP hat mir mein altes Selbstbewusstsein zurückgegeben, das mir Ingo durch seinen fiesen Spruch geraubt hatte. Wie kann man nur so gemein sein? Das hätte jede Frau schwer getroffen.

Ich lächelte wieder. Meine Haltung war anders. Stolz. Ich wollte der Welt zeigen: Hallo, hier bin ich! Die Kerstin, so, wie ihr sie kennt! Es war, als ob ich das Stück Leben, das mir durch die Krise genommen worden war, doppelt und dreifach zurückbekommen hätte. Ich hatte wieder das sichere Auftreten von früher. Ich kann sagen, dass ich mich wie neugeboren fühlte ...

Ihr werdet denken, dass ich übertreibe und ein Eingriff doch nie so viel ausmachen kann. Aber ich bin nicht die Einzige, der es nach einer OP so gut geht. Es gibt viele wissenschaftliche Studien darüber, dass eine OP wie ein echter Ego-Booster wirken kann. Ich habe mal gelesen, das besonders Frauen, die unter ihrem Busen – zu groß, zu klein, zu schlaff, irgendwas ist ja immer – leiden, sich danach wie ausgewechselt fühlen. Die Minderwertigkeitsgefühle sind wie weggeblasen, und sie nehmen sich auch in sexueller Hinsicht wieder als attraktiv war.

Ist ja auch logisch. Wer sich wohl in seiner Haut fühlt, hat auch eine positive Ausstrahlung und geht ganz anders auf die Menschen zu, und die Menschen geben einem das dann zurück.

Läuft doch in anderen Bereichen auch so: Man geht durch die Fußgängerzone und lächelt jemanden an. Der lächelt zurück. Dann lächelt man noch jemanden an, und der lächelt wieder zurück, und schon hat man das Gefühl, die ganze Welt lächelt. Dabei hat man selbst mit dem Lächeln angefangen.

Weil ich so happy mit dem Ergebnis war, habe ich dann beschlossen, auch die beiden anderen Eingriffe machen zu lassen. Ich bin wieder nach Ungarn zu Dr. Schmidt. Ich habe mir den Bauch straffen und die Lippen ein wenig ausspritzen lassen. Da ich in meinem Job viel reden muss und die Menschen dann immer auf meinen Mund schauen, sind mir ausdrucksstarke Lippen sehr wichtig – auch wenn ich immer noch nicht so toll aussehe wie Angelina Jolie. Aber ich bekomme wieder viele Komplimente für mein Aussehen.

Das mit den OPs war eine großartige Erfahrung. Sie haben mein Leben nachhaltig verändert, und ich habe gesehen, was alles möglich ist. Ich denke jetzt darüber nach, mir die Oberschenkel und die Oberarme straffen zu lassen. Irgendwann möchte ich mich auch liften lassen.

Ein Lifting? Ihr werdet vielleicht denken, jetzt ist sie völlig irre geworden und auch noch süchtig nach OPs. Ja. Die Versuchung ist groß, sich jedes Körperteil aufhübschen zu lassen, mit dem man nicht zufrieden ist. Man findet plötzlich immer mehr an sich, was man straffer, schöner und besser machen lassen kann. Gerade wenn einem die Optik so wichtig ist wie mir.

Aber ich bin nicht süchtig, ich lasse nur das machen, was ich für nötig halte. Ich möchte mir meine Natürlichkeit bewahren. Das Lifting soll erst in ein paar Jahren kommen, wenn es wirklich notwendig ist. Dann gehe ich auf die 60 zu – da darf man mal über so einen Eingriff nachdenken, oder?

Bis es so weit ist, baue ich mich mit erotischen Fotos von mir auf. Da kann ich mich nicht nur weiter als Fotografin ausprobieren, sondern im Photoshop so viel ändern, wie es mir passt. Und ich verrate euch mal etwas: So viel ist es dann auch wieder nicht ...

# 12. KAPITEL

## Chris, Andy, Alex & Stephania

Schlag mich! Fessle mich! – oder:
Meine verrückte SM-Zeit und warum
ich Transen so liebe ...

Könnte ihr euch noch an Chris erinnern? Den braven Familienvater, der es aber in Wahrheit faustdick hinter den Ohren hatte
und total wild trieb? Der mit dem kleinen Penis? Ja, klar erinnern wir uns, werdet ihr jetzt sagen. Der hatte doch eine Frau,
die es genauso wild trieb wie er – nur (leider) nicht mit ihm.
Genau der! Der kümmerliche, kleine Chris.
Ich hatte euch ja versprochen, euch zu erzählen, wie er mich in
die Welt des Sadomasochismus einführte.
Nun ist es Zeit, dass ich endlich mit dieser Geschichte rausrü-
cke.
Nachdem ich Chris sexmäßig noch so einiges hatte beibringen
müssen, kam er, wie ihr euch erinnern könnt, dann ziemlich
schnell ganz experimentell drauf. Er wollte es nun wirklich
wissen: Fesselspiele, Rollenspiele, Swingerclubs, SM – es gab
nichts, was er nicht ausprobieren wollte. Was soll ich euch
sagen? Da wurde nun plötzlich *ich* zu *seiner* gelehrigen Schüle-
rin ...
Wir waren zwei Monate zusammen, da hatte mich überredet,
mal einen SM-Club in Niederbayern zu besuchen. Aber was

sage ich? Er musste mich gar nicht überreden. Ich war sofort dabei. Ich dachte, beim SM kann ich diesem Weichei endlich einmal ein paar ordentliche Schläge verpassen.

Es war ein Privatclub in einer riesigen Halle. Ich hatte mir mega-hohe High Heels angezogen. Mein Oberkörper steckte in einer schwarzen Korsage, und unter meinem Ledermini trug ich nur Strapse und sonst – nichts. Damit ich freie Fahrt hatte, wenn es drauf ankam. Der Türsteher sah mich anerkennend an. Chris dackelte hinter mir her. Sein Netz-T-Shirt verbarg nur unzureichend seine etwas ärmliche Hühnerbrust. Ich sah von meinen hohen Schuhen aus auf ihn herab, aber er sorgte wie immer für gute Stimmung. Dafür mochte ich ihn ja schon von Anfang an.

»Du siehst granatenmäßig aus, Kerstin! Ein Vollweib! Hammer!«

Ganz schnell hatte er mich wieder auf seiner Seite.

Schon im Eingangsbereich hing ein Mann am Andreaskreuz und war zum Auspeitschen bereit. Wow, dachte ich. Hier ging es ja gleich mal zur Sache ...

Wir gingen in den Laden rein und schlängelten uns an den merkwürdigsten Gestalten vorbei: Ein anderer Mann trug eine Gasmaske, wieder ein anderer ein Komplettanzug aus Gummi. Überall sah ich Nieten, Leder, Latex. Es gab eine Frau mit einem Haken im Rücken (O, Gott! Aua! Schmerzspiele sind echt nicht meins!), ein Mann ließ sich an einem Hundehalsband mit langen Stacheln um den Hals durch den Club führen, eine andere Frau war im Spagat an einem Brett festgebunden und ihre »Meisterin« traktierte ihre Klitoris mit einem riesigen, schwarzen Dildo.

»Habe ich dir erlaubt zu kommen, du Schlampe?«, frage sie.

»Nein, Meisterin, bitte, darf ich kommen?«

»Habe ich es dir erlaubt?«

So ging es hin und her. Die sexuelle Spannung war kaum zu ertragen.

Die Frau war kurz vor dem Wahnsinn, sie winselte vor Lust, aber ihre »Meisterin« wollte und wollte sie nicht erlösen. Das war ganz nach meinem Geschmack. »Hier kann ich richtig Spaß haben!«, dachte ich und steuerte auf eine andere Domina zu. Aber Chris zog mich am Arm.

»Lass uns gehen«, sagte er.

»Bitte? Wir sind doch gerade erst gekommen!«

»Ja, aber ...«

»Was aber? Nein, nein, mein Freundchen. *Du* wolltest hierher, jetzt musst *du* da auch durch.«

Ich ging, ohne auf ihn zu achten, auf die Domina zu. Chris setzte sich neben mich.

Die Domina war groß, mit ihren Schuhen fast zwei Meter, sie war vollständig in Gummi gekleidet und hatte ihre Extensions wie ein Samurai zu einem langen Pferdeschwanz zusammengebunden. Ihr Haar sah aus wie gelackt. Ihr Mund war knallrot geschminkt und ihre Augen schwarz. Ihr Pony hing ihr bis zu den Augenbrauen im Gesicht.

Die Domina wählte mich aus und befahl mir, ihr zu assistieren. Ihre Zofe brachte mir einen Latexanzug und eine kanariengelbe Korsage. Für untenrum bekam ich extrem hohe Overknees, die fast bis zu meinem Hintern reichten. Die Absätze waren noch höher als die meiner eigenen Schuhe – mindestens 15 Zentimeter. Ich fühlte wirklich »erhaben« in diesen Teilen. Mein ganzer Alltag war wie weggeblasen. Ich war mit einem Mal die mächtige Gebieterin und Herrscherin über Lust und Schmerz.

Die Rolle entsprach ganz meiner natürlichen Veranlagung. Auch im Bett sage ich ja gerne, wo es langgeht, und übernehme die Führung. Ich war hier voll in meinem Element. Die Verkleidung half mir, diese Seite meines Charakters ganz neu zu entdecken, und es machte mir richtig – ach, was sage ich – riesigen Spaß!

Noch ehe ich fragen konnte, was ich als Domina nun machen musste, legte eine Zofe die Leine zu ihrem Halsband auf meinen Schoss und setzte sich neben mich wie ein kleines Hündchen. Ich begriff, dass sie mich erwählt hatte. Meine Aufgabe war es nun, ihr Befehle zu erteilen.

»Leck meine Stiefel!«, befahl ich.

Sofort leckte die Zofe mit kleinen spitzen Zungenschlägen meine Stiefel ab.

»Schneller!« Die Zunge flirrte wie ein Schmetterlingsflügel.

»Langsamer!« Mit langen Bewegungen arbeitete sich meine Zofe meiner Wade entlang.

Ich zeigte auf »Flecken«, die es gar nicht gab, und meine Zofe leckte alles emsig schön sauber. Sie ging völlig darin auf, mir zu gefallen. Immer wieder blickte sie zu mir hoch und schaute, ob ich ihr gnädig war. Ich verzog keine Miene.

Dann stecke sie meinen Absatz in den Mund und bearbeitete ihn, wie man einen Schwanz bläst. Sie leckte erst daran wie an einem Eis, dann steckte sie sich die ganzen 15 Zentimeter bis zum Anschlag in den Mund, sodass sie glucksende Würgegeräusche von sich gab. Deep Throat. Aber meine Zofe machte das total geil, sie schien alles um sich herum zu vergessen. Ich gab sie schließlich frei, und sie war ganz erlöst und glücklich.

Meine »Zofe« war eigentlich ein Mann und ein bekannter Musiker, der eine große Verantwortung für seine Band und seine Familie hatte. Privat wollte er einfach die Kontrolle abgeben. Andere gehen Joggen oder manchen Yoga. Das war seine Art von »Ausgleich«.

Ich habe noch eine ganze Reihe Zofen an diesem Abend glücklich gemacht. Im Nassbereich, dem Raum, der den feuchten Spielen vorbehalten war, robbten ganz viele Zofen über den Boden, sie klammerten sich an meine Beine, ließen mich nicht weitergehen. Ich fragte mich, was die alle von mir wollen. Die Peitsche? Ich hatte keine. Hiebe auf den Hintern? Meine Stiefel lecken? Die Domina, die mich hierherbegleitet hatte, lachte und reichte mir eine Sektflöte.

»Sie wollen Sekt von Mutter Natur.«

Oh Gott, dachte ich. Die wollen meinen Urin trinken? Das kann doch nicht wahr sein. Hilfe! Damit war selbst ich überfordert. Wenn ich muss, dann gehe ich immer auf Toilette oder beim Spaziergang hinter einen Busch – aber so, wie es hier gefordert wurde, hatte ich mich noch nie erleichtert. »Aber«, dachte ich, »nicht kneifen. Da muss ich jetzt durch. Es gibt kein Zurück mehr.«

Ich öffnete den Reisverschluss, den der Overall an den »richtigen« Stellen hatte, und machte in das Sektglas. Es wurde mir, kaum dass es voll war, aus der Hand gerissen, und alle reichten es herum, als ob es ein Göttertank wäre. Völlig irre ...

Das war mein erster Abend in einem SM-Club. Ich bin noch ganz oft hingegangen und habe mich über zwei Jahre lang intensiv in der Szene getummelt. Ich habe im Netz einen anderen Begleiter gefunden, der nicht so zögerlich war wie der lahme Chris. Er hieß Andy und war eine devote Zofe. Wir passten also perfekt zusammen. Wir besuchten viele der bekannten Clubs wie den »Kitkat«-Club und das »Insomnia« in Berlin. Aber meist trafen wir uns auf irgendwelchen Privatpartys, die ein paar Leute aus der Szene arrangiert hatten. Von diesen Treffen erfuhr man nur, wenn man auf den einschlägigen Seiten unterwegs war. Der Treffpunkt und das Datum wurden nur an auserwählte Leute vergeben. Ich bekam immer ganz schnell und ganz viele Einladungen. Offenbar kam ich gut an.

Manchmal wusste ich nicht, auf welche Party ich gehen soll. Ihr wisst gar nicht, wie viel da draußen am Wochenende los ist. Wir glauben, alle sitzen vor dem Fernseher und schauen *Deutschland sucht den Superstar*. Aber nichts da! Da gibt es noch eine ganz, ganz andere Welt ...

Ich gebe zu, dass ich in den öffentlichen Clubs eher zurückhaltend bin, da ich keinen festen Partner habe und für die vielen Sexspiele, die es da gibt, volles Vertrauen brauche. Ich ließ mir die Stiefel lecken, und gut war's. Ich bin, wenn es um Sex geht, doch eher der »Beziehungstyp«, so ganz anonym kann ich gar nicht.

Auch Schmerzspiele reizen mich nicht sonderlich, auch wenn ich gerne dominant bin. Da war mal ein Typ, der unbedingt wollte, dass ich mich mit meinen High Heels auf seine Zunge stellte. Ich habe ihm diesen Wunsch erfüllt, auch wenn es selbst nicht so meins war. Sein Gesichtsausdruck danach war glücklich und entspannt wie bei einem schlafenden Baby. Ich habe mich sehr gewundert, was es für »Veranlagungen« gibt. Da bin ich ja ganz normal dagegen! Und ihr wisst: *Das* will was heißen, wenn *ich* das sage ...

Aber auch, wenn ich in der Regel nur zugesehen habe, habe ich eine Menge erlebt, was ich euch auch nicht vorenthalten möchte. Ganz schön schräg, was einem alles so passieren kann: Auf einer dieser Partys hatte ich ein tolles Erlebnis mit einer Blondine. Sie kam auf mich zu, und wir tranken etwas zusammen. Dabei sah sie mir tief in die Augen und versuchte mich dauernd zu berühren, obwohl sie so tat, als ob das keine Absicht war. »Wow«, dachte ich. Eine Frau als Verehrerin, das war wirklich etwas Neues für mich. Auch noch eine, die so ranging. Mit einem Mal fing sie an, mich zu küssen. Sie hatte sanfte Lippen und eine zärtliche, verspielte Zunge. »Puh«, dachte ich, »das fühlte sich aber gut an!« Es war sanft, aber doch entschlossen. Wie eine Frau, die weiß, was sie will. »Irgendwie männlich«, ging mir durch den Kopf. Dann wagte ich mich auch nach vorne und berührte ihre Brüste. Sie hatte ein volles Körbchen aus Silikon. Ich hatte so etwas noch nie angefasst und war begeistert, weil sie so perfekt und gut geformt waren.

Sie hatte den idealen Busen. Überhaupt hatte sie eine fantastische Figur, schlank und gerade, tolle Augen und perfekte Hände. Wir tasteten uns gierig ab. Tauschten heiße Küsse. Sie wusste genau, welche Knöpfe sie bei mir drücken musste, um mich heiß zu machen. Klar, sie war ja auch eine Frau! Sie berührte mich an meiner empfindlichsten Stelle und brachte mich zum Schmelzen. Ich wollte ihr Gleiches mit Gleichem vergelten und griff ihr neugierig zwischen die Beine. »Huch«, dachte ich, als ich dort hinlangte. »Da ist etwas, was da nicht hingehört!« Sie war gar keine Frau, sie war ein Mann! Ich gebe zu, dass mich das noch viel mehr anmachte. Langsam massierte ich ihren Schwanz, aber sie sagte, ich solle mich zurücklehnen. Sie wollte mich glücklich machen ...

Als mein Begleiter Andy zurückkam, ließen wir voneinander ab. Er fragte:

»Seit wann stehst du denn auf Transen?«

»Seit gerade jetzt.«

Alle lachten, aber mir war es wirklich ernst.

Dieses Erlebnis mit der Blondine hatte mich total angefixt. Ich wollte unbedingt mehr über das »dritte Geschlecht« wissen. In dem Club tummelten sich viele Transsexuelle. Ich wollte aber keinen Mann in Frauenkleidern, sondern eine, die etwas hatte »machen« lassen. Ich wollte obenrum einen Frauenkörper und untenrum einen Mann. Das wäre perfekt!

Eines Tages lernte ich Stephania kennen, die – wie ich später erfuhr – eigentlich Stefan hieß. Sie war mittelgroß, zart gebaut, hatte schmale Hüften und einen ganz tollen Busen. Eine echte Traumfrau! Diesmal war mein Blick geschult, und ich wusste sofort, dass sie eigentlich ein Mann war. Noch einmal fiel ich nicht auf den falschen Schein herein ...

Wieder war ich fasziniert von den schillernden Facetten dieser »Frau« – Stephania hatte alles, was mir an Frauen *und* an Männern gefällt, in einer Person vereint. Sie war zielstrebig und doch zurückhaltend. Noch in der gleichen Nacht gingen wir zusammen ins Hotel. Es war eine der tollsten Liebesnächte, die ich je erlebt habe. Von einer zärtlichen Frau gestreichelt und gleichzeitig von einem Mann hart rangenommen zu werden – es war einfach perfekt.

Ein halbes Jahr lang waren wir ein Sexpaar. Wir schlüpften immer in andere Rollen: Mal war Stephania der Kerl, mal ich. Ich führte sie aus, machte ihr Komplimente, bezahlte die Rechnung. Wenn ich die Frau war, musste ich in ihren Taschen wühlen und ihr Handy nach »verräterischen« SMS durchsuchen. Dann machte ich ihr eine Szene, und zur Belohnung fickte »sie« mich durch, damit ich wieder wusste, zu wem ich gehörte.

Es gab keine Konstellation, die wir nicht ausprobiert haben. Es war ein ewiges Spiel und eine wichtige Erfahrung in meinem Leben. Ich habe alle männlichen und weiblichen Seiten meines Charakters ausgelebt. Ihr werdet vielleicht denken: »Das ist aber ganz schön extrem, mit einer Transe ins Bett zu gehen.« Aber ich kann es wirklich empfehlen.

Kurze Zeit nachdem das mit Stephania aus war, lernte ich in einem SM-Club Alex kennen. Ich fand ihn ziemlich süß und ich habe ihm wohl auch gefallen, denn wir flirteten ziemlich heftig miteinander. Er nahm mich sofort zu sich mit nach Hause. Er lebte in einer sehr gemütlichen Zweizimmerwohnung, die sehr geschmackvoll eingerichtet war. Wir saßen auf dem Sofa, da sagte er:
»Moment, ich komme gleich wieder.«
Ich dachte, er geht nur eben eine Flasche Wein holen, aber als er in der Tür stand, hatte er einen Rohrstock in der Hand.
»Schlag mich!«, sagte er.
Ich war schockiert. So ein toller Typ und so devot.
Er aber sagte: »Schlag mich damit voll auf den Arsch!«

Ich bin gerne dominant, aber jemandem so richtig Schmerz zuzufügen ist ja nicht so meins. Mit einer Peitsche kann ich zur Not zuschlagen, aber mit dem Rohrstock, das ist noch eine Nummer härter. Ich weigerte mich. Versuchte, mich aus der Nummer auszuwinden.

Aber Alex sagte: »Das kannst du. Das sehe ich dir an.« Und dann sagte er den Satz, bei dem es Klick machte und ich alle Hemmungen von mir werfen konnte: »Komm mal raus aus deiner Komfortzone und trau dich *wirklich* was! Ich sehe dir an, dass du das kannst.«

Wie »wirklich« was? Ich dachte immer, ich sei so offen und frei, aber Alex hielt mich wohl für eine Spießerin. Diese Domina-Nummer, die ich in den Clubs abzog, war für ihn nichts als Kinderkram.

Das *konnte* ich nicht auf mir sitzen lassen.

Also nahm ich den Rohrstock und schlug auf ihn ein. Zack, zack, zack. Ein Mal, zwei Mal, drei Mal, vier Mal. Ich war völlig frei im Kopf und dachte auch nicht über meine Kräfte nach. Danach fühlte ich mich befreit wie noch nie in meinem Leben. Ich hatte den Eindruck, dass ich mein ganzes Leben in einer dicken Panzerschicht verbracht hatte, die mit jedem Schlag, den ich Alex verpasst hatte, mehr und mehr aufplatzte. Als ich fertig war, hatte ich das Gefühl, über mich hinausgewachsen zu sein. Das war einmalig.

Diese Erfahrung mit Alex war eine der wichtigsten, die ich je gemacht habe. Bei SM geht es nämlich nicht nur um Sex, sondern darum, in die Tiefe seiner Seele einzutauchen. Rollenspiele. Dominanz. Unterwerfung. Schmerz. Lust. Hingabe. Vertrauen. Ausprobieren.

Ich habe schon immer gerne experimentiert im Bett, aber solche Grenzerfahrungen faszinierten mich. Sie haben mich vor viele Fragen gestellt: Wo sind überhaupt meine Grenzen? Wie kann ich sie überschreiten? Was traue ich mir zu, ohne Angst zu bekommen? Wo kann ich mich überwinden und neue Dinge erleben? Ein Riesenthema bei mir. Wann wird mir eine Sache zu brenzlig, und was passiert, wenn ich mich doch überwinde? Was lasse ich auf keinen Fall mit mir machen?

Die Sache mit Alex zeigte mir, dass ich ziemlich festgefahren und meine Offenheit nur eine Fassade war. Ich hatte festgestellt, dass ich in meinem Leben Dinge machte, weil ich sie schon immer so gemacht hatte. Ich ging nicht aus meiner Kuschelecke raus, weil ich das Fremde fürchtete. Auch wenn sich mein Umfeld, mein Job, meine Freunde geändert hatten, ich war immer die geblieben, die ich war.

Das hatte sich nun geändert, ich hatte durch Alex gelernt, meine Grenzen zu überschreiten und Neues auszuprobieren. Es war wie eine Therapie. Der Satz »Bis hierhin und nicht weiter« bedeutet für mich nicht mehr: Stop! Halt! Er bedeutet für mich nun: Denk nach! Willst du nicht doch weitergehen? Etwas Neues ausprobieren? Ich habe gemerkt, dass ich durch diese »Grenzerfahrung« selbstbewusster geworden bin.

Das ist so eine Sache, die ich aus meiner heißen SM-Zeit mit in den Alltag genommen habe. Aber das war nur der psychologische Nutzen, den ich aus der SM-Zeit gezogen habe, bevor sich das Ganze irgendwie verlief und ich immer seltener auf Partys oder in Clubs ging. Denn auch Alex' Veranlagung war für mich ziemlich von Vorteil. Alex fuhr total auf Nacktputzen ab. Aber dafür war meine Wohnung leider zu klein. Nach einer Stunde war er damit durch. Da musste ein größeres Terrain her. Zufällig fragte mich zu dieser Zeit eine Freundin, ob ich nicht eine gute Putzfrau kenne. Sie hatte eine große Wohnung in der Münchener Innenstadt und war ganz verzweifelt, jemanden »Gutes« zu finden, dem sie vertrauen konnte. Ich sagte ihr:

»Ich habe da eine Idee!«

Dann hatte Alex bei ihr angeheuert, und ich habe mit dem Rohrstock kontrolliert, dass er auch alles schön richtig macht. So hatten wir alle drei etwas davon.

Da nicht jeder von euch einen Alex an der Leine hat, der immer alles schön sauber macht, habe ich für euch eine Liste zusammengestellt mit SM-Praktiken, mit denen man sein Sexleben aufregender gestalten kann:

- Rollenspiele: Seid mal dominant, mal devot. Macht einmal alles, was euer Partner wünscht, dann macht etwas, was er euch »befiehlt«. Gebt euch ihm völlig hin. Ihr werdet viel über eure Grenzen erfahren.
  Wenn ihr Schmerzspiele macht, macht unbedingt ein ernst gemeintes Codewort aus. Wenn das fällt, müsst ihr sofort aufhören. Dann ist es ernst und kein Spiel mehr. Alle SM-Profis machen das so. Ich liebe Doktorspiele. Ich lasse mich gerne untersuchen. Dazu braucht der Doktor »Instrumente« wie Spreizstange und Brustwarzenklammern – er muss mich ja schließlich ganz genau untersuchen. Also: Mach dich schon mal frei!

- Fetisch: Baut heiße Fetisch-Dinge in euer Sexleben ein. An die Mädels: Warum behaltet ihr eure High Heels im Bett nicht einmal an?
  Ihr werdet schon sehen, was einem Typen dazu alles einfällt. Steht ihr auf Leder? Versucht es mal mit einem Leder-BH oder Wäsche. Ihr werdet euch super fühlen. Ich persönlich habe Latex für mich entdeckt. Es ist wie eine zweite Haut und lässt dich aussehen wie eine Göttin. Es formt auch ein bisschen. Für Jungs gibt es natürlich auch so einiges: Lederhemden, Brustklammern, Penisringe. Und alle möglichen Accessoires für sein bestes Stück ...

- Fessle mich! Lasst euch anbinden und mit Handschellen (gibt es auch mit Plüsch, damit es nicht wehtut) ans Bett binden. Dann darf euer Partner mit euch machen, was er will. Ich knie mich meist in Hündchenstellung aufs Bett, und er dringt mit Fingern, Händen und seinem Schwanz tief in mich ein – ohne, dass ich den Rhythmus bestimmen kann. Das ist die totale Hingabe. *Er* bestimmt euren Höhepunkt. Ihr werdet betteln, aber die vollkommene Erlösung erleben.

- Dirty Talk: Es gibt da diesen Spruch, der heißt »Gib mir Tiernamen«. Das ist total lächerlich. Keiner in der SM-Szene sagt »Tiger«, »Bär« oder »Löwe« zu seinem Kerl. Das ist peinlich. Auch beim Dirty Talk geht es darum, Grenzen zu erfahren und Rollen zu wechseln. Mal ist man oben, mal unten. Begebt euch im Kopf auf eine Reise durch eure Fantasie. Wo sonst könnt ihr eure Fantasien ausleben, wenn nicht im Kopf. Es tut keinem weh.

- Analsex: Es gibt beim Sex ein Tabuthema, über das ich jetzt einmal aufklären muss. Viele Frauen mögen Analverkehr sehr gerne. Es macht sie heiß, weil es verboten ist und weil sie intensivere Orgasmen erleben, wenn man sie von hinten nimmt. Manche mögen es deshalb auch lieber als vaginalen Verkehr. Im Darm gibt es einen Punkt, der einen fliegen lässt, wenn man ihn richtig stimuliert. Und ich verrate euch noch etwas: Auch Männer können größere Orgasmen erleben, wenn dieser Punkt gereizt wird. Also, traut euch.

- Sextoys: Sind in der Szene sehr verbreitet. Ich finde, sie gehören einfach dazu, und ich habe eine ganze Sammlung von Dildos und Vibratoren. Dildos haben eine Penisform, sind aber starr. Vibratoren sind batteriebetrieben.

Am liebsten habe ich meinen Delfin. Er nimmt stufenweise Fahrt auf und hat eine gebogene Form, mit der man den G-Punkt stimulieren kann. Einen Dildo kann ich für »hinten« sehr empfehlen. Damit kann man auch einen Dreier simulieren, ohne einen zweiten Mann ins Bett holen zu müssen. Der Typ penetriert vorne, der Dildo kommt in den Hintern. Spaß machen mir auch Liebeskugeln. Ich stecke sie mir in die Pussy, und mein Partner zieht sie mir mit den Mund einzeln heraus. Ich kann jedem Paar Sexspielzeuge empfehlen. Sie bereichern das Liebesleben ungemein, regen die Fantasie unheimlich an. Wichtig ist es, auf die Qualität zu achten. Lieber etwas mehr Geld hinblättern und lange Spaß haben. Ich habe damit böse Erfahrungen gemacht: Mein Lieblingsdildo ging kaputt. Ich war damals noch am Anfang und hatte ihn in einem Onlineshop erstanden. Sonderanfertigung. Nun war er ausverkauft. Nach acht Wochen schon. Ich habe lange gebraucht, um einen guten Ersatz zu finden. Also, denkt an mich und spart nicht am falschen Ende.

Ach ja: Nach dem, was ihr jetzt alles gelesen habt über meine Erfahrungen in der SM-Szene, wollt ihr bestimmt auch meine Meinung über *Shades of Grey* hören?! Ich habe nur die ersten beiden Bände geschafft, weil ich es so unglaublich schlecht fand. Was ist das für eine irre Story? Chris, die Hauptfigur, ist ein Milchbubi und ist am Ende nur deshalb auf SM gepolt, weil er als Kind tagelang neben seiner drogentoten Mutter saß. Wie muss man gestrickt sein, um sich solch einen Blödsinn auszudenken? Die Autorin hat auch wirklich einen schmerzhaft beschränkten Wortschatz.
In Amerika war es nur deshalb ein Hype, weil es das erste Buch dieser Art war, das man als E-Book herunterladen konnte – da musste keiner in den Buchladen gehen und nach Sexlektüre fragen. Oh, peinlich, peinlich. Nein: Da konnte sich Mutti das Buch ganz einfach anonym runterladen. *Shades of Grey* ist et-

was für vernachlässigte Hausfrauen! Wer SM-Neigungen hat und auslebt, kann über *FSOG* nur müde lächeln. Ich auch.

# 13. KAPITEL

## Dirk

Der Schnüffler – oder: Über Hygiene und wie ich
meine Menstruation ein Jahr »verschob«

Obwohl ich viel und ausdauernd in der SM-Szene unterwegs
war, bin ich im Club nie in die Vollen gegangen. Ihr wundert
euch zu Recht: Da wird doch anscheinend *immer* und *überall*
gevögelt?
Nun, das hat damit zu tun, dass ich total auf Hygiene stehe. Ich
bin sehr sauber und verlange das auch von den Typen, mit denen ich etwas anfange.
In einem Club auf der Tummelwiese für Swinger zu liegen und
sich von allen Leuten anfassen und vollspritzen zu lassen, ist
echt nicht meins. Ich bin kein Mülleimer für Sperma und
schlucke auch nicht, wenn ich einem Mann einen blase. Im
Club mache ich das erst recht nicht. Ich habe dort auch mit
keinem Sex. Das ist mir zu viel Schweiß, zu viel Sperma, zu viel
Körpersäfte, zu viele Menschen auf einen Haufen. Jeder kann
jeden anfassen und ficken, wie er will. Ich habe immer vermie-
den, etwas anzufassen oder jemandem zu nahe zu kommen –
den Nassbereich mit diesen Urinspielen fand ich besonders
abstoßend. Alles nicht mein Fall.
Ich brauche ein schönes Ambiente, damit ich in Fahrt komme,
und ich möchte es auch mit schönen und gepflegten Menschen

machen. Dass ich für Swingen nicht der richtige Typ bin, habe ich euch schon erzählt. Ich möchte mich auf einen Partner konzentrieren können und ich mag nicht, wenn mir jemand zuschaut beim Sex – da fühle ich mich kontrolliert. Ich möchte mich auch nicht um zwei Männer gleichzeitig kümmern müssen. Ich kann dabei nicht abschalten und mich fallen lassen. Ich habe ja erzählt, dass es beim SM darum geht, seine Grenzen aufzuspüren und in den richtigen Momenten »Nein« zu sagen. Und bei Körperflüssigkeiten hört es bei mir echt auf.

Aber es gibt Menschen, die das total anmacht. Auch ich habe mal so einen kennengelernt, der war selbst für meine Verhältnisse ziemlich schräg drauf. Was ich mit ihm erlebt habe, möchte ich euch natürlich nicht vorenthalten. Aber haltet euch fest, es wird jetzt echt ein bisschen, na ja, sagen wir mal so: besonders.

Dirk habe ich zu meiner SM-Zeit in einem der Clubs kennengelernt. Da er meinem Beuteschema entsprach, sind wir ziemlich schnell bei ihm gelandet. Aber im Bett erwies er sich als ganz normal, und ich dachte schon: »Was geht der Kerl in einen SM-Club, wenn bei ihm auch nicht mehr rauskommt als das gute alte ›Rein-Raus‹?« (Auch wenn er *das* draufhatte.) Das sollte ich erst zwei Wochen später erfahren.

Wir waren gerade wild zugange, als er sich mit wilden Küssen meinen Schenkeln näherte.

Ich genierte mich, weil ich meine Tage hatte, und sagte: »Nein, heute nicht.«

Er: »Was ist los? Habe ich etwas falsch gemacht?«

Dirk war ein einfühlsamer Love, der sehr darauf bedacht war, dass auch ich meinen Spaß hatte.

»Nein, nein! Du bist perfekt. Aber ich habe meine Tage ...«

Ich muss dazu sagen, dass ich mich immer sehr unwohl fühlte, wenn ich meine Tage hatte. Ich fand, dass ich eigenartig rieche, und fühlte mich immer unsauber. Dazu kam dann noch dieses eigenartige feuchte Gefühl zwischen den Beinen. Im Alltag verarztete ich mich dann immer mit extrasaugfähigen Binden oder mit Turbotampons, damit niemand bemerkte, dass ich gerade blutete. Doch auch auf meine Psyche wirkte sich meine Periode aus. Meine Stimmung konnte von einer Sekunde auf die andere kippen. Ich war launisch und fühlte mich gleichzeitig immer ein wenig liebesbedürftig. Am liebsten igelte ich mich zu Hause ein, kuschelte mich aufs Sofa und sah mir einen Film an. Romantische Komödien mit Jennifer Aniston oder Meg Ryan. Mit Dirk bin ich nur im Bett gelandet, weil ich erst, als er schon da war, gemerkt hatte, dass ich wieder »dran« war. Und da Dirk und ich nicht für einen Diaabend verabredet waren, gab es kein Zurück mehr.

»Du hast deine Tage?«, fragte Dirk. »Das macht doch nichts.« Dann steuerte er gezielt mein Zentrum an und fing an, mich gierig zu lecken. Ich wollte ihn nach oben ziehen. Aber er schüttelte meine Hand ab, und statt meine Klitoris zu vernaschen, bohrte er sich tief da hinein, wo das Blut herkommt.

Ich kenne das, dass Männer es gar nicht so schlimm finden, wenn eine Frau ihre Regel hat. Es sind eher die Frauen, die damit ein Problem haben und sich unwohl fühlen. Das stört keinen. Manche Frauen haben auch ganz allgemein das Gefühl »da unten« zu stinken, und genieren sich deshalb beim Oralsex – aber auch da kann ich Entwarnung geben. Im Gegenteil: Männer wollen die Frau riechen, mit der sie es treiben. Napoleon hat seiner Frau sogar verboten, sich zu waschen, wenn von seinen Feldzügen nach Hause kam – manchmal war er wochenlang unterwegs, bevor sie sich sahen. Vielleicht hatte er aber auch einen Geruchsfetisch.

Auch in Zukunft hatte ich also kein Problem mehr damit, mit Dirk zu schlafen, wenn ich meine Tage hatte. Er nahm mir die

Scham, dreckig zu sein und komisch zu riechen, und gab mir das Gefühl, dass es die natürlichste Sache der Welt ist zu bluten. Ist es ja auch! Genau das macht eine Frau ja zur Frau. Im Kopf bekomme ich das klar. Aber welche Frau *fühlt* schon so? Auf die Art und Weise brauchten wir nie Gleitmittel. Sein Schwanz flutschte dann auch ohne bis zum Anschlag in mich hinein. Bald war es für mich also ganz normal, mit Dirk Sex zu haben, auch wenn ich meine Tage hatte.

Dann aber kam es zu einem merkwürdigen Zwischenfall. Mir fiel auf, dass er immer auffällig lange im Bad verschwand. Ich dachte, er sei eitel oder habe vielleicht einen Hygienefetisch, und machte mir gar keine Gedanken, als ich ihn fragte, was den los sei.

Da wurde er nervös und gestand mir alles:

»Ich stehe auf Menstruationsblut.«

»Du stehst auf was?«

Nun wurde mir klar, warum er mich quasi ausleckte, wenn ich blutete. Aber das schien ihm nicht zu reichen.

Er zeigte mir ein Handyvideo, auf dem er sich im Bad gefilmt hatte: Die Bilder waren verwackelt, aber eindeutig. Eine Hand wühlte in meinem Mülleimer rum und zog eine getragene Binde heraus. Dirk hielt sie an seine Nase, roch daran und drückte sie sich dann fest ins Gesicht. An seiner Atmung merkte ich, dass er sich seinem Höhepunkt näherte.

»Ich mag es besonders, wenn es noch feucht ist.«

Dann erzählte er mir, dass er sich auch mit meinen gebrauchten Tampons selbst befriedigte und, da er nicht wusste, wie er sie aus dem Bad rausschmuggeln konnte, ohne dass ich es merke, diese Videos gemacht hatte. Zu Hause würde er sich diese Filme dann ansehen und sich damit stimulieren. Oh mein Gott, dachte ich. Das ist ziemlich irre!

Aber er sprach ganz offen über seinen Fetisch, was mich schwer beeindruckte – denn er hatte offenbar großes Vertrauen zu mir.

Er erzählte mir, dass er im Videochat Frauen, die ihre Tage hatten, dabei zusah, wie sie sich befriedigten. Und er sagte mir, dass er nicht der Einzige sei, der diese Leidenschaft für Menstruationsblut habe.

»Da kannst du sogar richtig Geld mit machen, Kerstin.«

»Bitte?«

Ich habe zwar viel Sex und auch viel Sex mit verschiedenen Männern, aber ich habe nie einen Gedanken daran verschwendet, mich zu prostituieren. Mich nun an Männer zu verkaufen, die an mir schnüffeln, lecken oder mit mir vögeln wollen, wenn ich blutete, fand ich völlig verrückt.

»Nein«, sagte Dirk. »Es geht nicht um Sex. Du musst deine Binden verkaufen.«

Dann erklärte er mir, dass man die Binden in Vakuumfolie einschweißen kann, damit der Geruch drinbleibt, und die dann teuer verkauft. Ich habe mal gehört, dass die Schulmädchen in Japan ihre getragenen Höschen veräußern. Aber alte Tampons mit Blut dran, das war ja völlig verrückt.

Ich schluckte.

Als Dirk und ich uns die nächsten Male trafen, war ich mit meinen Gedanken ganz woanders – bei seinen Videos, seinen Chats, seinem Vorschlag, die gebrauchten Binden zu verkaufen. Ich konnte mich überhaupt nicht fallen lassen, sondern hatte ständig diese Bilder von ihm in meinem Badezimmer im Kopf. Wie er, ach, lassen wir das ...

Ich konnte das nicht. An diesem Abend habe ich das Ganze beendet, und wenn ich Dirk danach so brav im den SM-Clubs habe herumstehen sehen, da wusste ich, dass er in Wahrheit eine gar nicht so brave Neigung hatte.

Die Geschichte mit Dirk hat mich so nachhaltig geprägt, dass ich meine Regel »verschieben« wollte. Ich hatte das zu diesem Zeitpunkt in *Sex and the City* gesehen. Samantha will zu einem heißen Date mit einem süßen Typen, und natürlich – sie ist da ganz wie ich! – will sie Sex. Sie bucht den Flug, freut sich schon. Doch als sie in den Kalender sieht, stellt sie fest, dass sie genau an diesem Wochenende ihre Tage hat. Geht gar nicht, denkt sie sich und nimmt die Pille einfach durch.

»Das ist die Lösung!«, dachte ich. Schluss mit Blutungen und Schluss mit komischen Menstruationsfetischisten! Ich habe mich sofort bei meinem Arzt informiert. Er erklärte mir, dass das erstens kein Problem sei und zweitens auch von medizinischer Seite aus keine Bedenken bestehen. Auch bei Hormonspritzen bekommt eine Frau ihre Tage nicht. Früher hätten die Frauen sowieso nicht so oft ihre Tage gehabt wie wir heute. Entweder waren sie schwanger oder sie stillten. Aber weil es für uns so »normal« ist, seine Tage zu bekommen, haben die Pillenerfinder eine »Entzugsblutung« eingebaut, die die echte Periodenblutung ersetzt

»Hört sich gut an!«, dachte ich und ließ mir vom Arzt eine Pille verschreiben, mit der das geht. Er sagte mir, dass sie nur eine Phase haben darf, damit der Hormonpegel immer gleich ist.

Ein Jahr lang habe ich das durchgezogen.

Ich habe es nicht bereut.

Ich konnte vögeln, wann immer ich wollte, und musste mich nicht auf mein Kuschelsofa zurückziehen und das Handy abschalten, weil ich meine Tage hatte. Und meine Stimmungswechsel waren auch wie weggezaubert – und die Menstruationsfetischisten auch.

Wo wir bei der Pille sind, möchte ich auch gleich auf ein anderes Thema zu sprechen kommen: Kondome. Ich nehme zusätzlich zur Pille immer Kondome beim Sex, aber das wisst ihr ja schon. Ich weiß, was die Männer unter euch jetzt denken werden: »Oh nein, Kondome, das spürt man doch nichts! Das ist nicht gefühlsecht! Da rammelt man sich den Wolf und kommt und kommt nicht!« Den Frauen unter euch sage ich: Hört nicht auf die Kerle, die so etwas sagen. Das sind alles nur Ausreden. Kondome sind in unserer Zeit, in der ein One-Night-Stand einfach dazugehört, ein *Muss*. Schmeißt einen Mann aus eurem Bett, wenn er kein Kondom drüberziehen will, oder nehmt ihn erst gar nicht mit rein. Ich habe immer und überall Kondome. Ihr könnt euch gar nicht vorstellen, in welchen unglaublichen Varianten es die gibt. Alle möglichen Farben, Geschmacksrichtungen (Tutti Frutti) und Formen (Kaktus). Ich mag die mit Perlnoppen am liebsten – sie sind ganz schön »aufreibend«. Gerade bei den Geschmäckern hat man ordentliche Fortschritte gemacht. Früher waren die nicht unbedingt ein Geschmackserlebnis. Dieser Gummi – schrecklich. Aber heute? Von Erdbeere bis Cola gibt es alles, und wer mit seinem Date vorher aus war, braucht sich auch geschmacklich nicht umzuorientieren. Man hat von Sekt, Likör und Cognac bis zur Piña Colada die gleiche Auswahl wie in einer Cocktailbar. Und in der Zwischenzeit habe ich auch meine Technik verfeinert, sie den Männern überzuziehen: Ich nehme das Kondom in den Mund und rolle es ganz langsam über den Schwanz, indem ich ihn immer tiefer in meinen Rachen gleiten lasse. Bisher hat das allen gefallen!

Kondome können richtig Spaß machen. Deshalb wundert es mich, dass Männer einfach keine Lust haben, sie aufzuziehen. Denkt doch nur mal an Boris Becker und die Wäschekammer. Samenraub nennt man das dann. Obwohl das ja doch alles Quatsch gewesen sein soll ... Egal! Fakt ist: Er war einfach nur zu faul, einen Präser aufzusetzen.

Bei mir besteht da keine Gefahr, weil ich ja die Pille nehme. Kondome benutze ich, weil ich mich schützen will. Ich lasse sie nur weg, wenn ich mit einem Mann schon länger zusammen bin – dann aber muss er mir einen gültigen HIV-Test vorzeigen. Sonst heißt es, Gummi aufsetzen oder – auf Nimmerwiedersehen!

Nun werdet ihr vielleicht denken, dass ich so krass drauf bin mit den Kondomen, weil mir mal irgendetwas eingefangen habe. Nein, da muss ich euch »enttäuschen«. Und kenne unter meinen Freunden auch niemanden, der sich mal ernsthaft angesteckt hat.

Ich möchte euch einfach mal ein paar typische Geschlechtskrankheiten aufzählen, damit ihr wissen, was euch entgeht, wenn ihr ein Kondom beim Sex benutzt:

Chlamydien – leider bemerkt man die in den ersten Wochen kaum, und, schwupps, kommen sie mit voller Wucht: Juckreiz, Schmerzen und Brennen beim Pippimachen, Ausfluss im Genitalbereich. Chlamydien können mit einem Antibiotikum behandelt werden. Das bedeutet aber bis zu vier Wochen keinen Sex. Und weil man wegen der langen Inkubationszeit nicht weiß, ob es den Partner nicht auch erwischt hat, muss man gemeinsam eine Therapie machen. Schon peinlich, wenn man viele Sexualpartner hatte und sie alle nacheinander anrufen muss. (Chlamydien sind übrigens von allen Geschlechtskrankheiten die am häufigsten verbreitete. Ich habe das mal gegoogelt!)

Dann: Herpes genitalis! Hat man ihn einmal, hat man in immer. Es ist wie mit dem Lippenherpes, er bricht aus, wenn das Immunsystem geschwächt ist. Aber wer hat sein Immunsystem bei unserem kalten Wetter schon im Griff? Kommt der Herpes, dann brennt er wie Hölle. Solebäder können helfen, Salbe hilft aber besser. Hatte eine Freundin von mir mal. Muss wirklich schrecklich sein.

Feigwarzen. Sie entstehen durch ein Virus, das bei der Entstehung von Gebärmutterkrebs oder Hodenkrebs eine Rolle spielt. Sie sind kleine, flache Knubbel, die aussehen wie Mini-

Rosenkohl. Dagegen helfen Salben oder Laser, aber es dauert ewig, bis man die wieder los ist. (Und wie schnell hat man dagegen doch einen Präser übergestülpt.)

Ein Klassiker ist der Tripper. Wenn er sich zeigt, dann meist durch einen gelblichen Ausfluss. Aber oft merkt man ihn auch nicht, und dann breiten sich die Bakterien im Unterleib aus. Sie verursachen eine Entzündung, die bis zur Unfruchtbarkeit führen kann. Auch hier muss der Partner sich gleichzeitig behandeln lassen. Wer an Tripper erkrankt ist, muss sich nach drei Monaten einer Kontrolluntersuchung unterziehen – das sagen die Europaleitlinen. Habe ich auch gegoogelt. Extra für euch!

Syphilis. Bis das Penicillin gefunden wurde, konnte man Syphilis nicht behandeln. Die Ansteckung konnte zu Rückenmarkschwund, Demenz, Hirnentzündung, Lähmungen, Gelenkschäden, Taubheit, Erblindung etc. führen. Noch was? Also, ich wäre schon bedient und würde es nicht riskieren wollen, auch nur in die Nähe dieser Bakterien zu kommen. Sie breiten sich über die Blutbahn aus und machen sich im ganzen Körper breit. Magen, Leber, Milz. Ach, ich fange ja schon wieder an. Viele Berühmtheiten litten an der Krankheit: Beethoven wurde taub, der Philosoph Nietzsche irre und Zarin Katharina der Großen, die sich nicht nur den einen oder anderen schneidigen Rittmeister vorgenommen hat, sondern es angeblich auch mit Hengsten trieb, implodierte das zentrale Nervensystem – Schlaganfall!

Heimtückisch ist, dass die ersten Symptome (Geschwüre, Knötchen, Fieber) nach vier Wochen abgeheilt sind. Man merkt nicht, dass man noch krank ist, und steckt den Partner an.

Und wenn ihr denkt, die Syphilis sei eine aussterbende Krankheit und gehöre ins vorletzte Jahrhundert: Nichts da! Seit 20 Jahren ist Syphilis wieder auf dem Vormarsch.

Zum HI-Virus muss ich wohl nicht viel sagen. Wer lesen kann und einen funktionierenden Fernseher hat, der weiß, was für Folgen eine Infektion haben kann.

So, ihr Lieben, Schluss mit den Horrorgeschichte. Ihr seid erwachsen, ihr seid groß, und ihr wisst nun, wie ihr solche Krankheiten vermeidet!

# 14. KAPITEL

## Michael & Thomas

Zwei in einer Nacht – oder: Sex für Geld?

Ständig neue Lover, neue Locations, neue Praktiken – so, wie ich mit Sex umgehe, werdet ihr euch vielleicht gefragt habe, ob ich mal darüber nachgedacht habe, Geld dafür zu nehmen. Es wäre ja nichts leichter, als meine Leidenschaft zum Beruf zu machen und dafür noch ordentlich bezahlt zu werden. Ich gebe zu: Darüber *nachgedacht* habe ich schon. Und das sogar ziemlich lange.

Ich habe mich in der Szene etwas umgehört, wie die Prostituierten eigentlich so drauf sind. In der Literatur hat das Ganze ja häufig eine gewisse Erotik. Die Wirklichkeit bietet kein so einheitliches Bild. Die Lebenslagen der Professionellen sind sehr unterschiedlich. Da gibt es die Escortladys und Edelhuren, die Businesstypen begleiten und nur auf hohem Niveau arbeiten. Neben diesen etablieren, ganz selbstbewussten »Damen« gibt es eine noch viel größere Zahl von Frauen, die da irgendwie »reingerutscht« sind, weil sie schnell Geld brauchten. Später haben sie sich dafür entschieden, dabeizubleiben. Ich finde, das ist völlig in Ordnung. Ich bin keine, die jetzt den Zeigefinger erhebt und sagt: »Oh Gott, so was macht man nicht.« Wer bin ich, dass ich mir das erlauben würde? Ich finde, Prostitution ist ein Job wie jeder andere auch. Eine Dienstleistung. Ein Deal. Die Männer bekommen das, was ihren Wünschen genau entspricht und was ihnen ihre Partnerin nicht erfüllen mag. (Manchmal sind die Männer auch zu feige, ihrer Partnerin zu sagen, was sie sich wünschen.) Und die Professionellen geben den Männern genau das, was sie wollen. Es ist Genuss pur gegen Geld.

Mehr ist das nicht für mich. Also alles kein Problem.

Dann gibt es noch eine Menge Frauen, die im Untergrund arbeiten. Illegale, Migrantinnen, Drogensüchtige, Mädchen aus schwierigen sozialen Verhältnissen. Die sind in einer schlimmen Situation und werden von ihren Zuhältern ausgenutzt. Schläge, Demütigungen, Diskriminierung bestimmen ihren Alltag. Sie haben keine Rechte, müssen alles machen, was verlangt wird. Man liest oft in den Zeitungen von solchen Frauen. Das sind richtige Schicksale, und die Mädchen können einen wirklich leidtun.

Ich würde, wenn ich mich entscheiden müsste, natürlich als Escortlady arbeiten. Auf hohem Niveau. Aber selbst das würde ich für mich ablehnen. Ich habe ein berufliches Umfeld, in dem ich es mir nicht leisten kann, erkannt zu werden. Das könnte meinen Ruf ruinieren – und deshalb lehne ich es ab, Sex für Geld zu nehmen.

Außerdem: So gut sich das anhört mit dem Escortservice – hohes Niveau, schnelles Geld –, man hat letztendlich ja doch nicht die freie Wahl. Es gibt auch bei den Anzugtypen viele ungepflegte Erscheinungen. Man muss nur mal auf die Hände blicken. Oft sehe ich da lange Fingernägel mit dicken Dreckrändern darunter. Solche Kandidaten möchte ich einfach nicht an mich heranlassen. Aber als Prostituierte hätte ich nicht die freie Wahl. Da ist der Kunde König, auch wenn er aus dem Mund riecht und ungewaschene Wäsche anhat.

Dann muss ich auch immer an die ganzen Krankheiten denken, die man sich da holen kann. Ich habe ja schon erzählt, dass ich sehr viel Wert lege auf Sauberkeit und Hygiene. Da darf nicht einfach mal jemand, weil er dafür bezahlt hat, ohne Gummi in mich rein. Ich bin keine Spermatoilette. Nein! Nein! Nein! Das ist echt nichts für mich. Ich hätte das Gefühl, benutzt zu werden, und würde psychisch daran zugrunde gehen. Ich habe Mitleid mit denen, die es machen *müssen*, um ihren Lebensunterhalt oder den ihrer Familie damit zu verdienen. Ich könnte es nicht. Ich würde sehr leiden.

Ja, denkt ihr vielleicht. Aber so viel anders ist das Leben, das Kerstin führt, auch nicht. Ja, da habt ihr recht. Auch ich treffe mich gerne mit drei Männern am Tag. Es gibt mir einen Kick, sie rumzubekommen und sie mit meinen Sexfantasien in den Wahnsinn zu treiben. Ich habe sie total in der Hand. Für mich ist das das eigentliche Abenteuer. Ich übe Macht über ihre Lust aus. Ihr wisst, dass mein dominanter Anteil sehr stark ist. Ich bestimme gerne. Ich glaube aber, wenn es zur Pflicht wird und man jeden Tag ranmuss, dann ist es kein Abenteuer mehr. Ich würde mein Interesse am Sex verlieren. (Auch wenn es gut bezahlt würde.) Also: Es bleibt dabei. Prostitution: Nein, danke. Mit anderen »Bezahlangeboten« sieht es da schon ganz anders aus.

Ich habe mal eine Zeit lang einen Web-Chat betrieben. Das war sehr aufregend. Beim Web-Chat ist die Situation ganz anders, als wenn man auf dem Strich geht. Man kann sich die Typen aussuchen – ich nehme nur die, die ich heiß finde und die ich vorher im Chat schon ein bisschen abgecheckt habe. Und beim Web-Chat gibt es auch keine ekelhaften Gerüche und keine Ansteckungsgefahr. Alles ist rein visuell. Das gefällt mir. In den SM-Clubs habe ich mir außerdem einen großen Erfahrungsschatz angeeignet, wie man die Lust dirigieren kann. Manchmal dürfen die Männer sich anfassen, wenn sie mich ansehen, dann aber verbiete ich ihnen das, und sie müssen ihre Arme hinter den Rücken verschränken. Ich will dann nur ihren hammerharten Schwanz sehen und tue so, als ob ich mich da mit meiner feuchten, hungrigen Pussy draufsetzen würde – dann drehen die total durch. Manchmal schießen die auch, ohne sich zu berühren.

Dafür auch noch Geld zu bekommen – absolut kein Problem! Ich habe die Freiheit zu bestimmen, was ich will und was nicht. Es ist etwas anderes, ob man als Nutte jedem gefügig sein muss oder ob man selbst seine Lust inszenieren kann und dafür auch noch bezahlt wird.

Ich habe in der Tat sogar zwei Mal das Angebot bekommen, in die Pornobranche einzusteigen. Das war ziemlich genau zu der Zeit, als ich meine Webcam betrieb.

Ich war damals natürlich nicht nur im Web aktiv. Das hätte gar nicht ausgereicht, um mein Verlangen zu befriedigen. Im Gegenteil: Meine Webcam machte mich noch gieriger nach Sex, als ich es sowieso bin. Es regte meine Fantasie an. Ich wollte alles in die Tat umsetzen. Ich hatte deshalb in dieser Phase gleich zwei Männer am Start, die sich offenbar kannten. Aber das fand ich erst später heraus.

Thomas und Michael waren wie ich viel unterwegs, deshalb trafen wir uns immer in Hotels, manchmal im selben Zimmer. Es kam vor, dass ich mit Thomas nachmittags poppte, duschte und dann Michael mit Bademantel und Handtuchturban empfing ...

»Lass uns am Freitag schon um 15 Uhr im Hotel treffen«, schlug Thomas eines Tages vor.

»Freitag habe ich Geburtstag!«, sagte ich.

»Eben. *Wir* haben eine Überraschung für dich.«

»Wer ›wir‹?«

»Na, Michael und ich.«

Ich war verwirrt. »Ihr kennt euch?«

Ich gehe ja möglichst nur mit Typen ins Bett, die sich nicht kennen. Ich bin möchte nicht in Verruf geraten. Ich war ziemlich schockiert, als Thomas mir sagte, dass Michael sein Kumpel sei, ließ mir aber nichts anmerken.

»Wir spielen zusammen im gleichen Verein. Also Freitag?«

Welcher »Verein« das war, habe ich erst später rausgefunden ...

»Ja, Freitag.«

Ich knabberte an meinen Fingernägeln.

Er erzählte mir, wie er herausgefunden hatte, dass ich mich auch mit Michael traf. Michael hatte gerade die »Frühschicht« hinter sich gehabt und offenbar im Hotel noch etwas erledigt, sodass er erst später losgefahren war. Im Parkhaus war er dann auf Thomas getroffen, der gerade zur »Spätschicht« bei mir ankam.

»Hallo.«

»Hallo. Was machst du denn hier?«

So kam raus, dass mich beide besuchten.

Offenbar machte es ihnen beiden nichts aus. Ich hatte sogar den Eindruck, dass sie das nur umso geiler machte und sie richtig gute Kumpels waren, die gerne teilten. »Das kann toll werden«, sagte ich zu mir, denn ich hatte das Gefühl, dass ich das durchaus doch noch einmal ausprobieren sollte. Einen Dreier. Eigentlich ja nicht meins. Aber für viele ja doch das höchste der Gefühle. »Da muss ja dann doch etwas dran sein«, dachte ich. Außerdem war ich froh, dass sie nicht »schlecht« über mich dachten. Das war immer meine größte Angst gewesen, wenn ich mit zwei Leuten aus einem Revier gleichzeitig poppte – weshalb ich immer versucht hatte, das zu vermeiden.

An meinem Geburtstag checkte ich frühzeitig in das Hotel ein. Ich duschte und schäumte mich an meiner zartesten Stelle zwischen meinen Schenkeln ein. Langsam ließ ich den Rasierer darübergleiten. Alles sollte sich glatt und weich anfühlen. Danach cremte mich mit einer luxuriösen Bodylotion ein, die ich mir selbst zum Geburtstag geschenkt hatte – ich wollte gut duften. Nun lackierte ich mir die Fußnägel und wartete. Ich sah auf die Uhr. 15:20 Uhr! Thomas wollte um 15 Uhr da sein. In mir kochte die Wut hoch. Ich finde es respektlos, versetzt zu werden. An meinem Geburtstag versetzt zu werden war ja schon etwas enttäuschend! Ich hätte einen anderen Typen treffen können. Oder mal wieder in einen Club gehen! Meine ganze Planung war dahin. Meine Laune im Keller ...

Ich warf vor Wut den Nagellack an die Wand, als es dann doch noch klingelte. Thomas stand mit einem riesigen Strauß rosa Rosen vor der Zimmertür, grinste mich an und sagte:

»Herzlichen Glückwunsch zum Geburtstag, meine Süße!«

Er schlang seinen kräftigen Arm um meine Taille und küsste mich in den Nacken. Ach, schon hatte ich ihm verziehen.

Dann zog er eine Maske heraus, wie ich sie aus *Eyes Wide Shut* kenne. Wie ihr wisst, liebe ich diesen Film und dachte: »Puh, was kommt denn jetzt!« Ich solle mir Wäsche anziehen und die Augenblende umbinden, sagte Thomas.

Ich hatte mich – wie mir befohlen worden war – gerade aufs Bett gelegt, als es wieder an der Tür klingelte. Michael! Er kam zu mir und küsste mich.

»Herzlichen Glückwunsch zum Geburtstag, Schönheit!«

Thomas hatte in der Zwischenzeit schon seine Hose ausgezogen. Er tastete über meinen Körper und rieb sich an meinen Schenkeln. Michael drehte mich um und streichelte nun meine Brüste. Überall waren ihre Hände. Mein ganzer Körper war in Aufruhr, ich zitterte, bekam Gänsehaut, meine Lust kochte in mir hoch. Ich seufzte und stöhnte, um die beiden richtig anzuspornen. Michael war der Erste, der nicht mehr an sich halten konnte: Er nahm mich von hinten und stieß seinen festen Schwanz tief in mich rein. Es flutschte nur so, weil ich schon ganz feucht war von der vierhändigen Massage, die die beiden mir zuvor verpasst hatten. Er stieß und stieß und stieß. Ich war wie von Sinnen. Thomas war auch nicht untätig und steckte mir seinen Schwanz in den Mund. Sofort fing ich an, eifrig daran zu saugen. Er atmete heftig, dabei massierte er mir meinen Kitzler.

Das war also die Geburtstagsüberraschung meiner beiden Lover gewesen! Sie wollen mich beide gleichzeitig verwöhnen. Ich konnte es in der Tat eine Weile genießen, obwohl ich nicht der Typ für Dreier bin, wie ihr wisst. Aber dann passierte genau das, was ich befürchtete. Während Michael das Tempo wechselte, nun eher den *Smooth Operator* gab und seinen Schwanz ganz langsam in mir bewegte, bewegte Thomas sein Ding immer schneller in meinem Mund. Unten langsam, oben schnell – ich wusste nicht, auf welchen der beiden Männer ich mich konzentrieren sollte. Guter Sex bedeutet ja, dass zwei im gleichen Takt zum Höhepunkt reiten. Aber diese vielen Hände, diese vielen Schwänze machten mich total irre. Ich kam aus dem Rhythmus. Einmal hätte ich Thomas sogar fast in sein bestes Stück gebissen, so von der Rolle war ich.

Meine Lustkurve sank rapide nach unten.

»Halt«, sagte ich. »Ich kann das so nicht.«

Thomas, der beinahe sein bestes Stück eingebüßt hatte, reagierte sofort, Michael war noch völlig in Trance, als er aus mir herausglitt.

Wir einigen uns darauf, dass Thomas und Michael sich beim Sex mit mir – inzwischen ohne Maske – abwechselten und der andere dabei zuschaute. Da kam mir die Idee, das Ganze wie einen Pornodreh zu inszenieren. Wir machten einfach ein Rollenspiel daraus. Der, der zuschaute, war der Kameramann und gab Anweisungen wie:

»Nimm ihn in den Mund!«

»Jetzt von hinten.«

Die beiden anderen waren die Darsteller.

Ich spulte alle Tricks ab, die ich vor meiner Webcam geübt hatte. Bog meinen Rücken beim Doggystyle so sehr, dass man direkt in meine glänzende Pussy blicken konnte. Dabei stöhnte ich, als ob ich einen Dauerorgasmus hätte. Ich war in der Tat so angeturnt von dieser Sache, dass ich viermal kam. Dreimal mit Michael, einmal mit Thomas.

Als wir fertig waren, musste auch ich, die ich Dreiern immer eher kritisch gegenübergestanden hatte, zugeben: Das war ein echt megaheißes Geburtstagsgeschenk! Hätte ich mir eigentlich schon früher einmal wünschen können.

Thomas und Michael wirkten ziemlich erschöpft, aber glücklich. So, wie man nach dem Sport glücklich und erfüllt ist. Man weiß, was man getan hat, und die Glückshormone tanzen durch den Körper. Die beiden sahen sich an, und ich merkte, dass sie sich Zeichen gaben. Offenbar wollten sie mir etwas sagen. Michael fing an.

»Du hast echt Talent.«

»Du weißt doch, dass mir Sex Spaß macht.«

»Wie oft hatten wir miteinander gefickt, dass er jetzt erst da draufkommt?«, fragte ich mich.

»Nein, nein«, sagte Thomas. »Du hast ein Riesengefühl für Optik. Also für Außenwirkung. Du weißt, was gut rüberkommt.«

»Ja ...«

»Hast du eigentlich schon mal daran gedacht, das zu Geld zu machen?«

»Geld?«

»Ja, du bist so naturgeil. Das wirkt alles so echt bei dir. Damit könntest du echt groß rauskommen ...«

Die beiden eröffneten mir, dass sie gute Kontakte zur Pornobranche hatten. Später habe ich herausgefunden, dass die beiden fest im Rotlichtmilieu arbeiteten, selbst Pornos drehten. Das war der »Verein«, in dem sie sich kennengelernt hatten.

Mein Geburtstagsgeschenk war so eine Art Casting gewesen – nur ohne Kamera.

Ich erbat mir etwas Bedenkzeit. Einerseits hatten die beiden recht: Ich habe mehr Lust als andere. Ich kann, wenn es gut läuft, stundenlang ficken. Mir ist es auch nicht peinlich, vor Zuschauern eine Performance zu liefern – im Gegenteil: Da drehe ich erst richtig auf. Mir macht es Spaß, andere heiß zu machen. Außerdem finde ich Pornos toll. Sie sind sehr lehrreich und können eine große Inspiration sein. Neue Stellungen. Neue Toys. Neue Locations. Es gibt ja Leute, die sagen, man stumpfe durch Pornos ab und verrohe sexuell, weil das alles so Bang-Bang ist. Ich sehe das anders. Es gibt so viele Pornos, da findet jeder etwas, das ihm Spaß macht. Soft, hart, lesbisch, black & white, homo, anal, SM, Fetisch. Da kommt jeder auf seine Kosten. Schaut doch mal auf eines der Umsonstportale, YouPorn zum Beispiel, auf denen man mal auschecken kann, was einem gefällt. Ich kann das jedem nur empfehlen. Es ist auch toll, das mit einem Partner anzusehen. Das heizt ein. Aber manchmal schaue ich mir auch alleine einen Porno an und bin schon beim Zuschauen ganz heiß. Dann hole ich meinen kleinen, schwarzen Delfin raus und lasse es mir richtig gut gehen ... Grrrrrrrrr!

Durch Zufall bekam ich gerade in der Zeit, als ich noch überlegte, ob ich das Angebot von Thomas und Michael annehmen sollte oder nicht, die Gelegenheit, einmal auszuprobieren, wie ich so vor der Kamera funktioniere.

Ich war von einer Agentur zu einem Casting eingeladen worden. Ich hatte die Leute über einen Freund kennengelernt, dem meine Web-Sache gut gefiel.

Wir trafen uns in einem großen Studio, und ich bekam einen Partner, der genau meinem Beuteschema entsprach. Groß, gut gebaut, muskulös, dunkles Haar. Man sah, dass er trainierte, aber er war nicht so ein Bodybuildertyp, alles war schön definiert. Ich hätte ihn mir gut als Vorstand bei einer Bank vorstellen können – mit Anzug und Krawatte. Er war so einer, vor dem alle sofort Respekt haben.

Aber er trug keinen Anzug, auch keine Krawatte, sondern stand nackt vor mir. Er hatte einen großen Schwanz, aber nicht zu groß, das mag ich ja gar nicht so sehr. Er wichste ihn sich hoch und streifte gleich einen Präser über. Dann ölte er ihn mit Gleitcreme ein. Wir platzierten uns auf einem großen Bett in der Mitte eines Raums – es war eine riesige Spielwiese, die umgeben war von Scheinwerfern und mehreren Kameramännern. So konnte man uns in einer Stellung gleich von mehreren Seiten filmen. Das war sinnvoll für den späteren Schnitt. Mein Partner war ein Profi, der genau wusste, wie weit er gehen konnte, ohne mich zu »rammen«. Er baute immer wieder geschickt Pausen ein, sodass ich mich mit Gleitcreme geschmeidig machen konnte. Ich gab eine oscarreife Performance. Stöhnte, Schrie, räkelte mich, bettelte und bog mich. Nach zehn Minuten war alles vorbei.

Leute, es hat mir einen Höllenspaß gemacht!

Jetzt, nachdem ich einmal ausprobiert hatte, wie es wirklich vor der Kamera ist, fand ich die Idee von Thomas und Michael gar nicht so übel. Ich überlegte, ob ich sie anrufen und wir die Kamera einfach mal laufen lassen sollten – so zur Probe. Aber ich zögerte. Es gab einiges, was dagegen sprach: Ich hatte ein ziemliches Glück mit meinem Partner gehabt. Er war toll, aber eigentlich kann ich mir auch beim Porno meine Partner nicht aussuchen – und das ist für mich schon ein Problem, ich möchte nicht von jedem angefasst werden. Ich würde außerdem auch Dreier, Vierer oder Gangbangs machen müssen. Das ist alles nicht meins, wegen der ganzen Körperflüssigkeiten. Und immer diese Riesenschwänze! Mich hat schon einmal einer förmlich aufgespießt.

»Nein. Nicht meins«, beschloss ich.

Ich habe beide Angebote ausgeschlagen. Thomas und Michael waren zum Glück nicht sauer. Wir treffen uns jetzt öfter einmal so und spielen einfach Pornodreh – ohne Kamera.

Wenn ihr jetzt sagt: »Kerstin, das glauben wir dir alles nicht. Jemand wie du muss einfach seine Erfahrung zu Kohle machen«, dann will ich euch verraten, dass ich tatsächlich eine Sache gefunden habe, bei der ich mit Sex Geld verdiene.

Mit der Fotografie.

Ich verbringe viel Zeit damit und denke mir immer etwas Neues aus. Ich mache keine pornografischen »Pinkshots«, bei denen man bis tief in die Pussy schauen kann. Ich bin immer noch in einem normalen Berufsleben unterwegs und kann es mir nicht leisten, meinen Ruf zu ruinieren. Ich habe mich spezialisiert auf klassische Aktfotos und stilvolle Nudes. Lack, Leder, Fetisch sind auch dabei. Ich inszeniere das in einem erotischen Ambiente. Schwere Polstersessel, Halbdunkel, Schatten, antike Möbel, lackierte Wände, eine Lounge Bar mit edlen Cocktails ...

Mein Vorbild ist Helmut Newton.

Wenn ich in Berlin bin, gehe ich immer ins Newton-Museum und halte mich da den ganzen Nachmittag auf. Ich habe mir auch die Kataloge *Us and Them* und *Sex and Landscapes* von Newton gekauft – das ist ganz nach meinem Geschmack. Sinnlich, erotisch, leidenschaftlich. Macht und Unterwerfung. Frauen voller Dominanz.

Ich mag die weitverbreitete Opferhaltung bei Frauen nicht. Im Lauf der Jahre habe ich die Erfahrung gemacht, dass Frauen sehr viel mehr Macht über Männer haben, als sie denken. Sie müssen nur die richtigen Knöpfe drücken, dann können sie alles haben, was sie wollen. Und die Männer merken es nicht einmal. Darum sind auch so viele Männer nach einer Scheidung so hinüber – weil sie erst dann schnallen, dass sie keine Chancen gegen ihre Frauen hatten. Sie haben sie völlig unterschätzt. Tja, zu spät ...

Ihr seht: Ich könnte stundenlang darüber erzählen, was man mit Fotografie alles ausdrücken kann. Sie ist wirklich (nach Sex!) zu meiner Lieblingsbeschäftigung geworden. Ich verbringe Stunden, manchmal Tage damit, mir ein Motiv auszudenken.

Aber bevor ich hier nur so ein bisschen oberflächlich über Inszenierung, Erotik, Licht und Schatten philosophiere, führe ich euch lieber etwas tiefer in das Reich meiner Leidenschaft ein.

Das nächste Kapitel widme ich voll der Fotografie – und erzähle auch von den heißen Begegnungen, die ich in diesem Kontext hatte.

# 15. KAPITEL

## Helmut, David & Jan

### Meine Leidenschaft für die Fotografie – oder: Die große Lust an der Selbstinszenierung

Wie ich euch schon erzählt habe, ist die Fotografie der einzige Bereich, in dem ich meine Lust auf Sex zu Geld mache. Pornografie? Nein. Prostitution? No way.

Aber wenn es um Fotos geht, da hat es bei mir im wahrsten Sinne des Wortes Klick gemacht.

Das Ganze hat schon ziemlich früh anfangen. Schon als Mädchen bin ich mit meiner roten Plastikkamera herumgerannt und habe so getan, als ob ich alles um mich herum fotografiere. Oder ich habe Daumen und Zeigefinger zu einem Rechteck geformt und damit meine Umgebung »aufgenommen«, als ob ich einen Fotoapparat in der Hand halten würde. Auf diese Weise habe ich schon damals mein Gespür für Details und besondere Blickwinkel entwickelt. Das kommt mir heute sehr zugute.

In meiner Kindheit habe ich außerdem schon eine unbändige Lust darauf entwickelt, mich zu inszenieren. Natürlich erkenne ich erst jetzt im Rückblick, dass das so war. Damals war es für mich einfach ganz natürlich, mich bei jeder Gelegenheit von meiner besten Seite zu zeigen.

Vielleicht kennt ihr sie auch noch: Diese Fotostudios für Kinder, die man früher hatte. Heute ist das sehr viel moderner, und man macht auch viel in der Natur. Aber damals wurde das Kind meist auf ein Podest vor einen weißer Wand gestellt oder gesetzt. Dann bekam es Requisiten in die Hand gedrückt. Ein Bilderbuch. Einen Teddybären. Der Klassiker war dieses Telefon mit Wählscheibe. Ich glaube, in meiner Generation gibt es kein Kind, das nicht mit einem dieser Fake-Telefone telefoniert hat.

Natürlich haben mich meine Eltern auch zu so einem Fotografen geschickt – wenn man schon nicht viel miteinander sprach, wollte man doch schöne Fotos von dem Mädchen haben. Denn angegeben haben meine Eltern durchaus mit mir. Ich war ja ein hübsches Mädchen. Das konnte man ja gut vorzeigen.

Das war also mein erstes Shooting, wenn man es genau nimmt. Andere Kinder schreien, brüllen, machen Theater. Mich hat man von der Kamera gar nicht mehr wegbekommen, so viel Spaß hat mir das Ganze gemacht.

Die Fotografin – eine Blondine mit megaviel Haarspray in den Haaren – war ganz begeistert von mir.

»So ein liebes Mädchen habe ich hier aber noch nie gehabt. Das machst du aber gut! So, und nun schau noch mal dahin zur Mutti ...«

Da saß ich aber schon so, wie sie es haben wollte.

Ihr werdet vielleicht denken, dass ich jetzt in diese kleine Sache zu viel hineininterpretiere. Ja, damit könntet ihr vielleicht recht haben. Aber nur vielleicht. Denn ist es nicht immer so, dass man ein Talent, das man später weiterentwickelt, schon in der frühen Kindheit entdeckt hat?

Der Junge, der als Mann seine Ölbilder auf den internationalen Kunstmessen ausstellt, wird sich auch an die ersten Bilder erinnern, die er mit Buntstift im Fäustchen auf Muttis Eckbank in der Küche gemalt hat. Es ist also nicht so abwegig, dass ich das Kinder-Shooting bei der blonden Fotografin mit dem vielen Haarspray so bedeutend fand.

Auch heute noch mag ich es, mich zu inszenieren. Aber natürlich lange nicht mehr so brav wie damals. Ich liebe es, mich in schöner Kleidung und meine schönen, langen Haare zu präsentieren. Mit Haaren kann man ohnehin viel machen bei so einem Shooting. Sie sind ein sehr hilfreiches Accessoire und sie können sehr erotisch wirken.

Meine ersten professionellen Fotoerfahrungen habe ich im Beautybereich gemacht. Ich war ja lange im Außendienst für eine Kosmetikfirma unterwegs – für diese Firma habe ich auch oft als Model gearbeitet. Damals hatten die ein besonderes Interesse an meinen Fingernägeln. Ich trage immer extravagante Designs. Lang, aber gepflegt und gerne in verrückten Farben. Meine Hände habe ich gerne in die Kamera gehalten. Daraus haben sich dann ein paar Jobs entwickelt.

Dann habe ich kleinere Modeljobs im Bereich Mode gemacht. Kataloge. Versandmode. Eine Zeit lang habe ich mich zurückgezogen, weil ich zu viel für die Arbeit unterwegs war. Ich wollte nicht bei einem meinen Kunden gefragt, werden: »Frau Scholz, habe ich Sie nicht schon irgendwo gesehen?« Und dann merkt man, dass die den Versandkatalog, in dem sie gerade geblättert hat, unter den Tresen schiebt – und du hoffst, dass das nicht gerade die Wäschefotos waren, die sie gesehen hat ...

Dann brauchte ein Freund von mir ein Cover für ein Dirndlmagazin – und schon hat es wieder Klick gemacht bei mir. Jetzt nehme ich wieder regelmäßig Jobs an.

Man braucht eigentlich keine Vorkenntnisse, wenn man als Model arbeiten will. Hauptsache ist, man gibt sich der Sache voll hin und hat Spaß dabei. Dann klappt das alles von ganz alleine. *Learning by doing.* Ein Supermodel wie Claudia Schiffer hat auch nie eine Ausbildung gemacht – sie hat einfach probiert, ob sie's kann, und hat dann nach und nach Erfahrungen gesammelt. So ging es mir auch. Ich habe keine Probleme, mich vor der Kamera zu zeigen. Null Angst. Null Scheu. Wenn es Klick-Klick macht, dann blühe ich auf. So, wie man die Atmung oder den Herzschlag nicht kontrollieren kann, vollziehe ich zahlreiche Posen, ohne darüber nachzudenken – es ist ein natürliches Talent.

Dieses Talent, dieses Gefühl für gutes Posing, hat auch viel damit zu tun, wie ich meinen Körper empfinde. Ich bin nicht ganz unattraktiv und sorge dafür, dass ich immer eine gepflegte Erscheinung habe. Ich sorge mich um eine gute Ernährung. Ich esse viel Obst und Gemüse, manchmal Fisch. Chips kommen mir nie ins Haus. Ich möchte vital und fit bleiben, und ich glaube, vitaminreiches und wertiges Essen stärkt den Körper. Gibt ihm Power. Fettes, ungesundes Zeug kostet Energie. Schwächt. Das möchte ich nicht. Und weil ich mich daher so wohl in meinem Körper fühle, kann ich das auch vor der Kamera entsprechend rüberbringen.

Ich bin auch der Meinung, dass die Fotografie einen viel über den eigenen Körper lehrt. Wie sieht er aus? Wie kann ich mich bewegen? Wo zwickt es, wenn ich eine Pose ausprobiere? Man entwickelt ein Gespür für seinen Body – und dessen Grenzen. Die eigene Körperwahrnehmung wird also immer besser. Ich habe irgendwann mal gemerkt, dass ich nur bis zu einem bestimmten Winkel über die Schulter sehen konnte, ohne dass es mir wehtat. Ich stellte fest, dass meine Nackenmuskeln schrecklich verspannt waren. Ich habe sofort mit einem kleinen Training angefangen, dass ich täglich absolviere – sich gesund bewegen und aufrecht halten zu können ist sehr wichtig, wenn man vor der Kamera steht.

Doch vor der Kamera zu posieren leistet noch mehr. Es hebt die Stimmung. Ich pose nicht nur gut, weil ich mich gut fühle: Ich fühle mich auch gut, weil ich pose. Das ist wie mit schöner Unterwäsche. Wenn man die trägt, fühlt man sich gut. Den ganzen Tag. Auch wenn keiner sie sieht. Und mit dem Posen ist es ähnlich: Sich vor der Kamera geschmeidig bewegen zu können, seinen Körper voll unter Kontrolle zu haben, kickt. Es gibt einem ein tolles Gefühl. Ich denke, dass die Haltung zum eigenen Körper das Fundament ist für eine positive innere Haltung und ein gesundes Selbstbewusstsein. Man erreicht, indem man für seinen Körper etwas tut, auch die Seele.

Wie ich das meine? Ihr könnt euch vielleicht noch daran erinnern, dass ich schwere Essstörungen hatte, als mich Ingo verlassen hat. Wenn es mir nicht gutgeht, dann falle ich in ein tiefes schwarzes Loch und vergesse zu essen. Es ist nicht wie bei einer Magersucht, dass ich zwanghaft Kalorien zähle und viel Sport mache, um ja kein Gramm zuzunehmen. Ich habe einfach keinen Appetit.

Die Trennung war für mich sehr schmerzlich gewesen, was sich auch an meinem Körper gezeigt hat. Ich hatte das Gefühl, ich hätte meine ganze Dynamik verloren. Ich war nicht nur mager geworden, sondern auch ohne Ausdruck und Körperspannung. Mein Body war lasch, und mir fehlte die Präsenz – ich wollte mich zurückziehen. Die Schönheits-OP und die Arbeit mit der Kamera haben mir diesen Ausdruck zurückgegeben. Es war wie eine Befreiung. Eine Therapie. Die Shooting selbst und die Vorbereitungen darauf haben mir geholfen, mich aus meiner Versteinerung zu lösen.

Die Vorbereitung ist für mich ohnehin das Wichtigste. Ich frage mich immer: Wie will ich mich präsentieren? Was erwarte ich von den Ergebnissen? Dann experimentiere ich mit High Heels, Frisur, Make-up. Ich liebe seidene Wäsche. Man sollte sich sexy fühlen, denn sonst zeigt sich die eigene Unzufriedenheit im Gesicht. Und wer will schon solche Fotos sehen? Man verstellt sich für diese Modeljobs nicht einfach, sondern man sorgt dafür, dass man wirklich gut drauf ist. Und genau das war eine wichtige Sache, die mich mit aus meinem Loch herausgeholt hat. Mein Panzer fiel von mir ab. Und ich habe begonnen, mich wieder als begehrenswerte Frau zu fühlen. Sexy und stark! Genau die richtige Medizin, wenn man schlimmen Liebeskummer hat.

Ich hatte euch schon erzählt, dass ich in dieser Zeit auch angefangen habe, selbst zu fotografieren. Ingo hatte mir viel darüber erzählt. Er war ein guter Lehrer, und ich habe angefangen, meine Kenntnisse darüber auszuweiten.

Letztendlich hat er den Anstoß dazu gegeben, dass ich endlich selbst hinter die Kamera getreten bin. Es kamen noch zwei andere Überlegungen hinzu:

Zum einen werde ich nicht jünger, und wer weiß, wie lange ich noch vor der Kamera stehen kann, ohne dass es peinlich wird. Irgendwann werden mich die Fotografen nicht mehr buchen und ich mich selbst nicht mehr als fotogen empfinden. Dann bleibe ich auf diese Art in der Branche und mache einfach meine eigenen Fotos.

Zum anderen finde ich, dass viele Fotografen es einfach nicht bringen. Sie halten immer auf das Offensichtliche: Arsch. Titten. Pussy. Dazu kommen Sexshop- oder Puffrequisiten, und alles wird dann in der Nachbearbeitung mit einem Softschleier abgedimmt. Und so was soll dann neu sein? Das hat *Penthouse* schon in den 1980ern gemacht und ich frage mich, wieso viele Fotografen sich da nicht weiterentwickeln. Selbst wenn sie einen ganzen Tag Zeit haben und sich alles Mögliche überlegen können, kommen meist nur langweilige Fotos heraus. Das hat mich schon oft geärgert. Ich habe mir Mühe gegeben, Posen angeboten, mir alles Mögliche ausgedacht – und dann kamen nur solche Arsch-raus-Titten-raus-Pics zustande. Wie kann man nur so einfallslos sein? »Typisch Mann«, dachte ich. Reduzieren Frauen nur auf ihre Geschlechtsmerkmale.

Deshalb habe ich einfach selbst angefangen, mit der Kamera zu experimentieren. Ich habe schon erzählt, dass ich damals, nach der Trennung von Ingo, eine Freundin gefunden habe, mit der ich in die freie Natur gehe und Fotos mache. An abgelegenen Seen, an Bäumen, auf Steinen. Meine Freundin und ich wechselten uns ab. Mal poste sie, mal ich. Requisiten wie Schmuck und Pelze brachten wir mit – ich liebe Pelz auf nackter Haut – uns inszenierten uns dann damit. Im Grunde lief es immer auf einen klassischen Akt hinaus, und wir mussten aufpassen, dass wir nicht wegen Erregung öffentlichen Ärgernisses angezeigt wurden.

Einmal kam in der Tat ein Polizist vorbei, der seinen Schäferhund zum Trainingsplatz um die Ecke führte. Als der Mann uns sah, kam er auf uns zu und fragte nach unseren Personalausweisen.

»Kann man einer nackten Frau in die Tasche greifen?«, habe ich gefragt.

Er hat gelacht und ist weitergegangen.

»Aber lassen Sie sich nicht erwischen.«

Puh, das war noch einmal gut gegangen.

Aber natürlich war er nicht der Einzige, der uns gesehen hat. Ich möchte wetten, dass da so mancher Spanner im Gebüsch gesessen und es sich selbst gemacht hat.

Manchmal haben auch einsame Jogger haltgemacht und zugeschaut, weil ihnen unsere Show gefiel. Mich hat das nur noch mehr angespornt, mit meinen Posen anzuheizen. Ich habe mit meinen Reizen gespielt und mich für die Männer interessant gemacht. Einige haben echt nicht mehr die Augen von uns gelassen und ihr Sportprogramm total vergessen.

Ich wette, sie wären enttäuscht gewesen, wenn sie gesehen hätten, was wirklich auf den Fotos drauf war. Obwohl ich oder meine Freundin nackt sind, sind unsere Aufnahmen keine Titten-raus-Arsch-raus-Fotos: Im Mittelpunkt steht nie der Körper, sondern immer das Gesicht. Ja, ihr habt richtig gelesen. Das Gesicht. Darauf stelle ich den Fokus ein. Das gibt einen tollen Effekt, weil die Schärfe auf den Augen liegt und man aber natürlich doch auf die Brüste, die Hüften, das Dreieck schaut.

Man kennt das von Männern, die immer auf den Busen starren, dann merken, dass das peinlich ist, und versuchen, einem krampfhaft in die Augen zu starren, aber schon geht der Blick wieder nach unten, wo er doch eigentlich nicht hingehen soll. So ist das mit meinen Fotos. Nur umgekehrt. Der Blick geht vom Busen zum Gesicht, weil da die Schärfe draufliegt. Das ergibt eine tolle Spannung und ist eben ganz anders als die normale Aktfotografie.

Meine Bilder sind nicht für den flüchtigen Betrachter geeignet. Sie geben Rätsel auf und laden zu einer Reise zu den eigenen Gefühlen ein. Meine Bilder mögen vordergründig mit Erotik zu tun haben, aber sie sind immer auch ein tiefer Blick in das Innere der Seele.

Ich habe auch Vorbilder, an denen ich mich orientiere. Von Helmut Newton habe ich euch schon erzählt, aber mindestens ebenso sehr faszinieren mich die Fotografien von David Penprase und Jan Saudek. Sie arbeiten beide mit Nacktmodels, aber sie als Aktfotografen zu bezeichnen wäre viel zu kurz gegriffen. Sie inszenieren den Schmerz der Seele. Zerrissenheit. Zwänge. Angst. Fantasien. Mystik. Leid und Selbstzerstörung. Sie mögen Schwarz-Weiß. Licht und Schatten. Dieses Spiel mit Grenzen ist ganz meins. (Das ist ja auch das, was ich an den Rollenspielen im SM-Club mag.) Sie zeigen, dass man mit Fotografie noch viel mehr ausdrücken kann als das, was das bloße Auge sehen kann.

Das ist auch mein Ziel, und ich habe noch viel vor auf diesem Gebiet.

Es gibt bestimmt einige unter euch, die auch einmal Lust haben, zu einem Fotoshooting zu gehen und sich erotisch fotografieren zu lassen. Ich kann es jedem nur empfehlen, denn es hilft, den Körper auf eine ganz andere Art wahrzunehmen als bisher. Man kann dadurch außerdem reichlich Selbstbewusstsein tanken und viel über seine eigene Wirkung lernen.

Viele Menschen – nicht nur Frauen – sind unzufrieden mit ihrem Körper. Zu dick. Zu dünn. Zu unsportlich. Zu dies. Zu das. Aber ich finde, jede Frau kann schön sein. Und natürlich auch jeder Mann. Denn auch die lassen sich ja immer öfter erotisch porträtieren. Am Strand. Im Pool. Im Fitnessstudio. Mit Schweiß auf der Haut. Es kommt nicht auf den Körper an, sondern darauf, wie man seine Reize richtig einsetzt und in Position bringt. (Schaut euch mal die Fotos von Jan Saudek an. Er fotografiert auch sehr dicke Frauen, alte Frauen, Frauen mit riesigen Hängebrüsten. Aber es ist nie ekelhaft. Nie!)

Zu Hause mit dem Partner ein wenig posieren zu üben ist kein schlechter Anfang. Das ist normal und macht wohl jedes Paar, wenn es über die Kennenlernphase hinaus ist. Auch das kann man ja wie ein tolles Vorspiel gestalten. Sich anhimmeln, sich heiß machen. Da geht so manches. Ich möchte aber denjenigen, die sich vielleicht auch professionell betätigen wollen, ein paar Tipps mitgeben. Ihr müsst ja nicht die Fehler, die ich gemacht habe, auch noch machen.

1.  Manchmal fragen die Leute im Netz, ob man nicht mal Lust auf ein Shooting hätte. Wenn ihr euch in einem Sexportal kennengelernt habt, dann könnt ihr euch schon vorstellen, um was für eine Art von Shooting es hier geht. Katzenbilder werden es nicht sein! Das muss nicht schlecht sein, denn es ist ja logisch, dass Agenturen und Fotografen auf solchen Portalen nach neuen Models suchen.

    Ihr könnt auf sehr einfache Weise herausfinden, ob es sich um eine seriöse Anfrage handelt. Ihr fragt, ob ihr die Spesen für Anreise und Abfahrt auch für eine Begleitperson bezahlt bekommt.

»Eine Begleitperson?«, werdet ihr jetzt fragen. »Wozu ist die denn wichtig? Der Einzige, den ich als Begleitperson akzeptieren würde, ist mein Partner, und für den sollen die Fotos doch eine Überraschung sein.« Ja, richtig. Dann aber nehmt eine Freundin mit, besser einen Freund. Denn ich rate euch, nicht ohne Begleitung zu so einem Shooting zu gehen. Ihr seid allein. Ihr seid nackt. Muss ich euch noch mehr erzählen? Oder könnt ihr euch vorstellen, dass da jemand auf ganz, ganz dumme Gedanken kommen kann?

Ich bin mal an einen besonders miesen Typen geraten. Er war aus Österreich und hatte einen Pseudo-Künsterlook mit langen Haaren und Halstuch. Das hatte er wohl mal in einem Film gesehen. Ich hatte nur Wäsche an und posierte für ihn.

Da sagte er plötzlich:

»Kannste nicht mal ein bisschen geiler gucken?«

»Aber ich bin doch schon erotisch.« Ich wusste nicht, was der noch wollte.

»Na, halt so ein bisschen geiler. Mach mal den Mund feucht und lass ihn ein bisschen offen stehen. Du hast so einen schönen Mund.«

Das habe ich noch hinbekommen, aber mein Bauchgefühl sagte mir, dass das in die falsche Richtung läuft. Dann ging es weiter.

»Na, kannste dich nicht auch so ein bisschen anfassen. Na, weißt schon. So ein bisschen zwischen den Beinen reiben. Und kannst den Slip auch gleich etwas runterziehen, weißt schon. Damit man auch ein bisschen was zu sehen bekommt. Da muss ja auch so ein *bisschen* Sex rüberkommen.«

»Ähm.«

»Na, was is jetzt? Trauste dich nicht, oder was?«

»Doch, doch, es ist nur so, dass ...«

»Ach, ich glaube, du bist eine ganz Prüde. Solche hab ich

194

hier öfter. Die wollen ein Erotikshooting machen, und dann stellen sie sich an wie 'ne Hausfrau, die von nichts eine Ahnung hat. Wollen wir jetzt Hausmütterchensex machen?« Er tat dann so, als ob das mit mir keinen Sinn habe, damit ich mich provoziert fühle und dann doch mache, was er will. Ich habe ihm aber recht gegeben und bin gegangen. Es ist zum Glück nicht Schlimmeres passiert, und er ist mir nicht an die Wäsche gegangen. Heute weiß ich: Das war knapp. Es gibt Mädchen, denen das passiert. Mein Rat also: Begleitperson mitnehmen! Dann habt ihr jemanden, der auf euch aufpasst.

2. Sorgt dafür, dass ihr einen Vertrag habt. In diesem Vertrag müssen natürlich die Gage und der Zeitaufwand drinstehen, die ihr vereinbart habt. Ihr müsst zudem auch sicherstellen, an wen die Fotos verkauft und wo sie abgedruckt oder online gestellt werden und wer sie runterladen darf – und wie viel ihr von diesen Verkäufen abbekommt. Es muss auch klar sein, welche Art von Fotos gemacht wird. Die Branche hat ihr eigenes Vokabular: z. B. mit Nippel/ohne Nippel, mit Haaren/ohne Haare (das stammt noch aus einer Zeit, als man sich nicht rasiert hat; soll heißen: Sieht man die Scham oder nicht?), »Pinkshots« – das heißt, ihr öffnet eure Beine und zeigt alles.

3. Sorgt dafür, dass euch das Geld direkt nach dem Shooting in bar ausgezahlt wird. Auch deshalb ist es von Vorteil, eine Begleitung mit dabeizuhaben. Besonders, wenn sie groß ist und breite Schultern hat.

Alles klar? Ich drücke euch die Daumen für euer erstes Shooting. Und immer dran denken: Es ist noch kein Meister vom Himmel gefallen ...

# 16. KAPITEL

## Peter

### Missgeschicke – oder:
### Über Analfissuren und andere Sexpannen

In den letzten Kapiteln war ich ja oft so ein bisschen nachdenklich – das muss auch einmal sein. Aber jetzt werden wir wieder ein bisschen lustiger. In diesem Kapitel möchte ich euch von all den Pannen und Missgeschicken erzählen, die ich in Lauf meines wechselhaften Liebeslebens erlebt habe.

Ihr kennt sie bestimmt alle – diese Nachrichten von bizarren Unfällen, wo Männer mit einer Säge im Bauch oder einer Schraube im Kopf in der Notaufnahme landen? So etwas gibt es natürlich auch im Sexbereich, und das kann so megaunangenehm werden.

Erst neulich habe ich wieder so einen Fall in der Zeitung gelesen: Da hat es sich ein 70-jähriger Rentner mit der Gabel selbst gemacht, und die ist in seinem Schwanz stecken geblieben. Blaulicht. Notaufnahme. OP. Und ich möchte nicht wissen, was die Ärzte sich danach in ihrem Aufenthaltsraum über diesen Typen erzählt haben. Peinlich!

So schlimm hat es bei mir nie geendet. Aber bei so viel Sex, wie ich habe, könnt ihr euch vorstellen, dass bei mir in der Kiste auch nicht immer alles rund lief – sondern eher: wund.

Ich stehe zum Beispiel auf Spiele mit meinen Brustwarzen. Ich liebe es, wenn mein Lover daran herumleckt und knabbert. Ich bin dann meist mit meinen Händen eine Etage tiefer zugange. So kam es, dass einmal ein Kerl ein bisschen die Konzentration verlor (er eilte gerade seinem Höhepunkt entgegen), sodass er vor lauter Lust und Wonne in meine Nippel biss. Aua! Zum Glück hatte ich eine Hamamelis-Salbe im Bad. Dann haben wir einfach mit der weitergemacht, und Monsieur hat mich damit »verarztet«. Diese Nummer konnte ich also noch rumreißen. Ein anderes Mal ging es weniger glimpflich aus – da habe ich eine Woche lang nicht aufs Töpfchen gekonnt, weil es hinten so wehtat. Es ist ganz genau so, wie ihr denkt!

Peter hieß der »Meister«, der mir das eingebrockt hat. Er stand total auf Analsex. Eigentlich war das für mich immer eine Tabuzone gewesen, auch wenn ich euch aufgefordert habe, es doch mal auszuprobieren. Aber für mich ist es auf Dauer nichts. Zu lange Vorbereitung (Spülung machen, sich ewig reinigen …), und außerdem bin ich ja in Sachen Hygiene etwas empfindlich. Ich hatte beim Analsex immer das Gefühl, dass es irgendwie doch schmutzig ist und ich mir etwas hole. Und wenn die Darmbakterien in die Pussy gelangen, können sie fiese Pilze verursachen – und dann juckt es (auch mit Creme) eine Woche. Ich war vor Peter ständig dabei, aufzupassen, dass *er*, wenn er in »Loch 2« gewesen war, nicht danach direkt in meine Vagina gesteckt, sondern erst Mal das Kondom gewechselte wurde. Hey, wie kann frau sich da entspannen?!
Mit Peter begann eine ganz neue Zeit. Peter hatte ich im Netz kennengelernt, und er hatte mir sofort gesagt, dass er total auf anal steht. Welcher Mann tut das nicht, und deshalb machte ich mir nichts daraus, als wir uns im Hotel trafen. Aber Peter machte wirklich ernst. Er leckte, fingerte und nahm mich von hinten, und ich habe das erste Mal so einen Orgasmus zu bekommen, ohne noch an der Klitoris stimuliert werden zu müs-

sen. Ich war fasziniert. Das waren ganz neue Dimensionen, und Peter erklärte mir, dass auch Männer ihren Höhepunkt intensivieren können, wenn man ihnen die Darminnenwand massiert. Hatte ich euch ja auch schon von berichtet. Igitt, mögt ihr denken. Aber, ich verspreche euch: Der Mann, der das *einmal* so erlebt hat, der wird euch aus der Hand fressen. Den bekommt ihr so schnell nicht wieder los. Klar, nicht viele Frauen trauen sich, im Dunkeln zu wirken.

Jedenfalls lies ich mit Peter meine Hemmungen fallen, die ich beim Analsex vorher hatte. Und weil es so toll war mit ihm, haben wir uns gleich zu einem nächsten Mal verabredet. Wir hatten eine richtig kleine Affäre am Start. Einmal übernachtete er bei mir, und wir trieben es so doll, dass ich in einen komaartigen Schlaf verfiel. Morgens war er schon früher wach und wollte mich, während ich schlief, in Stimmung bringen. Er fingerte meinen Hintern, der noch ganz trocken war, und riss mir mit einem abgebrochenen Fingernagel eine Schramme in den After. Ich war noch so fertig vom Abend zuvor, dass ich weiterschlief wie ein Murmeltier. Später trieben wir es ganz normal vaginal, aber er riss mir, als er kam, die Pobacken auseinander – das war so seine Art, das heizte ihm besonderes ein. Die kleine Schramme wurde zu einer großen Schramme, und ich blutete wie verrückt. Das ganze Bett war plötzlich rot, und ich hätte vor Schmerzen die Wände hochgehen können. Ich stopfte mir – völlig unsexy – eine Damenbinde zwischen die Backen, um die Blutung zu stoppen. Peter fuhr mich zum Arzt. Diagnose: Analfissur! Wer *Feuchtgebiete* gelesen hat, weiß, worauf das hinauslaufen kann. Bei mir ließ sich die ganze Sache mit einer Calendula-Salbe richten. Aber so richtig heiß auf Peter war ich seitdem nicht mehr.

Das war die schmerzvollste Sache, die mir passiert ist, aber ich habe auch ein paar Pannen erlebt, die echt zum Schießen waren.

Einmal habe ich einen Typen in seine WG begleitet. Er hatte sturmfreie Bude, dachten wir, und gingen gleich voll zur Sache. Rauf, runter, hinten, vorne, oben, unten. Er nahm mich gerade so richtig schön von hinten ran, und ich kniete auf allen vieren auf dem Bett. Da flog plötzlich die Zimmertür auf, und sein schwuler Mitbewohner stand im Türrahmen.

»Ähm, ja, ähm ...« Dem Typen bliebe die Spucke weg.

Uns ging es nicht besser, und wir antworteten mit einem Hüsteln.

Dann schloss sich die Tür wieder – ganz langsam.

Als wir fertig waren, streifte ich den Bademantel des Typen über und ging in die Küche, um uns etwas zu trinken zu holen. Der Mitbewohner stand am Herd und rührte sich einen Vanillepudding an. Ich so:

»Na, Süßer. Hat dir gefallen, was du gesehen hast? Das war ja etwas, was du kennen müsstest, nicht wahr?«

Er lief knallrot an, und sein Pudding kochte auch über.

Zur Versöhnung habe ich dann den Herd geschrubbt.

Die nächste Panne hat ein wenig an meinem Selbstbild genagt. Aber ich will sie euch nicht vorenthalten. Ihr sollt ja auch einmal auf meine Kosten lachen dürfen.

In einem Club hatte ich einen netten Mann kennengelernt. Gut gebaut, dunkle Haare, grüne Augen, enges T-Shirt. Er war etwas jünger als ich und lud mich ständig zu Tequilas ein. Immer Salz auf die Hand, Zitrone in den Mund, und dann runter mit dem Zeug. Eine Runde, sweite Runde, ritte Runde, hierte Runde, fürnde, usw. Ich muss zugeben, mir ging es nicht so gut, und diese ganzen Kurzen haben mich echt fertiggemacht. Wir müssen es aber irgendwie noch ins Hotel geschafft haben. Denn das letzte Bild, das ich in Erinnerung habe, war, dass Tom (oder Tim oder Bob oder Horst?) gerade auf mir lag und mich kräftig rannahm. Ich bin mittendrin weggeratzt.

Am Morgen darauf fand ich neben der leeren Kondompackung auf meinem Nachtisch folgenden Zettel:

»Kannst dich ja mal melden, wenn du dich so richtig ausgeschlafen hast.«

Obwohl der Typ ganz süß war, dachte ich: »Das werde ich bestimmt nicht tun«, und schmiss den Zettel in den Papierkorb. Lieber mit einem anderen Typen einen Neuanfang starten. Ich konnte mich ja ohnehin nicht dran erinnern, ob er es im Bett gebracht hatte oder nicht. »Also neues Spiel, neues Glück«, dachte ich und bin gleich am Abend wieder in einen Club gegangen. Total aufgebrezelt, mit meterhohen High Heels. Da stand dann mein Lover von letzter Nacht mit seiner Clique – und immer, wenn ich an ihnen vorbeiging, hielten sich alle die Hand vor den Mund und gähnten. Wie peinlich!

Die dritte Sexpanne, von der ich euch berichten will, hat mich zum Glück wenigstes erotisch befriedigt. Ich habe jetzt nämlich verstanden, was an »knackigem Gemüse« so dran ist. Was, werdet ihr denken, Kerstin hat jetzt den Männern den Rücken gekehrt? Nein, nein, es ist ganz anders, als ihr denkt.

Ich habe euch ja schon einmal anvertraut, dass ich eine totale Schwäche für Liebeskugeln habe – ich stecke sie mir rein und ziehe sie mir ganz langsam wieder raus. Besonders spannend finde ich es, wenn mein Typ den Faden in den Mund nimmt und mich damit in den Wahnsinn treibt. Als ich auf die Idee kam, dieses Toy mal wieder in mein Liebespiel einzubauen, musste ich feststellen, dass ich meine Liebeskugeln wohl im Hotel vergessen hatte. Aber ich wäre nicht ich, wenn ich da kein Improvisationstalent hätte. Ich ging also in die Küche, nahm eine Karotte, schnitt sie in Scheiben, fädelte einen Faden durch und brachte sie so ins Spiel, wie ich das immer mit meinen Liebeskugeln mache. Mein Lover sollte sie mir mit den Mund rausziehen. Aber der Faden riss, und er durfte dann die einzelnen Stücke aus mir herausfingern. Wäre ich nur früher auf diese Idee gekommen! Er hat meinen G-Punkt so dermaßen traktiert, dass seitdem Karotten bei jedem Einkauf in meinem Wagen landen.

Die allerallerpeinlichste Geschichte aber hat mit meinem Fetisch für Skifahrer zu tun. Ich fahre sehr gerne Ski. Zum einen, weil ich diesen Sport liebe und es wunderbar finde, mit ganzem Körpereinsatz den Hang hinabzuwedeln und Linien in den Schnee zu ziehen, zum anderen trifft man da so viele süße Typen, dass ich nie das Gefühl habe, hier komme ich zu kurz. Im Lift, auf der Hütte, beim Après-Ski – überall kommt man sofort ins Gespräch und sich sehr schnell auch etwas näher.

So auch dieses Mal. Ich war in einer Gruppe gelandet, und wir amüsierten uns prächtig beim Après-Ski. Einer der Typen grinste schon die ganze Zeit so provokant zu mir rüber. Sein Blick war leicht glasig, und ich dachte mir: »Wow! Dem springt die Geilheit ja schon aus dem Gesicht.« Es dauerte nicht lange, da fanden wir uns in einem Nebenzimmer der Gaststätte wieder. Ich die Hose runter, er seinen Kopf zwischen meinen Beinen. Ich merkte, dass der glasige Blick gar nicht vom seiner Geilheit herrührte, sondern dass er sturzhackevoll war und kaum gehen konnte. »Egal«, dachte ich mir. Jetzt, wo wir hier sind, können wir es doch mal probieren! Da fing er schon an, mich heftig zu lecken und zu fingern. Ich war in Sekundenschnelle an meinem Höhepunkt angelangt und wollte ihm auch Vergnügen bereiten – aber er winkte ab. Zu betrunken, sagte er. »Der kriegt nichts mehr zustande.« Dabei zeigte er auf sein Würmchen von Penis, der vor Kälte ganz zusammengezogen waren. Wir kicherten und beschlossen zu gehen. Er zuerst, damit es nicht so auffiel, dass wir gemeinsam weg waren. Ich sollte nachkommen. Ich quetschte mich wieder in meine pinkfarbene Skihose und kam dann nach. Da erst sah ich, dass sein Mund voller Blut war. »Oh Gott!«, dachte ich. Ich hätte mir an die Stirn klatschen können. Ich hatte ja meine Tage bekommen – hatte das aber erst vor einer Stunde festgestellt und nichts dabei, um zu »sichern«. Seine Kumpels, die nicht weniger betrunken waren als er, merkten jetzt auch langsam, was los war, und als sie mich mit vermeintlich unauffälliger Verspätung an den Tisch treten sahen, wussten sie, was los war. Sie lachten sich schlapp, und mein Kavalier trollte sich auf Toilette und wurde den ganzen Abend nicht mehr gesehen.

Pannen, Pech & Pleiten – ihr seht, das ist auch in meinem Leben total normal und gehört, glaube ich, wenn man Sex hat, einfach dazu.

Wo gehobelt wird, fallen Späne. Da braucht man jetzt kein Mathematiker zu sein, um die Wahrscheinlichkeit solcher Missgeschicke auszurechnen. Meine Theorie ist: Es trifft nur die nicht, die keinen Sex haben. Also müssen die, die Sex haben – und ich hoffe, ihr habt welchen, denn es ist die schönste Sache der Welt –, sich darauf einstellen, dass es nicht immer glatt läuft. Das Beste ist, sich da einfach locker zu machen und zu lachen. Pannen gehören zum Sex wie Toys und Kondome. Da müssen wir uns nichts vormachen. Ich denke, dass jeder von euch so eine kleine Geschichte auf Lager hat, die er besser nicht an die große Glocke hängen möchte. Ein donnernder Pups, schmatzende Fickgeräusche, ein kaputtes Sextoy, ein Nachbar, der alles mitbekommt, weil ihr die Rollläden im Eifer des Gefechts nicht geschlossen habt – und keiner spricht drüber. Genau deshalb habe ich mich entschlossen, euch diese Dinge zu erzählen. Ich möchte euch einfach sagen: »Hey, ihr seid nicht allein. Da muss man sich jetzt keinen großen Kopf drum machen.« Ficken ist nun einmal ein schmutziges Geschäft. Also locker bleiben, ehrlich bleiben, Spaß haben! Wenn im Bett wirklich alles erlaubt ist, was zwei Menschen Spaß macht, dann sind auch Pannen erlaubt.

Doch ein kleiner Rat an alle Leserinnen (Männer, ihr hört jetzt mal weg oder lest erst im nächsten Abschnitt weiter ...): Nur über eine Sache solltet ihr euch niemals lustig machen. Nie. Wenn ein Mann einen Hänger hat. Auch das passiert – viel häufiger, als man glaubt. Männer stehen unter Druck. Im Job, bei Freunden, mit der Familie. Sie sind auch so veranlagt, dass sie immer siegen wollen, und deshalb machen viele Typen auch aus Sex so eine Riesensache. Und je größer und bedeutender das Gebiet gemacht wird, auf dem man siegen will, desto größer ist die Gefahr, zu versagen. Der kleine oder manchmal auch etwas größere Freund macht diesen Stress nicht mit. Er ist ehrlich. So, wie gute Freunde eben ehrlich sind. (Nur wenn das *immer* vorkommt, dann ist es ein Problem. Aber nicht eures. Dann sollte euer Kerl mal zum Onkel Doktor gehen und fragen, ob der helfen kann. Es muss nicht immer die Psyche sein, die schlappmacht. Manchmal können solche Ständer-Burnouts auch organisch bedingt sein.) Wenn also mal eine wirkliche Panne passiert – Schwamm drüber. Kann passieren!

Was aber auf gar keinen Fall passieren darf, ist – und da bin ich streng! –, dass man sich nicht anstrengt. Das. Geht. Gar. Nicht. Wenn man miteinander ist Bett geht, dann sollten alle Beteiligten dafür sorgen, dem anderen Vergnügen zu bereiten. Es ist total egoistisch, sich seinen Spaß zu holen und den anderen unbefriedigt zurückzulassen. Und wenn man eben (immer noch) nicht weiß, wie das geht, eine Frau in den Sexhimmel zu schicken, dann sollte man einfach fragen: Wie hast du es gerne? Was magst du gerne? Wie findest du es schön? Ist jetzt nicht so schwierig, oder? Ich bin nämlich schockiert darüber, wie viele Männer es im Bett einfach nicht draufhaben. Und dabei denken sie, sie wären die Helden. Sie sind in Wahrheit kleine egoistische Kinder, die nicht dazulernen wollen und jede Art von Nachhilfe als Egodämpfer erleben. Dabei will man sie doch nur etwas fürs Leben lehren. So rein aus schwesterlicher Nächstenliebe. Damit es wenigstens bei der Nächsten besser klappt.

Ich habe jetzt mal eine Liste mit typischen »Schlechter-Sexemplaren« zusammengestellt – denn wenn wir sie schon alle einmal erleiden mussten, dann wollen wir jetzt doch wenigstens über sie lachen. Und die Herren können sich ja überlegen, ob sie daraus nicht doch noch etwas für sich lernen können.

## Der Schlechtküsser:

Er kommt zuerst dran, weil es ja meist mit Küssen anfängt. Schon da, finde ich, kann man prima erkennen, ob es weitergehen darf oder nicht. Ich spreche jetzt nicht über Mundgeruch oder schlechte Zähne. Ich spreche von der simplen Tatsache, ob jemand küssen kann oder nicht. Da gibt es einmal den *Rotator*: Er bohrt seine Zunge wie ein Propeller in deine Mundhöhle. Du aber kämpfst heftig gegen einen Würgereiz an, weil er dein Zäpfchen mit seinen Tiefenbohrungen malträtiert. Dann haben wir *Ed-von-Schleck*: Ed von Schleck hält sich für einen Bernhardiner und deinen Mund für einen Wassernapf. Er schlabbert, als ob er 40 Tage in der Wüste verbracht hätte. Ekelig. Nächster Kandidat ist der *Kolibri*: Er spitzt seine Zunge zu einem Schnäbelchen und pickt in dir herum, als ob er ein Würmchen in der Borke sucht. Aber meinen Lieblingskandidaten kennt ihr schon, es ist der *Wassermann*: Feucht reicht ihm nicht, er liebt es nass. Er passt auf, dass auch der letzte Winkel deines Rachens gut bewässert ist, und ist erst glücklich, wenn dir der Speichel aus den Mundwinkeln läuft. Du aber überlegst, wo du bloß diese verdammten Tampons mit der extrastarken Saugwirkung hingelegt hast ...

## Der Schlechtanfasser I:

Frauen sind zarte Wesen, dennoch wollen wir so angefasst werden, dass wir die Leidenschaft der Männer spüren. Leider gibt es immer wieder Kandidaten, die es im wahrsten Sinne des Wortes nicht im Griff haben. Die einen denken, sie sind im Streichelzoo, und glauben, dass eine ganz langsame Annäherung die nötige Entspannung bringt. Leute, wenn ich entspannen will, dann gehe ich zur Massage. Und selbst die sorgt für mehr Action. Vorspiel: Ja, bitte. Endloses Rumgetue ohne Sinn und Verstand: Nein, danke.

Dann gibt es das genaue Gegenteil: der *Kneter und Grapscher*. Jeder Griff ein blauer Fleck. Jede Umarmung ein Ringkampf. Glücklich, wer da heil rauskommt. Eine besondere Kategorie sind die *Melker*: Sie konzentrieren sich ganz auf die Busenregion und glauben, wenn sie ordentlich drücken und pressen und quetschen, dann bringt das ihr Mädchen in Stimmung. Nein, tut es nicht. Das tut weh! Meine Brüste sind keine Euter. Und teuer waren sie auch noch ...

## Der Schlechtanfasser II:

Man kann nicht nur oben, sondern auch unten schlecht angefasst werden. Ich nenne solche Typen, die es unten nicht raushaben, immer »Stechfinger« – damit ist schon alles klar. Sie sind sehr weitverbreitet und haben *keine* Ahnung von weiblicher Anatomie. Sie nehmen Zeige- oder Mittelfinger, manchmal beide, und stochern damit in deiner Pussy herum, als wären sie eine Nähmaschine. Rein, raus, rein, raus, rein, raus, rein, raus, rein, raus ... Und da wundern die sich, dass man zwischendurch mal auf die Uhr sieht?

## Der Schlechtficker:

Ich meine nicht nur die *Rein-Raus-Kandidaten*, die einfach nichts anderes draufhaben. Die sind schlecht, aber noch schlechter sind diejenigen unter den Rein-Raus-Kandidaten, die sich ohne Vorspiel auf einen stürzen und ihren Schwanz direkt ins Döschen stecken – egal, ob die Frau schon warm gelaufen ist oder nicht. Frei nach dem Motto: Wenn ich da bin, dann bleibt schon kein Höschen trocken, da kann es gleich zur Sache gehen. Sie reduzieren Sex auf den reinen Akt. Was vorher und nachher kommt, ist ihnen egal. Auch, ob die Frau kommt. (In diesem Fall meist nicht).

Dummerweise erkennt man solche Kandidaten meist erst, wenn es zu spät ist, das heißt, wenn man schon in der Kiste gelandet ist. Was tun? Ich empfehle immer, ehrlich zu sagen: So und so will ich es besorgt bekommen. Und so und so geht es gar nicht. Wie sollen die armen Kerle denn Fortschritte machen, wenn sich keine traut, ihnen zu sagen, wo es langgeht?

Übrigens: Nun haben wir uns ein bisschen über die Männer lustig gemacht. Ihr männlichen Leser: Nehmt es mir nicht übel! Es gibt natürlich bestimmt genauso viele Frauen, die mies küssen. Die übel riechen. Die im Bett da liegen wie ein Brett. Die sich einfach völlig blöd anstellen. Schlecht im Bett zu sein ist weiß Gott kein Makel, der allein dem männlichen Teil der Schöpfung vorbehalten wäre. Da bin ich mir ganz sicher. Ich müsste mal ein paar Männer befragen, was die uns Frauen so vorwerfen. Da käme bestimmt auch so einiges zusammen. An falscher Technik und Körperhygiene ... Gerade das Blasen sollen ja auch nur ganz wenige Frauen wirklich gut beherrschen. Da habe ich über die Jahre auch immer wieder wildeste Storys von meinen Männern gehört.

Und damit ihr Jungs jetzt nicht eingeschnappt seid, möchte ich euch auch noch eine peinliche Schwäche von mir offenbaren. Wie? Was soll denn jetzt noch nach Sex mit Transen und Analdildo kommen? Natürlich etwas, was nicht so aufregend ist, sondern etwas unangenehm. Ich mache euch ein Geständnis. Ich liebe es, wenn Männer beim Sex Skistiefel anhaben. Ja. Ihr habt richtig gehört. Die Schnallen müssen schön geschlossen sein, damit alles klobig und stabil bleibt. Mich macht das Geräusch, das sie beim Gehen machen, voll heiß. Skischuhe symbolisieren für mich Sport, Wendigkeit, Geschicklichkeit, Männlichkeit, Abfahrt, Slalom und, natürlich Super-G(-Punkt). Vergesst es gleich wieder.

# 17. KAPITEL

## Marcel

### Was will ich eigentlich? – oder:
### Wie eine OP alles veränderte …

Es fing mit ganz einfachen Krämpfen an. Aber das kennt man ja als Frau. Kurz vor der Menstruation sind Krämpfe, Rückenschmerzen und Zickereien völlig normal und kein Grund, sich aufzuregen. PMS nennt man das, und wehe dem, der da einer Frau blöd kommt. Da wird ganz scharf geschossen.

Wie ihr wisst, zog ich, wenn es so weit war, meist meine Kuschelhose und Kuscheljacke an, setzte mich vor den Fernseher und schaute Serien. Ich halte mich wie Linus von den Peanuts an meiner Wolldecke fest und bin ganz anschmiegsam. Wenn die Krämpfe mir dann trotzdem zu sehr zu schaffen machen, habe ich ein Mittel dagegen, das besser ist als jede Medizin: Ich verwöhne mich mit meinem Lieblingsdildo. Es gibt nichts Besseres gegen Unterleibsschmerzen als ein schöner, heftiger Orgasmus. Man löst sich, ist danach entspannt und gut durchblutet.

Aber eines Tags brachte selbst das nichts mehr. Die Krämpfe wurden heftiger, und ich bekam zusätzlich noch Schüttelfrost, fror und schwitzte gleichzeitig, und kein Trick der Welt hat mir geholfen. Als ich nach zwei Tagen immer noch nicht fit war und auch, als ich nicht mehr blutete, Schmerzen hatte, beschloss ich, zum Arzt zu gehen.

Ich nehme meine Gesundheit sehr ernst und möchte nichts riskieren. Vielleicht, dachte ich mir, hatte ich mir trotz aller Vorsicht und den Gebrauch von Kondomen, ohne die bei mir ja nichts läuft, doch etwas eingefangen? Und da ich im Fall der Fälle niemanden anstecken wollte, fand ich mich plötzlich in einem Wartezimmer auf einem Stuhl aus Pressspanplatten wieder. Neben mir Schwangere, junge Dinger, die sich wahrscheinlich die erste Pille verschreiben ließen, und dicke Omis, die die Wechseljahre schon lange hinter sich hatten und in Klatschzeitschriften blätterten.

»Ja, Frau Scholz«, sagte der Arzt, nachdem er mich gebeten hatte, vom Gyn-Stuhl zu klettern und mich wieder anzuziehen. »Das sieht nicht so gut aus ...«

»Wie? Was meinen Sie? Habe ich mir was eingefangen?«

Er erklärte mir, dass sich in meiner Gebärmutter eine Anomalie gebildet hatte. Das so etwas durchaus vorkäme – er schaute auf meine Patientenakte – in meinem Alter und dass das nicht bedrohlich sei. (Ich war ein wenig beleidigt, dass er das mit meinem Alter so betonte. Normalerweise bekomme ich Komplimente dafür, wie jung ich aussehe. Die meisten schätzen mich fünf Jahre jünger. Mindestens! Aber egal ...) Aber man müsse handeln, und zwar bald, sonst würden die Krämpfe noch heftiger werden und der Eingriff schwieriger.

»Was für ein Eingriff?«, fragte ich.

»Ich rate Ihnen dazu, Ihre Gebärmutter entfernen zu lassen.«

Drei Tage später lag ich bereits in der Klinik, die den Eingriff vornehmen sollte. Ich bekam ein Einzelzimmer auf einer Entbindungsstation, wo nicht nur Kinder geboren, sondern auch »Frauenleiden« behandelt wurden. Ich machte mir null Gedanken, was auf mich zukommen könnte. Der Arzt erzählte mir, dass man eine LASH-OP bei mir vornehmen wollte. Das bedeutet: Nur meine Gebärmutter, die inzwischen auf die Größe eines Kindskopfes angewachsen war, würde durch kleine Schnitte in der Bauchdecke entfernt werden.

Die Eierstöcke aber blieben erhalten – das war gut, denn dann wäre der Hormonhaushalt weiterhin im Takt und ich würde noch nicht in die Wechseljahre kommen. Man weiß ja, was das heißt: Die Haut wird lasch, man leidet unter Hitzewallungen und schlechter Laune. Muss ich nicht haben. Auch sonst blieb alles drin. Das hieß: Ich konnte weiter ohne Probleme meinen erotischen Hunger stillen – ich kann nun mal nicht ohne Sex. Das Einzige, was nach der OP fehlen würde, wären meine Tage. Weil die Gebärmutter weg sei, würde ich nicht mehr bluten. Hey, darauf konnte ich gut und gerne verzichten. Fand ich ja sowieso immer nervig.

Einen Tag später fand ich mich auf dem OP-Tisch wieder. Als ich aufwachte, lag ich alleine in meinem Zimmer. Ich hob die Decke hoch und sah nichts als drei kleine Einstiche, da, wo früher, als ich mich noch nicht rasiert hatte, die Schamhaare endeten. Ich war erleichtert, als der Arzt bestätigte: Alles ist gut gelaufen. Keine Komplikationen, keine ungewöhnlichen Befunde.

»Bis auf diese Sache sind Sie kerngesund, Frau Scholz«, sagte er. »Sie haben eine gute Konstitution. Sie werden bald keine Beschwerden mehr haben.«

Es war nicht ganz so.

Das Einzige, was ich jetzt machen sollte, war, mich viel zu bewegen. Er riet mir, draußen auf dem Klinikflur herumzulaufen. Wenig später ging ich in langsamen Schritten – »bloß nichts aufreißen«, dachte ich! – die langen Gänge entlang. Es ging tatsächlich gut, nur da, wo früher meine Gebärmutter war, fühlte es sich an, als ob ich Steine in mir trage. Sie waren schwer, sie rumpelten, und ich hatte das Gefühl, dass sie in mir gegeneinander stießen. »Reine Psychosache«, sagte ich zu mir.

»Da ist nichts mehr. Da können auch keine Steine sein!« Aber dennoch hatte ich den Eindruck, sie ganz genau zu spüren ... Das Gehen half zum Glück ein bisschen, mich von diesem Gefühl abzulenken.

Da ich auf der Entbindungsstation war, saßen überall die Mütter mit ihren Kindern. Sie hoben sie hoch, wiegten sie in ihren Armen, kraulten sie an ihrem kleinen Bauch. Manche Frauen packten ganz ungeniert ihre Brüste aus und stillten ihre Kleinen. Besonders süß fand ich eine Frau mit Zwillingen. Die beiden Mädchen hatten schon dunkle Haare auf dem Kopf und rosa Strampelanzüge an: Lisa und Marie, wie ich, ach, der ganze Flur erfuhr: Die Mutter war schon etwas älter und Elvis-Presley-Fan. Mit ihren Knopfäuglein schauten sie neugierig in die Welt. Wenn eines der beiden Mädchen anfing zu fiepen, steckte es das andere damit an, dann fiepten beide, und dann lachte die Mutter und schließlich der ganze Flur. Dann war kurz Ruhe. Dann ging es mit dem anderen Mädchen von vorne los. Auch ich musste lachen. (Auch jetzt wieder, wenn ich daran denke. Es war so unschuldig und niedlich, dass ich immer sofort gute Laune bekomme, wenn ich mich an diese Szene erinnere.)

Die Nachuntersuchungen verliefen positiv, und nach einer Woche durfte ich wieder nach Hause gehen.

»Haben Sie jemanden, der Ihnen hilft, Frau Scholz?«, fragte der Arzt. »Sie müssen sich jetzt zwei Monate lang schonen. Nicht heben, nicht stressen, alles schön ruhig, versprochen?«

»Ja, versprochen.«

Marcel, mein damaliger Lover, holte mich aus der Klinik ab. Zu Hause hatte er schon das Bett für mich frisch bezogen und – »Falls es dir kalt ist, Süße!« – eine Wärmflasche für mich vorbereitet. Er konnte sich noch gut an meinen Schüttelfrost während der Krämpfe erinnern. »Wie lieb«, dachte ich – und schickte ihn weg. Ich wollte alleine sein. Fühlte mich verletzlich. Klein. Angreifbar. Da kann ich keinen Mann um mich herum gebrauchen. Auch, wenn er noch so lieb ist. Gerade das Liebe störte mich an ihm. Ich war selbst nicht mit mir im Reinen.

Ich schlief aus, denn obwohl ich in der Klinik ein Einzelzimmer gehabt hatte, war es insgesamt ziemlich laut gewesen. Ab sechs Uhr war Betrieb. Die Visiten waren gegen acht Uhr – absolut nicht meine Zeit.

Als ich am kommenden Morgen gegen 11:30 Uhr aufwachte, fühlte ich mich großartig. Ich räkelte mich und nahm den Tag in Angriff. Kaffee kochen, Wäsche waschen, ich wusch mich lange und ausgiebig. Mit dem Waschlappen, duschen oder gar baden durfte ich noch nicht. Ich cremte mich ein, weil ich den Krankenhausgeruch von meinem Körper verbannen wollte. Dann fuhr ich meinen Laptop hoch und klickte mich in meine einschlägigen Foren.

»Hallo, sexy Lady! Lang nichts mehr gehört.«

Ich war sofort wieder im Gespräch. Wenn ich schon keinen Sex haben durfte – dazu war es noch zu früh, sagte der Arzt –, dann durfte ich mir wenigstens schöne Gedanken machen.

Ich flirtete und bekam gute Laune. So kann es gehen, dachte ich. Die OP lag schon so weit hinter mir, dass ich sie fast vergessen hatte.

Eine Woche später wachte ich mitten in der Nacht auf. Ich hatte Schmerzen, die mich von innen fast zerrissen. Kalter Schweiß lief mir über den Rücken, mein T-Shirt war klitschnass. Ich hechelte wie eine Hündin, damit die Schmerzen weggingen. Als das nichts brachte, atmete ich ganz tief ein und wieder aus, um neue Kraft zu schöpfen. Bis ein neuer Anfall kam. Dann schrie ich meinen Schmerz hinaus. Noch heute wundere ich mich, dass meine Nachbarn nicht geklingelt haben. Aber vielleicht sind die durch mein Sexleben schon an solche Geräusche gewöhnt.

Schreien, Schwitzen, Krämpfe, Schüttelfrost – so ging es die ganze Nacht. Erst am frühen Morgen traute ich mich, den Arzt anzurufen. Er befahl mir, mich sofort in ein Taxi zu setzen und zu ihm zu kommen.

»Sie haben Scheinwehen gehabt«, erklärte er mir, als er meinen Bauch abtastete. »Das ist ganz normal und kann vorkommen.« Dann druckte er ein Rezept aus und reichte es mir. »Nehmen Sie das. Und melden Sie sich sofort, wenn es wieder losgeht.«

»Ja«, sagte ich, mehr brachte ich nicht über die Lippen.

Zu Hause starrte ich erst einmal ins Leere. Scheinwehen? Ich? Ich hatte nie ein Kind gewollt, und dann bekam ich Wehen? Meine Mutter hatte immer gesagt: »Heirate nie und schaff dir bloß keine Kinder an.« Das hat mich bis heute geprägt. Ich hatte auch keine Geschwister und nie eine beste Freundin, bei deren Kindern ich ein bisschen »Tante« spielen konnte. Ich hatte auch nie das Gefühl gehabt, eine kleine Kerstin in den Armen halten und wiegen zu müssen. Mein Leben war viel zu wechselhaft, als dass ich einem Kind hätte gerecht werden können. Und wer hätte Vater meiner Kinder sein sollen? All die Männer, die ich kennengelernt hatte – sie waren alle mehr oder weniger gut für ein Abenteuer, toll für Erfahrungen, für meine Lust auf Sex und wilde Nächte. Ich habe sie als Männer gesehen, nie als Väter. Nur René wäre infrage gekommen, aber der war ja nicht mehr ...

Mein René.

Ich wühlte meine Tempotaschentücher aus meiner Handtasche und heulte, wie ich noch nie zuvor geheult habe.

Noch nie in meinem Leben habe ich mir Gedanken darüber gemacht, dass ich ohne Kinder etwas verpassen könnte. Ehrlich gesagt, fand ich es anstrengend. Windeln wechseln, der dicke Bauch, das Gebrülle. Es gibt Frauen, die fühlen sich erst als Frau, wenn sie ein Kind in ihren Armen halten. Bei mir war das anders. Ich hatte ganz andere Methoden, mein weibliches Ego zu pushen – und die haben nichts mit Babybrei und Maxi-Cosi zu tun.

Nach dem Aufenthalt in der Entbindungsstation dachte ich nun dran, dass Kinder auch etwas anderes bedeuten können. Zärtlichkeit. Verbindlichkeit. Liebe. Ich rief mir die vielen süßen Szenen aus der Klinik ins Gedächtnis. Lisa und Marie – die pinkfarbenen Zwillingsmädchen, die die ganze Klinik mit ihrem Fiepen angesteckt hatten. All die stolzen Mütter und Väter, die sich voller Hingabe um ihre Babys kümmerten. Jetzt, da sich diese Tür für mich geschlossen hatte, begann ich plötzlich, mir zum ersten Mal ernsthaft darüber Gedanken zu machen. Wäre das vielleicht doch ein Weg für mich gewesen?

Ich bekam einen neuen Heulkrampf, und da meine Taschentücher leer waren, ging ich in die Küche, um mir die Küchenrolle zu holen. Wieder meldeten sich die Krämpfe in meinem Unterleib. Ich setzte mich auf mein Sofa, hielt mir den Bauch und heulte weiter.

Ich dachte, die OP wäre nicht so schlimm, aber die Wehen sprachen eine andere Sprache. Der Körper sagt manchmal etwas anderes als der Verstand. Vielleicht hätte ich all das vorwegnehmen können, wenn ich mich im Vorfeld der OP intensiver mit den möglichen psychischen Folgen auseinandergesetzt hätte – aber so stürmte nun plötzlich alles auf mich ein. Mein Körper sagte: »Kerstin, es geht bei Kindern nicht nur um Windeln ...«

Mit einem Mal wurde mir klar, dass sich hinter meiner Trauer über den Verlust der Gebärmutter noch viel mehr verbarg. Die Angst davor, das rechte Ziel im Leben zu verpassen, vielleicht gar kein richtiges Lebensziel zu haben. Wo wollte ich eigentlich hin? Hätte ich doch gern ein Kind gehabt? Und wenn nicht: Was wollte ich dann?

Bilder jagten durch meinen Kopf. Von Christoph, dem Familienvater, von Tom, der neben mir mehrere andere hatte. Wählte ich mir unbewusst die Männer, die mir gar nicht guttaten? Nur um nichts »Ernsteres« mit ihnen aufbauen zu müssen? Weil ich gar nicht wusste, was ich eigentlich wollte?

Die Tränen flossen unaufhörlich, und unaufhörlich stürmten weitere Gedanken auf mich ein: War ich überhaupt eine richtige Frau, wenn ich mich einer Mutterschaft, einer festen Beziehung so verweigerte? War ich überhaupt noch eine richtige Frau, wenn mir mit meiner Gebärmutter das wichtigste Instrumentarium dazu entfernt worden war?

Ich sah schwarz vor meinen Augen und dachte, ich falle in ein tiefes, tiefes Loch. Wo war nur das Licht am Ende des Tunnels? Selbst vor meinem inneren Auge sah ich nichts mehr vor lauter Tränen.

Die kommenden Wochen durchlebte ich wie in Trance. Ich nahm die Welt nur noch gedämpft war und fühlte mich hundeelend. Es war schrecklich.

Ich las Ratgeber und versuchte, mich aus dem Tief rauszuholen. Ich fühlte mich machtlos. Ich haderte mit meinem Schicksal, war ängstlich, hoffnungslos, wütend, verzweifelt. Tagelang verbrachte ich nur im Schlafanzug vor dem Fernseher. Ich versank in Selbstmitleid.

Wie immer in solchen Situationen vergaß ich, zu essen. Doch diesmal brauchte ich nicht auf 45 Kilo abzumagern, bis ich die Alarmglocken hörte. Schon bei 49 Kilo zog ich die Reißleine. Ich wollte nicht, dass mein Körper nach dieser schweren OP noch mehr leidet. Wie zerstörerisch so ein Anfall von Essstörungen sein kann, hatte ich noch allzu gut von der Trennungsphase mit Ingo in Erinnerung.

Mir wurde langsam klar, dass ich mich nicht in »Was wäre wenn«-Überlegungen über mögliche Kinder und Familienväter verlieren durfte, sondern die Situation annehmen musste, wie sie war. Ich stand nun einmal an einer bestimmten Stelle im Leben, ich war die, die ich war, keine andere – ich musste mir nun überlegen, wie ich jetzt weitermachen wollte.

Mit aller Kraft versuchte ich, das Positive an meiner Lage zu sehen. Ja, meine Gebärmutter war raus, ja, ich würde nie Kinder bekommen können. Aber das bedeutete nicht, dass bei mir alles falsch lief. Musste ich wirklich mit meinem Schicksal hadern? Hätte ich den Weg der Mutterschaft wirklich gehen wollen? War es, anstatt dieser »verlorenen« Chance hinterherzutrauern, nicht wichtiger, zu überlegen, was ich in meinem Leben wirklich wollte? Sein Leben in labberigen Jogginghosen zu verbringen und, weil ich nichts anderes mehr runterbekam, Babybrei aus dem Glas zu löffeln war nicht die Lösung. Aber auch selbst ein Baby zu bekommen hätte mich nicht glücklich gemacht. Ich durfte mich da nicht in irgendwas verrennen.

Ich stellte mir die Frage: Was will ich wirklich? (Frei sein). Was könnte mir guttun? (Durch die Natur gehen und fotografieren.) Was ist der Sinn meines Lebens? (Glücklich zu sein und glücklich zu machen.)

Mir wurde klar, dass ich noch ein anderes Ventil hatte als den Sex, das mir schon einmal aus einer großen Krise geholfen hatte: die Fotografie. Auch diesmal brachte das die große Wende. Ich meldete mich bei einer Agentur an, machte mich hübsch, kaufte mir sogar ein paar neue Klamotten und megahübsche Dessous. Ich ging zum Friseur, ließ mir Hände und Nägel neu machen.

Wenn man dem Körper etwas Gutes tut, strahlt das auch auf die Seele ab, dachte ich. Es funktionierte: Bei den Shootings vergaß ich wie immer alles um mich herum, und als ich die ersten Fotos von mir sah, dachte ich: Das könnte fast wieder die alte Kerstin sein. Ich fühlte mich wieder ein wenig als Frau. War ich zuvor in die Tiefe getrudelt, hatte ich nun das Gefühl, es ginge wieder bergauf. Die Anerkennung, die ich bei den Shootings bekam, die Freude, die ich dabei spürte, gaben mir Zuversicht. »Meine Zukunft wird schön«, dachte ich. Ich wusste nun wieder, was mich glücklich machte – und was ich dazu nicht brauchte. Ich fing langsam an, den Schmerz hinter mir zu lassen.

In dieser Zeit ließ ich auch Marcel wieder in mein Leben. Ich brauchte keinen Mann an meiner Seite. Das wusste ich jetzt. Aber er war mir ein richtig guter Freund geworden. Wir kochten zusammen, gingen spazieren, redeten über Motive, die ich fotografieren konnte. Marcel war mir eigentlich immer ein wenig zu klein gewesen. Er gehörte auch zu den Typen, die immer ein paar Kilo zu viel draufhatten, egal, wie viel Sport sie machten. Aber er war genau der Richtige für diese Phase. Obwohl wir uns in einem SM-Club kennengelernt und es vor meiner OP richtig heftig getrieben hatten, ließ er sich jetzt Zeit mit mir.

Langsam, aber sicher wendete sich alles zum Guten. Die Lust kehrte zurück in mein Leben. Die Abstinenz war mir ziemlich schwergefallen. Sie hatte richtige körperliche Schmerzen bei mir ausgelöst. Magenbeschwerden, Verspannungen, Kopfweh. Ich war gereizt gewesen und hatte mich nicht einmal auf eine einfache Soap wie *Berlin – Tag & Nacht* konzentrieren können. Ich hatte überhaupt kein Verlangen nach Sex gespürt – und ihn doch vermisst.

Nach einer Weile habe ich also wieder damit angefangen, mich selbst zu verwöhnen. Mein kleiner, schwarzer Delphin war mir zu heftig. Ich fürchtete, dass die Vibrationen alles aufreißen würden. Da musste mein kleiner, knallrosa Curve-Dildo ran. Ihn legte ich über meinen Schlitz und lehnte mich zurück. Erst hatte ich Angst, dass mir alles unten zerreißt, wenn ich mich zum Höhepunkt stimuliere, aber so nach und nach traute ich mich, mich fallen zu lassen. Und dann war sie wieder da. Meine Lust. Auf den ersten Orgasmus nach meiner OP stieß ich alleine vor dem Spiegel mit einem Gläschen Prosecco an.

Jetzt wollte ich mehr. Ich wollte die alte Kerstin zurück. Ihre Lust, ihre Leidenschaft, ihren Körper.

Mehrmals täglich reizte ich mich zum Höhepunkt. Genoss meine wiedergewonnene Lust, erfreute mich daran, dass ich noch »funktionierte«. Das klappte prima. Ich kam und kam und kam, aber dann musste ich mir eingestehen: Mein rosa Curve und ich waren zwar ein super Team – aber diese ewigen Solospiele brachten mir auf die Dauer nichts. Ich vermisste Männerhaut. Männerschweiß. Einen echten Männerschwanz. Nicht so ein Kinderspielzeug aus Plastik.

Zwei Monate nach meiner OP war ich wieder bereit. Als Marcel eines Tages die Einkäufe für unser gemeinsames Abendessen auf meiner Küchenzeile abstellte, umschlang ich ihn von hinten und biss in seinen Nacken.

»Oh, bist du wieder so weit?«, fragte er.

»Ich glaube schon.«

Er hob mich aufs Bett und fing an, mich zu streicheln. Als er zwischen meinen Beinen angelangt war, sah er mich fragend an. Ich nickte. Dann fuhr er in meiner Spalte auf und ab, sodass ich feucht wurde. In Gedanken zerfloss ich. Normalerweise hätte ich mich jetzt auf ihn gesetzt, aber auch wenn er einen normal großen Schwanz hatte, fürchtete ich, dass seine Stöße mich verletzen konnten. Er war sensibel genug, zu merken, dass ich noch zögerte, in die Vollen zu gehen, und tauchte dann zu mir herunter. Während er mich in den Himmel leckte, stimulierte er meinen Hintern. In den Tagen darauf wagten wir uns immer weiter nach vorne. Mal leckte er mich, mal nahm er mich von hinten und stimulierte mich vorne. Mit Analsex gewöhnte ich mich langsam daran, wieder einen Mann in mir zu spüren. Irgendwann war es so weit: Vorsichtig drang er in meine Vagina ein. Kleine, sanfte Stöße. Das nächste Mal etwas tiefer und heftiger. Bald habe ich überhaupt nicht mehr an das gedacht, was vor Monaten da unten passiert war.

Ich fühlte.

Ich genoss.

Ich kam.

Ich war wieder eine richtige Frau!

Heute geht es mir gut. Aus der Krise habe ich mehrere Erkenntnisse mitgenommen. Zum einen denke ich, dass ich mir viel zu viele Gedanken um die Dinge mache und mich ein wenig in die Probleme hineinsteigere. Stecke ich in einem Gefühlstief, ist alles größer, schlimmer, elendiger, als es wirklich ist. Ich neige dazu, meine Objektivität zu verlieren. Ich muss dann einen Schritt zurück tun und versuchen, eine nüchterne Perspektive auf die Angelegenheit einzunehmen. Zum anderen habe ich gelernt: Ich kann solche Krisen aus eigener Kraft überwinden! Ich kann wieder zu meiner positiven Lebenshaltung zurückfinden, ohne dass ich bei einem Therapeuten auf dem Sofa liegen und mich analysieren lassen muss. Ich bin eine starke Frau. Ich weiß, was ich will und was mich glücklich macht. Und ich darf mich nicht durch irgendwelche Erwartungen und Vorstellungen davon, was »normal« ist, unter Druck setzen oder gar einschränken lassen. Ich habe mich wiedergefunden, und ich werde mich nicht noch einmal verlieren.

»Und Marcel?«, werdet ihr jetzt vielleicht fragen. »Wäre der nichts? Er hat dich doch in deiner schlimmsten Zeit erlebt? Kein Mann kennt dich so gut wie er. Er ist Freund und Lover. Und in der Kiste scheint es mit euch doch auch zu klappen? Wäre der nicht was für eine echte Beziehung? Einen weiteren Versuch?«

Nein. Da muss ich euch leider enttäuschen. Klar, wir treffen uns, vögeln, gehen spazieren, kochen gemeinsam, schauen DVDs, aber ich brauche keine Beziehung. Ich brauche nicht das vermeintliche Familienglück. Denn ich weiß, wie ich mit mir selbst glücklich werden kann. Nämlich indem ich mich selbst liebe und wertschätze – und da brauche ich niemanden sonst dazu.

# 18. KAPITEL

## Eddi

Squirting – Feuchtgebiete der anderen Art

Wie ihr euch vorstellen könnt, dauerte es nicht lange, bis ich zu meiner alten Form zurückfand. Ich hatte das Gefühl, dass ich aufholen musste, Verpasstes irgendwie nachholen. Zwei Monate hatte ich keinen Sex gehabt und dann ein paar Wochen nur mit angezogener Handbremse. Mein guter Freund Marcel hatte mir dabei geholfen – aber mich an nur *einen* Mann binden wollte ich nicht, das war mir ja inzwischen klar geworden. Und es gab noch so viele Dinge, die selbst ich noch nicht kannte bzw. noch nicht persönlich ausprobiert hatte. Also zog ich wieder los.

Ich surfte im Netz, machte Dates aus, ging in Clubs – und damit meine ich nicht irgendwelche Nachtclubs, sondern »BDSM-Clubs« der härtesten Sorte. Ach so, ganz kurz: »BDSM« steht für »Bondage & Discipline, Dominance & Submission«, also eine Mischung aus Fessel- und Unterwerfungssex und Sadomaso. Ich schaute, flirtete und riss auf. Ich hatte mein altes Ich wiedergefunden, ich fühlte mich wohl in meiner Haut, wollte meine Grenzen austesten und Dinge erleben, die ich bisher nur vom Hörensagen kannte.

Eines dieser Abenteuer, die ich nach der OP unbedingt noch einmal erleben wollte, war das *Squirting*. Schon einmal davon gehört? *Squirting* kommt aus dem Englischen und heißt nichts anderes als »Spritzen«. Nun könntet ihr sagen: »Abspritzen ist ja etwas sehr Normales beim Sex.« Aber so ein Spritzen meine ich natürlich nicht. Ich meine das weibliche Abspritzen! Die weibliche Ejakulation. Auch Frauen können nämlich kommen – und das ziemlich feucht.

Ich hatte das früher schon einmal in Pornos gesehen. Die Damen werden meist mit dem Finger heftig in der Pussy stimuliert und spritzen, wenn sie kommen, im hohen Bogen einen Saft heraus – manchmal meterweise und in großen Mengen. Dabei schreien sie vor Lust, als ob sie kurz davor wären, sich von dieser Welt zu verabschieden. Später habe ich erfahren, dass das natürlich Fake ist – wie (fast) alles im Porno. Die meisten der Damen kommen nicht, sondern haben sich nur ein Repertoire an Lustschreien antrainiert, das sie, wenn der Regisseur es verlangt, abrufen – wie Schauspielerinnen. Die angebliche Squirtflüssigkeit ist nur Wasser, das zuvor von einem Assistenten per Kanüle in die Harnröhre eingeführt wurde. Auf Kommando wird das dann unter lautem Getue rausgepresst. Das ist alles nur Show. Keiner dieser Porno-Orgasmen ist echt.

Aber was soll man machen? Männer stehen offenbar auf so eine Show. Da fühlen sie sich bestätigt und können daran gut abchecken, ob sie es auch gebracht haben. Männer sind ja große Fans mess- und beweisbarer Leistungen. Ein Squirt, der in einem hohen Bogen durch den Raum spritzt, ist so ein Beweis. Neulich hat mir jemand von einem Bekannten erzählt, der völlig fasziniert war, als er seine Frau zum Abspritzen brachte, weil ja Spritzen eher die Männerdomäne ist. Seitdem hat die Ehe wieder frischen Wind in die Segel bekommen, und statt mit blütenweißem Laken wird das elterliche Ehebett nun mit der Gummimatte bezogen, die das Kind noch benutzt hat, als es noch nicht ganz sauber war. So kann es kommen.

Aber ich muss zugeben: Auch ich war fasziniert. Ich sah mir zu dieser Zeit auf YouPorn immer und immer wieder Spritzvideos an und kam nicht los von dem Gedanken: »Das will ich auch einmal erleben. Nein, das *muss* ich auch noch mal erleben.« Ich habe in Internet ein Video gefunden, in dem ein als Gynäkologe verkleideter Mann den Zuschauern erklärt, wie man es macht. Marcel, der mal wieder vorbeigekommen war, saß daneben, und kurz darauf haben wir es auch probiert – mit dem Laptop auf dem Beistelltisch und einer Plastikplane vor dem Sofa. Ich kam zwar, weil Marcel als Gitarrenspieler einfach mit seinen Fingern gut umzugehen wusste. Aber gespritzt hat in meinem Wohnzimmer leider nichts.

In den nächsten Tagen dachte ich: Wenn es in der Praxis nicht klappte, konnte ich ja zumindest an den theoretischen Grundlagen arbeiten. Ich suchte auf medizinischen Seiten Rat. Als ich mich durch das klinisch saubere Fachchinesisch gequält hatte, wusste ich tatsächlich mehr:

Zu einer weiblichen Ejakulation kommt es, wenn man gezielt die G-Zone stimuliert. Diese liegt etwa vier bis fünf Zentimeter hinter dem Eingang zur Pussy, und zwar an der Vorderwand der Scheide, die diese zur Harnröhre abgrenzt. Beim Orgasmus sondern dann diverse Drüsen ein Sekret ab – welche, weiß man noch nicht so genau. Das ist das Spritzwasser. Es ist normalerweise glasig, kann aber bei manchen auch milchig getrübt sein. Es ist auf jeden Fall kein Urin. (Es schmeckt, das kann ich euch verraten, ein bisschen wie Meerwasser, ganz leicht gesalzen.)

Auf den Medizinseiten steht, dass nicht jede Frau einen Orgasmus bekommt, wenn sie am G-Punkt stimuliert wird, sondern dass das von ihrem Körperbau und »erlernten Reaktionsabläufen« abhängt.

»So, so«, denke ich. »Man kann es offenbar wirklich lernen.« Also schaute ich mal in meiner Sammlung von bunten Spaßmachern nach, was wohl am besten fürs »Training« geeignet war. Ich entschied mich für einen Dildo. Der lag gut in der Hand und hatte mir schon beim Analsex sehr gute Dienste erwiesen. Beim Vibrator geht es ja eher um die Schwingungen, ein Dildo aber ist fest, und man kann in besser kontrollieren.

Ich setzte mich wieder auf mein Sofa in die Ecke, wo ich meine Plastikplane darunter ausgelegt hatte. Ich verwöhnte mich ein bisschen mit der Hand, damit ich erst einmal eine Grundgeilheit bekam, schmierte den Dildo mit Gleitcreme ein und führte ihn von unten in die Richtung ein, in die – hinter der Scheidenwand – angeblich der G-Spot liegen sollte. Gleichzeitig massierte ich die Bauchdecke – dass man das machen sollte, hatte ich in einer YouPorn-Anleitung gelesen. Ich stieß den Dildo ganz schnell in mich hinein und fand das auch mächtig aufregend. Aber statt eines feuchten Orgasmus hatte ich eher das Gefühl, ich müsste Pipi machen. Ich erlöste mich mit einer gekonnten Handmassage. Ein paar Mal noch machte ich einen Versuch, aber irgendwie bekam ich den Bogen nicht raus. Vielleicht gehörte ich zu den Frauen, die das überhaupt nicht erleben konnten. Die Ärzte gehen davon aus, dass nur ein Drittel aller Frauen überhaupt auf diese Weise zum Höhepunkt kommen. Vielleicht war ich auch einfach zu gehemmt und wollte nicht mein Sofa und die Auslegeware darunter vollspritzen. Ich mag es ja gerne rein und sauber. Ich glaube, das habe ich schon einige Male erwähnt …

Gleichzeitig zu meinen Selbstversuchen suchte ich in den Clubs, in die ich doch noch hin und wieder mal ging, gezielt nach Squirtecken und -nischen – aber meist waren im Nassbereich nur die üblichen Urinspiele angesagt, wo alle nach dem »Saft von Mutter Natur« gierten. Ich floh.

Es dauerte eine Weile, bis ich endlich ein Paar fand, dem ich beim Squirten zuschauen konnte. Nicht nur ich war neugierig. Wir bildeten einen Halbkreis um die Dame und blickten ihr alle zwischen die gespreizten Schenkel. Ihr Mann formte Mittel- und Zeigefinger zu einem Winkel und hielt die Hand in die Runde, damit wir alles sehen konnten, worauf es beim Fingerspiel ankam. Dann schob er seine Finger in ihre Vagina und fing kräftig an, mit den Fingerspitzen nach oben gegen ihre Scheidenwand zu klopfen. Die andere Hand drückte er flach auf den Venushügel. Es dauerte keine Minute, bis aus ihr eine riesige Fontäne herausschoss, dann noch eine, dann noch eine – sie wurden immer kleiner. Die Frau krümmte sich und bog sich nach hinten, wie bei einem epileptischen Anfall. Sie war völlig außer Kontrolle und schlug mit dem Kopf um sich. Ihr Körper zitterte und bebte, die Beine schnellten nach oben, als ob sie aus Gummi wären. Ich war fasziniert, dass sich jemand so gehen lassen konnte. Das war die totale Hingabe. Der Mann besorgte es ihr noch drei, vier Mal, bis es der Frau zu viel wurde. Sie war komplett erschöpft, aber ihr Gesichtsausdruck war so selig, als ob sie auf einer Wolke schweben würde. Ich wartete ab, was die anderen Zuschauer machten. Aber da die sich anderen Attraktionen zuwandten, erzählte ich dem Mann, dass ich schon lange auch mal so etwas erleben wollte, und fragte, ob er mir es auch so besorgen konnte. Er bat mich schon, Platz zu nehmen, aber da zischte mich seine Frau an:

»Wag es ja nicht!«

Da ich nun gesehen hatte, dass die Finger gekrümmt sein mussten, probierte ich es noch einmal selbst mit meinen biegsamen Dildo, der oben einen kleinen Winkel hatte. Ich stocherte damit in mir herum, um mich zum Höhepunkt zu bringen – vergeblich. Wieder hatte ich Hemmungen, mich komplett gehen zu lassen, wieder musste ich es mir mit der Hand machen, damit sich meine angestaute Geilheit wenigstens *etwas* entlud.

Ich war total enttäuscht und gestand mir ein: Ich brauchte Hilfe. Und da schickte mir der Zufall Eddi. Eddi kannte ich eigentlich schon ziemlich lange (wir chatteten auf einem meiner einschlägigen Portale), aber ich hatte ihn nie so auf dem Schirm gehabt. Na ja, ihr wisst schon. Zwar sportlich und gut definiert, aber blond und deshalb absolut nicht mein Beuteschema, weshalb ich mir nie die Mühe gemacht hatte, für eine heiße Nacht tatsächlich zu ihm zu fahren. Dennoch blieben wir in Kontakt, und er war immer ein bisschen hinter mir her. Und bei einem unserer langen Gespräche landeten wir irgendwann mal wieder – na klar – beim Thema Sex:

»Ich habe bisher jede Frau zum Orgasmus gebracht.«

»Hast du nicht …«

»Ach, glaubst du wohl nicht?! Dann komm vorbei. Ich werde es dir beweisen.«

»Du willst mich doch nur flachlegen.«

»Klar will ich das. Wer nicht? Du bist eine Traumfrau, voll mein Typ. Aber am heißesten macht es mich, Frauen zum Spritzen zu bringen. Dich würde ich total gerne mal zum Spritzen bringen.«

Ich stutze: »Zum Spritzen? Echt jetzt?«

»Ja, echt.«

»Du kannst das?«

»Ich bin der Meister darin.«

Dann erzählte er, dass, seit er eine Freundin zum ersten Mal zum Spritzen gebracht habe, das sein Fetisch sei. Er sei völlig begeistert davon, wie entrückt die Frauen seien, und dass sie sich so hemmungslos in ihre Lust fallen ließen.

»Ich liebe es, den Frauen dabei ins Gesicht zu schauen.«

»Du willst dann nicht noch vögeln?«

»Ich will zuschauen. Das reicht. Entweder Squirten oder Vögeln – nicht beides zusammen.«

»Dann komme ich dich mal besuchen.«

»Jederzeit.«

Das musste ich mir nicht zweimal sagen lassen. Ich machte mit Eddi ein Date aus, packte mein Reiseköfferchen (frische Wäsche, es würde nass werden ...) und mein Beautycase (vorsichtshalber nahm ich auch Kondome mit, man weiß ja nie ...) und fuhr zu ihm. Schon auf der Autobahn wurde ich ganz nass. Ich hatte so viel theoretisches Wissen über die weibliche Ejakulation angesammelt, nun würde ich endlich die Praxis kennenlernen.

Als Eddi mir die Tür zu seinem Appartement öffnete, war ich angenehm überrascht. Er war zwar klein, trug aber lässige Jeans, Sneakers und ein Karohemd. Er roch gut und hatte sich frisch rasiert. Seine Wohnung war sauber und sehr geschmackvoll eingerichtet – Ledersofa, Flatscreen, Schwarz-Weiß-Fotografien, offene Küche.

»Willst du einen Kaffee?«

»Ja, gerne.«

Ich folge ihm, doch statt mir einen Stuhl anzubieten, klopfte er mit der flachen Hand auf den Küchentresen. Ich sollte mich setzen. »Zieh dich vorher aus«, befahl er, und ich zog mich aus, als ob es das Normalste auf der Welt sei, und nahm auf der Holzanrichte Platz. Eddi formte seine Finger zu einer Kralle, wie das der Typ im Swingerclub gemacht hatte, und fingerte mich mit harten und heftigen Bewegungen. Ich hatte schnell wieder das Gefühl, dass ich urinieren musste – wie bei meinen Selbstversuchen. »Wie peinlich!«, dachte ich. »Du kannst ihm doch jetzt nicht in die Küche pinkeln.« Ich hielt mich zurück, verkrampfte überall. Aber Eddi fingert unbeirrt weiter. Er gab mehr Druck drauf und sah mir dabei direkt in die Augen. Er war direkt und ungestüm, sodass ich meine Scham fallen ließ und die Kontrolle über meinen Körper verlor. Plötzlich baute sich in mir ein Vulkan auf, und ehe ich es richtig fassen konnte, brach aus mir ein riesiger Strahl hervor. Ich explodierte innerlich, mein Körper wurde wie von Stromschlägen erschüttert – immer und immer wieder. Ich rang nach Luft, versuchte, mich festzuhalten, hatte aber das Gefühl, dass ich falle und falle. Als

227

ich die Augen öffnete, zog Eddi seine Hand aus meiner Pussy und bat mich, sie abzulecken. Völlig benommen nahm ich seinen Finger in den Mund. Da sah ich, dass sich unter mir eine riesige Pfütze gebildet hatte. Ich war so kaputt, dass ich mich aufs Sofa legen musste. Eddie kochte einen Kaffee. Eine Stunde später hatte ich mich erholt, und Eddie fingerte mich noch drei weitere Male zum feuchten Höhepunkt. Es war wie auf Droge. Ich habe noch nie einen derartigen Moment totaler Selbstauflösung erlebt. Mein Körper, meine Seele, meine Sinne fielen ins Nichts. Ich bestand nur noch aus reiner, zuckender Lust. Es war ein Orgasmus der vierten Dimension.

Noch am Tag darauf war ich völlig fertig und spürte ein Ziehen im Unterleib, das sich wie ein Muskelkater anfühlte. Es war besser gewesen als jeder Sex, den ich jemals erlebt hatte, und nicht zu toppen. Ich habe später meine Lover ein paar Mal gebeten, mich ebenfalls zum Squirten zu bringen. Es ist immer einmalig, und ich bin froh, dass ich diese Variante noch in mein Sexrepertoire mit aufnehmen konnte.

Ich baue es in mein Spiel ein, wann immer es geht, und langsam habe ich auch raus, wie ich den Männern die Technik ganz schnell beibringe ...

Ihr müsst das unbedingt ausprobieren!

Danach blieben eigentlich nur noch zwei Dinge, die ich unbedingt noch ausprobieren wollte ... eigentlich waren es genauer Fantasien. Sie haben beide mit Hingabe und Unterwerfung zu tun.

Ich habe euch schon einmal erzählt, dass der Film *Eyes Wide Shut* mein absoluter Lieblingsfilm ist. Für mich geht es da nicht nur um die Grenzen von Traum und Wirklichkeit. Hier geht es um die Frage: Wie viel Wahrheit verträgt die Liebe? Wie viel Angst habe ich vor Sexualität? Wie sehr vertraue ich meinem Partner? Im Mittelpunkt dieser Fragen steht ein feierliches, mittelalterliches Ritual. Nackte Frauen in venezianischen Masken werden von Männern in Mönchskutten auserwählt, um Sex zu haben. Miteinander, zu dritt, zu viert ... Alles ist möglich. Ich möchte mich dem Mönch, der mich erwählt hat, unterwerfen. Der Sex ist durch die Maske anonym – einerseits. Andererseits wird der Sex durch die Maske seiner Mimik beraubt. Man schläft mit jemandem, der wie tot erscheint. Dazu wird mittelalterliche Orgelmusik gespielt. Es ist einer meiner größten Wünsche, einmal bei so einem Ritual dabei sein zu dürfen.

Der zweite Film, der mich inspiriert, ist *Die Geschichte der O.* Die Modefotografin O lässt sich von ihrem Geliebten René zu einer perfekten Sklavin ausbilden. Sie wird gefesselt, geknebelt, gepeitscht, muss für ihn jederzeit sexuell verfügbar sein. Nach ihrer Ausbildung kommt ihre »Meisterprüfung«. René befielt ihr, sich seinem väterlichem Freund, Sir Stephen, anzuvertrauen und alles zu machen, was er verlangt. O verliebt sich in ihn und lässt sich zum Beweis ihrer Liebe ein Mal mit seinem Wappen auf ihren Körper brennen. Was O erlebt, ist für mich die endgültige Unterwürfigkeit und das bedingungslose Vertrauen in den Geliebten. Sich so den Wünschen eines anderen unterstellen zu können ist einer meiner (noch) unerfüllten Träume.

# 19. KAPITEL

## Ingo? Tim? Tom?

### Sex im Alter – oder: Hochzeit mit 60?

Nun wisst ihr also, wie ich ticke. Ihr kennt meine Ängste, meine Abgründe, wisst, welche finsteren Stunden ich erlebt und wie ich sie überstanden habe, um noch gestärkt aus ihnen hervorzugehen. Ihr kennt meine geheimen Wünsche und Träume. Und dennoch fehlt noch eine Sache.

Ihr werdet euch sicherlich gefragt haben, wie das mit mir so weitergeht: »Kerstin«, werdet ihr denken, »du marschierst jetzt aber mal stramm auf die 50 zu – wie lange willst du denn noch so weitermachen? Willst du mit 55 immer noch in den harten SM-Clubs rumtouren und dir den Sekt von Mutter Natur abluchsen lassen? Willst du dich mit 58 immer noch in ein Domina-Outfit aus Latex quetschen und deine Sklaven mit Peitschenhieben vertrimmen? Willst du mit 60 immer noch zwei Typen am Tag aufreißen und es dir im Hotel, im Fahrstuhl oder Wald besorgen lassen, während andere Frauen in diesem Alter ihren Enkelchen einen Kuchen backen und den Igel, den sie im Herbst im Kellereingang gefunden haben, mit Dosenmilch über den Winter bringen?«

Natürlich mache ich mir Gedanken, wie es weitergeht in meinem Leben. Gedanken über das Alter, das Sesshaftwerden, einen einzigen Mann, meine Sucht. Aber ich muss euch auch erst einmal entgegenhalten: 60 heute ist nicht gleichbedeutend mit 60 in der Zeit, in der ich geboren wurde. Meine Mutter hatte ihr Leben mit 60 schon hinter sich, eigentlich hatte sie es schon mit 50 hinter sich. Graue Haare, Lesebrille, bequeme Pullover – ich habe mir nie vorstellen können, dass sie einmal eine Frau war, die man begehrt hat und hinter der die Jungs in der Schule her waren. Eine, die man zum Essen ausführt und der man dann auf dem Weg nach Hause an die Wäsche geht. Für mich war sie immer eine Frau ohne Unterleib, obwohl ich natürlich weiß, dass auch sie mindestens *einmal* Sex gehabt haben muss – sonst gäbe es mich ja nicht. Aber mit Freude war das wohl nicht verbunden, so kalt unser Zuhause war. Es wurde nie über Gefühle geredet. Es fühlte sich nie warm und geborgen an ...

Die Frauen meiner Generation sind da ganz anders – sie leben und lachen und genießen das, was sie sich erobert haben. Wer auf sich achtet, kann noch bis weit nach dem 60. Geburtstag eine Menge Spaß haben. Nur wer zu sich sagt: »Jetzt ist *endlich* alles vorbei«, der parkt sich selbst auf dem Abstellgleis.

Die Alten von heute haben die sexuelle Revolution hautnah miterlebt, sie waren die Ersten, die über Sex öffentlich gesprochen haben. Sie haben gewagt, was Jahrhunderte zuvor nicht vorstellbar gewesen wäre. Freie Liebe, Dreier, Vierer, Orgien, Kommunen.

Warum sollten die mit einem Mal aufhören? Schaut euch doch die ganzen tollen Frauen an: Demi Moore – über 50. Michelle Pfeifer – über 50. Oder Sharon Stone – sogar schon über 55! Und da soll nichts mehr los sein in der Kiste? Wenn man den Klatschzeitungen glauben darf, rappelt es da erst so richtig.

Und es geht sogar noch älter hinaus. Die Silver Ager – schon mal gehört? Sex als Senior. Ruth Westheimer, die amerikanische Sexexpertin, hat darüber geschrieben. Sie sagt: »Sex kann man bis 99 Jahre machen.« Er tut gut, er hält frisch, er macht glücklich, und er schützt vor Altersdepressionen. Na bitte! Worüber reden wir also, Leute?

Allerdings gibt es natürlich schon ein paar Sachen, die mir mit Blick auf mein Sexleben Sorgen machen: mein Aussehen zum Beispiel. Ich bin, wie ihr wisst, ein sehr visueller Mensch – ich möchte gefallen und tue viel dafür, dass ich gut in Schuss bleibe – und für die Männer anziehend.

Ich achte auf gepflegte Hände, Füße und Haare, und wie ihr wisst, gehe ich nicht nur ein bisschen Joggen, um meinen Körper in Form zu halten. Ich gehe auch zum Onkel Doktor. Ich habe keine Scheu, auch auf dieser Ebene alles zu tun, was mich sexuell attraktiv macht. Ich habe euch schon gesagt, dass ich vorhabe, mich liften zu lassen – aber ich denke auch über weitere Maßnahmen nach. Alles, was möglich ist. Nur natürlich soll es aussehen.

Den Sex werde ich so bald also nicht lassen. Er spielt einfach eine viel zu wichtige Rolle in meinem Leben, und es gibt so einiges, was ich immer noch nicht ausprobiert habe ... zwei meiner größten Träume habe ich euch ja am Ende des letzten Kapitels vorgestellt.

Ihr werdet jetzt denken: »Ach, die Kerstin ist ja reichlich unreif. Immer nur Sex, Sex, Sex. Gibt es denn nicht noch etwas anderes im Leben?«

Ja, das gibt es auch – das weiß ich spätestens nach dem tiefen Loch, aus dem ich mich nach meiner OP wieder herausgearbeitet habe.

Ich träume davon, als Fotografin immer besser zu werden und mich voll in der künstlerischen Tätigkeit zu erschöpfen.

Ich träume davon, mit mir selbst im Reinen zu sein. Ich arbeite jeden Tag daran und bin schon ziemlich weit damit gekommen.

Ich träume davon, auch im Alter gesund und fit zu bleiben, und achte auf meinen Körper, treibe Sport, gönnen mir Massagen und lasse die Seele baumeln.

Aber ich sehe, worauf die Frage hinausläuft: Träume ich von der Liebe? Von der anderen Person, die mein Ich vervollständigt?

Nein.

Ich habe gemerkt, dass ich allein der Mensch bin, der mich glücklich machen kann. Ich spüre noch Schmetterlinge in Bauch – aber ich verdanke sie der Gewissheit, endlich den Zugang zu mir selbst gefunden zu haben.

Ich habe erlebt, dass es nichts hilft, sich auf andere Menschen zu verlassen, ihnen die Verantwortung für mein Glück aufzuladen. Ich bin verletzt und verlassen worden. Das hat mich geprägt. Ich habe Angst, wieder enttäuscht zu werden. Aber ich habe mich selbst gefunden – und das ist besser als jeder andere Mensch.

Ich muss nicht auf den »Richtigen« warten – ich merke, dass ich schon jetzt eine Verliebtheit spüren kann, nämlich dann, wenn es mir gut geht. Wenn ich mich akzeptiere, wie ich bin – und dann denke: »Kerstin, ich mag dich. So, wie du bist.«

Ich verspüre überhaupt keinen Drang nach Bindung. Ich verbringe gerne Zeit mit mir alleine, und ich schwöre euch, dass ich noch nie in meinem Leben Langeweile hatte. Ich gehe laufen, bade lange, pflege meinen Körper, blättere in meinen Fotobänden. Ich möchte selbst bestimmen, was ich mache und wann ich es mache. Ich möchte niemanden um mich herum haben, der mir sagt: »Kerstin, noch nicht fertig? Der Garten muss noch gemacht werden! Und heute Abend um 20 Uhr treffen wir uns mit den Schröders – da müssen wir eine Dreiviertelstunde vorher los. Beeil dich!«

Ich würde ausflippen, wenn jemand so etwas zu mir sagen würde. Dazu bin ich einfach nicht geschaffen.

All die Dinge, für die andere Menschen einen Partner brauchen – sie sind für mich nicht relevant. Ich stehe fest auf eigenen Beinen. Ich musste früh erwachsen werden, alles mit mir alleine ausmachen, weil ich keinen hatte, mit dem ich meine Nöte und Sorgen besprechen konnte. Keine Schulter, an die ich mich anlehnen konnte, niemanden, der meine Tränen trocknete. Nun mache ich die Dinge mit mir alleine aus. Und wenn jemand anders will, als ich es will, dann empfinde ich das als Einmischung. Solange ich kann, möchte ich ein unbeschwertes Leben führen und nur mir gegenüber verantwortlich sein, niemandem Rechenschaft ablegen müssen. Die meisten Frauen sind da anders gestrickt, das weiß ich auch. Aber ich möchte keine Beziehung, die nur dazu dient, mich zu versorgen. Ich kann das selbst sehr gut. Das klappt ganz prima, und ich muss auch niemanden um Taschengeld bitten.

Aber das heißt natürlich nicht, dass es nicht auch hin und wieder Männer gibt, die mir besonders gut gefallen – und die aus der Masse besonders herausragen. Und zufällig gibt es da gerade einen. Und ihr könnt euch denken, wer es ist. Da gibt es einen, der meine Ansprüche erfüllt: Er sieht gut aus. Er ist intelligent, und wir verstehen uns auch außerhalb der Kiste gut. Er ist einer der wenigen, die meine gehobenen Ansprüche nach sexuellen Extravaganzen und Abenteuern zu befriedigen verstehen.

Erst neulich hatte ich ein Erlebnis mit ihm, bei dem ich die totale Hingabe erlebt habe. Das ist ein Bereich, den ich ja gerade besonders interessant finde: devot sein. Auf meinen Meister hören.

Wir trafen uns bei ihm, wo wir schon ganz oft gewesen waren. Aber diesmal führte er mich in den Keller. Den kannte ich noch nicht. Er öffnete einen Raum, und mir verschlug es die Sprache: Andreaskreuz, Peitschen, Plugs, Knebel. Ich merkte, dass ich sofort feucht wurde. Bevor ich mir im Klaren war, wo ich bin und was kommen würde, lag ich schon auf dem Sündenbock, und er schnallte mich mit Manschetten fest. Es gab kein

Entkommen! Er würde mich bestrafen und mein Innerstes nach außen kehren. Er würde einen Blick hinter meine Fassade werfen, und er würde mich dennoch nicht verachten. Während ich das dachte, bohrte er schon seinen Finger in meine klitschnasse Pussy und sagte:

»Das kommt davon, wenn man kein Höschen trägt! Ich werde dir schon zeigen, was du davon hast ...«

Er riss mir die Bluse vom Leib, dann meinen Rock hoch, dann packte er mich bei meinen Haaren und zwang mich, ihm in die Augen zu sehen. Ich hatte keine Chance, mich zu wehren, da ich angebunden war. Dann ließ er mich los und steckte seinen Finger in meinen Anus, gleichzeitig massierte er meine Klitoris. Es erregte mich so sehr, ihm hilflos ausgeliefert zu sein, dass ich dachte, ich vergehe. Ich bettelte darum, dass er mich zum Orgasmus bringt – aber immer, wenn ich auf dem Weg dahin war, zog er seine Hand von meiner Perle. Es war die wahre Folter. Ich bestand nur noch aus Lust und dachte, jedes Teilchen in mir zerspringt gleich. Dann nahm er seinen Finger aus meinem Po und steckte einen Plug hinein. Er begann, meinen Hintern zu kneten, und der Plug gab diese Reize an mein Innerstes weiter. Es pulsierte überall, gleichzeitig presste er die Finger durch meine Schamlippen und stimulierte meinen Lustpunkt. Diesmal zog er sich nicht zurück, und ich eilte einem gewaltigen Orgasmus entgegen. Als ich kam, schlug er mit seiner flachen Hand so heftig auf den Po, dass es brannte. Ich schrie! Vor Lust? Vor Schmerz? Ich kann es nicht sagen. Die Grenzen hatten sich vermischt. Lust und Schmerz waren das Gleiche, und ich bin unter seinen Händen völlig aufgegangen.

Er schlug mich noch heftiger als zuvor. Meine Qual wurde zur Ekstase. Ich schrie wieder, dann fing er wieder an, meine Perle sanft zu massieren. Ein Wechselbad von Lust und Schmerz. Mein Körper war so extremen und gegensätzlichen Reizen ausgesetzt, dass ich dachte, mich zerreißt es. Dann löste er meine Fesseln und befahl mir, mich vor ihn hinzusetzen und meine Beine zu spreizen.

»Zeig mir deine Pussy!«

Ich zog meine Schamlippen auseinander und merkte, dass es mich wieder anmachte, mich ihm so auszuliefern. Die roten Flecken an meinen Hintern brannten immer noch, dennoch schwoll mein Kitzler auf das Doppelte an. Wir sahen uns tief in die Augen, dann trat er auf mich zu, zog meinen Kopf in den Nacken und fing an, mich zu beißen: in den Hals, in den Busen, in die Schulter. Seine Hand stimulierte meinen Lustpunkt, ließ aber immer wieder los, bevor ich erlöst war. Er drehte mich herum, und ehe ich mich versah, zog er seinen Gürtel aus der Hose und peitschte damit meinen Hintern. Der Analplug vibrierte, meine Ekstase verschmolz mit meinen Schmerz. Ich wollte, dass er mich fickt, mich erlöst, und versuchte, ihm die Hose herunterzureißen. Aber er hielt mich an den Haaren fest. Dabei zog er mir immer wieder den Gurt über meinen Hintern. Einmal, zweimal, ich spürte Schmerz, Lust und absolute Auflösung. Noch nie habe ich mich einem Menschen so nah gefühlt. Schmerz ist etwas sehr Intimes. Ich hatte völliges Vertrauen. Dann endlich zog er seine Hose herunter. Sein Schwanz war hammerhart, und ohne zu zögern drang er mit voller Wucht in mich ein. Es war eine Befreiung für uns beide. Ich habe nie eine solche Hingabe erlebt. Er ist der einzige Mann, dem ich je erlaubt habe, so tief in meine Seele zu blicken. Ich war ohne Angst, Scham oder Selbstzweifel. Es war ein Moment des völligen Vertrauens. Ich war einfach nur ich: Kerstin.

Nun werdet ihr rätseln: Wer könnte das sein? Wer hat sie so ins Nirwana gevögelt, dass Kerstin nicht mehr anders kann? Nun, mögt ihr raten?

»Ingo?«, könntet ihr vielleicht denken. »In den war Kerstin doch so verliebt? Der hat jetzt etwas Nachhilfe genommen und ist noch einmal angetrottet gekommen.« Nein, ist er nicht. Und ich wette, der hat es immer noch null raus, wie man eine Frau glücklich macht. Nein, danke.

»Tom? Mit dem hatte Kerstin doch den perfekten Sex! Schon damals hat sie von seiner Hingabe geschwärmt.« Ja, stimmt, aber sonst hatten wir nicht so viel gemeinsam. Also, auch der war es nicht.

»Hm, vielleicht Jörg? Der Mann, der Kerstin beim echten ›Blind Date‹ so verwöhnt hat. Kerstin hat ihn in der Zwischenzeit getroffen, er ist voll ihr Typ, und sie haben sich über alle Grenzen hinausgewagt.« Also Leute, wirklich! Ich habe euch doch gesagt, dass ich mir da meine Illusionen nicht kaputtmachen lassen will und den Kerl nie wieder getroffen habe. Außerdem war er blond. Blond! Nein, nein, auch Jörg ist es nicht gewesen.

Okay, einen Anlauf noch: »Eddi! Der Master of Squirting, der Mann, der dich in den Himmel gefingerfickt hat. In ihm hast selbst du einen Meister gefunden, Kerstin.« Sorry, Leute, wieder daneben. Eddi war der, der es mir beigebracht hat, aber wenn ich Lust habe, mit jemanden abzuspritzen, dann gebe ich mein neu erlerntes Wissen sehr gerne weiter. Da brauche ich keinen Eddi mehr. Anders gesagt: wieder kalt.

Aber bevor ihr nun eine ganze Galerie meiner Ex-Lover vorbeiziehen lasst und ich alle noch einmal vor Augen geführt bekomme, will ich euch nicht länger auf die Folter spannen. Und ich weiß jetzt ganz genau, was Folter bedeutet. Es ist kein anderer als – Trommelwirbel – Tim.

Ihr erinnert euch an ihn? Er ist der Mann, von dem ich vermute, dass er auch so sexsüchtig ist wie ich. Er war der erste Mann, der mich vollauf befriedigen konnte. Er war freundlich, verführerisch, charmant und wollte mich. Ich kann mich noch daran erinnern, wie er sagte:

»Kerstin! Du bist eine so tolle Frau! Ich möchte mehr über dich erfahren, dir ganz nah sein ...«

Und daran, wie ich es mit einer Antwort versaut habe.

»Ach, Tim, was soll ich dir noch mehr über mich erzählen? Du bist ein netter Mann, und wir hatten geilen Sex. Aber du bist auch weiß Gott nicht der einzige. Ich vögle auch mit anderen.«

Es war Eigenschutz, Angst vor Nähe – und es war so unsäglich dumm von mir. Ich habe diesen Fehler oft bereut.

Ich habe etwas gezögert, als er mich eines Tages, lange nachdem er sich von Anke getrennt hatte, anchattete. Weil ich immer noch Angst hatte, obwohl ich stärker geworden war. Aber Tim blieb unbeirrt. Irgendwann gab ich nach.

Wir haben zwar sofort wieder ein Wochenende durchgevögelt, aber wir hatten auch wieder diese kleinen schönen Momente der Vertrautheit– wie damals, als wir unter der Dusche standen und ich ihm die Haare auf den Rücken abrasieren durfte. Diesmal lagen wir auf dem Sofa, lasen Zeitung und verknoteten dabei unsere Füße. Ich nenne das Vertrautheit, andere nennen es Liebe ...

»Was ist das jetzt?«, fragt ihr euch sicherlich. Oben spricht sie von ihrer Freiheit, und jetzt ist es fast schon wieder Liebe?

»Was willst du eigentlich, liebe Kerstin?«

Gute Frage. Vermutlich weiß ich das selbst nicht so genau. Aber ich muss zugeben: Wenn wir nicht zusammen sind, denke ich an ihn. Morgens, wenn ich Kaffee koche, frage ich mich: »Wie würde ihn Tim trinken?« Wenn ich auf der Arbeit etwas Leerlauf habe, denke ich: »Was er wohl jetzt macht?« Wenn ich abends allein ins Bett gehe, weiß ich: Auch er würde es sich jetzt selbst machen und dabei an mich denken.

Ich spüre die enge Verbindung, aber ich bin noch nicht so weit. Denn ich will mich nicht wieder selbst verlieren. Ich fürchte mich vor seiner Nähe. Ich fürchte mich vor seiner Gier, seiner Lust, seinen unstillbaren Ansprüchen. Ich weiß, dass er Sex genauso braucht, wie ich ihn brauche. Wieder jagen Bilder in wilder Abfolge durch meinen Kopf. Andere Frauen, einsame Nächte, ein gebrochenes Herz.

Ich will nicht verletzt werden. Aber vielleicht wird das auch nicht mehr geschehen? Weil ich mich jetzt selbst lieben kann? Weil ich mein Glück auch aus anderen Dingen ziehe? Weil ich mich selbst aus dem dunklen Tal hervorgeholt habe?

Wer weiß? Wir werden sehen.

Noch ist es nicht so weit.

Denn ich bin auch aus anderen Gründen noch nicht bereit, mich ganz auf Tim einzulassen. Noch habe ich nicht alles erlebt, was ich erleben will, noch gibt es da viel zu viel zu entdecken, was mir neue Horizonte eröffnet. Und ich will keinen eifersüchtigen Kerl an der Hacke haben, der mir wilde Szenen macht.

Warum einen lieben, wenn ich alle haben kann? Noch ist es so. Und es gibt zurzeit keinen Grund, daran etwas zu ändern.

Aber wer weiß, wer weiß, was da noch alles kommt?

Ihr wisst: Ich bin neugierig, offen und liebe es, etwas Neues auszuprobieren – was immer es ist. Manchmal überrasche ich mich selbst mit meiner Experimentierlust, und deshalb ist es nicht so unwahrscheinlich, dass ihr eines Tages die Zeitung aufschlagen werdet und darin eine Anzeige findet, in der steht: »Kerstin und Tim geben bekannt ...«

Wenn ich eine Sache gelernt habe, dann dass man nichts ausschließen kann. Vielleicht werde ich auf meine alten Tage doch noch ganz bürgerlich. Wenn meine Gier nachlässt. Wenn Tim sich seine Hörner abgestoßen hat ... Aber bis dahin ist es ja noch eine Weile hin. Und ich habe ja noch einige Dinge, die ich ausprobieren möchte – und dafür reicht mir kein einzelner Mann.

Das war sie. Meine ganz persönliche Geschichte. Vielleicht hat sie euch unterhalten. Das hoffe ich. Manchmal bestimmt auch schockiert – das denke ich. Ihr wisst jetzt, wie es sich so lebt als

»Nymphomanin«: Aufregend anders – aber eben manchmal auch sehr anstrengend. Eines ist mir noch wichtig zu sagen: Alle Geschichten, die ich euch hier erzählt habe, haben sich so – oder ziemlich ähnlich – zugetragen. Zum Schutz »meiner Männer«, von denen sich der ein oder andere nach Lektüre dieses Buches bestimmt wiedererkannt hat, habe ich alle Personen in diesem Buch verfremdet. Weil ich meine Partner nicht in die Öffentlichkeit ziehen möchte – ohne dass sie dies auch selbst wollen. Ich denke, das versteht ihr.

Ich möchte mich auf diesem Wege auch bei euch für eure Zeit bedanken. Danke, dass ihr meine Geschichte verfolgt habt und bereit wart, euch vielleicht auch Ungewöhnlichem oder Anderem, Neuem zu öffnen.

Ich wünschen euch allen alles Liebe und alles Gute!

*Eure Kerstin*

## Über den Koautor

Jonas Lindberg arbeitet seit vielen Jahren als erfolgreicher Journalist und Autor. Er lebt in München.